Christel Neumann

MEIN JAHRZEHNT AUF DEM JAKOBSWEG

Von Herdecke über Vézelay
nach Santiago de Compostela

Christel Neumann

MEIN JAHRZEHNT AUF DEM JAKOBSWEG

Von Herdecke über Vézelay nach
Santiago de Compostela

– Ein Tagebuch –

Bibliografische Information der Deutschen Nationalbibliothek:
Die Deutsche Nationalbibliothek verzeichnet diese Publikation in der Deutschen Nationalbibliografie; detaillierte bibliografische Daten sind im Internet über http://dnb.dnb.de abrufbar.

Die Tagebuchaufzeichnungen beruhen ausschließlich auf realen Erlebnissen. Bewertungen von Sachverhalten oder Verhaltensweisen geben die persönliche Sichtweise der Autorin wieder und beanspruchen keinesfalls Allgemeingültigkeit. Die Namen nahezu aller Personen sind verfremdet.

Covergestaltung: Atelier M. Wieczorek, Iserlohn (www.atelier-wieczorek.de)
Lektorat und Satz: Heike Auel Textwerkstatt, Werne (www.heikeauel.de)
Kartenmaterial: Open Streetmap (https://routing.openstreetmap.de), bearbeitet von Jasper Neumann

Herstellung und Verlag: BoD – Books on Demand, Norderstedt

ISBN: 978-3-7543-2460-8

Schön ist's, die Seele zu entfalten
und das kurze Leben

(Hölderlin, Fragment 50)

INHALT

VORWORT

»Schon lange bin ich von einem unheilbaren Fieber befallen - dem Caminofieber.«

Diesen Satz eines alten, erfahrenen Pilgers kenne ich noch nicht, als ich die Sommerferien 2001 zu Hause mit einer Gürtelrose und einem Bücherstapel verbringe. Darunter auch: »Auf dem Jakobsweg« von Paulo Coelho.

Nur minimalistisch beschreibt Coelho den äußeren Weg von den Pyrenäen bis Santiago de Compostela. Thema sind vielmehr innere Aufgaben, die ein geheimnisvoller Wegbegleiter dem Verfasser stellt. Zweifellos kann die literarische Qualität des Buches infrage gestellt werden. Ungeachtet dessen spricht es mich auf diffuse Weise an: Diesen Weg möchte ich auch gehen!

Ein erster Fieberschub macht sich bemerkbar.

Was bedeutet überhaupt »pilgern«? Gehören Aufgaben dazu? Welcher Art? Um welche Erfahrungen geht es? Noch habe ich keine Ahnung, und ich kenne auch niemanden mit Pilgererfahrung.

Klar ist lediglich: Das Grab des Apostels Jakobus in Santiago wird für mich persönlich kein zentrales Pilgerziel sein. Mir geht es – wie vielen Pilgern heute – um einen Aufbruch aus Gewohntem, um einen eigenen Weg in unbekanntes Terrain. Genauer kann ich es noch nicht beschreiben.

Erst 2006 kann ich mich aufmachen. Die ersten Etappen sind kurz und recht unspektakulär, ich habe mit meiner räumlichen Orientierung und mit meiner physischen Kondition zu kämpfen. Erst im dritten Jahr beginnt der Weg für mich innerlich zu einem »Zuhause« zu werden.

Die Wege in Deutschland und Frankreich sind sehr einsam. Auf dem Weg über Vézelay beginnt ein Herbergsnetz erst im westlichen Frankreich, im Limousin[1]. Sechzig Tage dauert es, bis ich eine Herberge mit Mitpilgern finde.

Ganz anders die Situation in Spanien: An den Pyrenäen bzw. kurz danach vereinigen sich die vier französischen Wege. Viele Pilger aus allen Kontinenten beginnen mit der Pyrenäenetappe. Daher geht es auf dem Camino Francés belebt bis trubelig zu.

Wie sich die Situation durch die Coronapandemie mittelfristig entwickelt, ist noch nicht abzusehen. Aktuell, im Sommer 2021, sind die meisten Herbergen geschlossen.

An jedem der 130 Pilgertage führe ich Tagebuch, den Inhalt von insgesamt elf Heften fasse ich während des Lockdowns 2020/2021 zusammen. Beim Schreiben[2] werden mir die Bilder von Menschen, Orten, Landschaften wieder lebendig, ich erinnere mich an Momente, Gespräche, Erlebnisse und realisiere, welch großzügiges Geschenk des Lebens dieses Jahrzehnt für mich bedeutet.

Sollte vielleicht irgendjemand beim Lesen urplötzlich von einem Fieberhauch angeweht werden, sei daran erinnert: Fieber ist eine Selbstheilungsreaktion des menschlichen Organismus. In diesem Fall gilt der uralte Pilgergruß: Ultreia!

Christel Neumann, August 2021

---

[1] Durch die französische Gebietsreform von 2016 verringerte sich die Anzahl der bisher 22 Regionen auf 13 und traditionelle Namen wie Limousin, Champagne usw. wurden durch neue Bezeichnungen ersetzt. Für meinen Weg durch Frankreich zwischen 2010 und 2014 verwende ich die alten Namen.

[2] Zur besseren Lesbarkeit werden im Text keine »geschlechtergerechten« Wortbildungen verwendet. Selbstverständlich sind im jeweiligen Kontext immer Frauen und Männer, Menschen jeglichen Geschlechts gemeint.

2006: Herdecke – Köln

Kleines Sommermärchen mit Risiken und Nebenwegen

Tag 1, Montag, 17.7, Herdecke – Ennepetal-Saale [1]

»HOFFENTLICH sieht mich jetzt niemand!«

Mit diesem Gedanken schließe ich am Montagmorgen um acht Uhr meine Haustür zu. Jetzt gerade kann ich verwunderte oder neugierige Blicke aus der Nachbarschaft überhaupt nicht gebrauchen. In meiner improvisierten Wanderkleidung bin ich mir selbst fremd. Jeans, ein altes T-Shirt, zwanzig Jahre alte

---

[1] Die Zählung der Tage erfasst alle Wander- und Ruhetage unterwegs. Tage, die nur zur An- und Abreise oder vor bzw. nach einer Etappe touristisch genutzt wurden sowie »Extratouren« (Chartres, Nancy) zählen nicht mit.

Wanderschuhe und der Rucksack aus der Pfadfinderzeit meines Sohnes fühlen sich wie Verkleidungsrequisiten an.

Gleichzeitig kribbelt innerlich eine Mischung von Aufregung und Vorfreude. Worauf lasse ich mich ein? Was erwartet mich? Mit 54 Jahren mache ich mich auf zur ersten mehrtägigen Wanderung meines Lebens.

Zu einer neuen Ausrüstung konnte ich mich noch nicht entschließen. Schaffe ich das Laufen mit Rucksack überhaupt? Halte ich längere Strecken durch?

Mein Ziel: In Etappen von meinem Wohnort Herdecke rund 2700 Kilometer bis Santiago de Compostela zu gehen.

Seit rund fünf Jahren lebe ich mit diesem Impuls, kann mich aber aus familiären Gründen erst jetzt und nur für wenige Tage auf den Weg machen. Dass ein Pilgerweg ab der eigenen Haustür und allein gegangen werden will, war für mich von Anfang an klar. Pilgern bedeutet für mich den Aufbruch ins Unbekannte, die Suche nach dem ureigenen Weg. Eingefahrene Kommunikationsmuster und Rollenerwartungen halte ich dabei für hinderlich. Angst vor dem Unterwegssein allein habe ich nicht. Aber Zweifel bezüglich meiner Kondition und meiner Orientierungsfähigkeit sind mehr als berechtigt. »Sport ist Mord!« war stets meine Devise.

Über die Höhe mit dem schönen Namen »Auf dem Heil« geht es hinunter zur Ruhr und über die Brücke in Wetter nach Süden. Jenseits der Autobahn A1 beginnt der Wald. Statt Verkehrslärm Vogelstimmen und Schatten. Der Vormittag ist schon sehr heiß und der Weg steigt an.

Einen Pilgerführer für diese erste Etappe habe ich nicht. Erst ein Jahr später wird der Jakobsweg von Münster über Herdecke nach Wuppertal-Beyenburg markiert werden. Als unerfahrene Wanderin habe ich mir selbst ziemlich dilettantisch mit Hilfe von Autoatlas und einer Wanderkarte eine Wegführung zurechtgelegt und naiv nicht auf Höhenprofile, sondern vor allem auf den kürzesten Weg geachtet.

Deshalb geht es jetzt in glühender Mittagshitze durch ein Industrie- und Gewerbegebiet und anschließend etwa eine Stunde lang auf Asphalt stetig bergauf, ohne Gehweg, aber mit reichlich Autoverkehr. Ein mitleidiger Autofahrer stoppt und bietet mir eine Mitfahrgelegenheit an, doch das ginge an diesem ersten Tag gegen meine Pilgermoral.

Mittags mache ich auf einer schattigen Bank im Örtchen Voerde eine längere Ruhepause. Meine Baumwollkleidung ist inzwischen durchgeschwitzt. Vielleicht ist mein Credo »Naturfaser statt Plastik« bei Hitze und stundenlangen Wanderungen doch nicht seligmachend? An das Laufen mit Rucksack bin ich noch nicht gewöhnt, zwischen den Schultern zieht und brennt es.

Auf in Richtung Wald, der kühlende Schatten tut gut. Bis zu meinem heutigen Ziel Saale kann es nicht mehr weit sein. Doch plötzlich endet der Weg an einem grünen Metallzaun. Rechts oder links? Keine Ahnung. Ich folge dem Zufall, lande an einem Haus, klingele.

»Kein Problem«, meint der freundliche ältere Herr, »gehen Sie in die andere Richtung, dann steil zur Ennepe runter, bis Saale noch ungefähr eine Stunde, ganz einfach.«

Also zurück. An einer weiteren Gabelung ist wieder eine Richtungsentscheidung fällig. Ein gutes Zeichen: Wasser glitzert durch die Zweige. Es ist aber leider nicht die Ennepe, sondern ein Teich. Am Ufer lagern ein paar Badefreunde. Hier endet der Weg. Wo bin ich? In der Nähe des Ennepetaler Schwimmbades, erklärt mir ein Mann. Hilfe! Völlig verkehrt. Das müsste meilenweit hinter mir liegen!

Neuer Versuch. Der Weg steigt steil an, zum Teil über Treppen, von Wasser keine Spur mehr. Ich habe keine Ahnung, wo ich mich befinde. Verloren wie Hänsel und Gretel im Wald mit der Urangst, keinen Ausweg zu finden.

Ganz plötzlich: ein Haus – ein Bauernhof. Bauer und Bäuerin finde ich im Kuhstall. Sie sind freundlich, aber nicht gerade ermutigend: »Bis Saale? Da laufen Sie mindestens noch zwei Stunden!«

Ich höre, dass ich inzwischen in Richtung Hasper Talsperre unterwegs bin – falscher geht's gar nicht! Der Bauer spürt wohl meine wachsende Verzweiflung und erklärt präzise und geduldig einen Weg, bei dem ich nicht mehr steigen muss. Angesichts meines desolaten Zustands lässt er mich zur Verständniskontrolle die Angaben wiederholen.

Um kurz nach sieben bin ich am Ziel. Pausen abgerechnet, bin ich heute acht Stunden gelaufen. In der kleinen Siedlung Saale übernachte ich in einer Ferienwohnung. Sie ist kühl und etwas dunkel, aber bei der Hitze ist das sogar angenehm. Duschen, umziehen, ein kleines Abendbrot. Beine und Rücken schmerzen, ich bin völlig erschöpft und freue mich aufs Bett.

Tag 2, Dienstag, 18.7., Saale – Bergisch-Born (Remscheid)

Am nächsten Morgen geht es mir gut. Durch eine sanft hügelige Landschaft mit Feldern, Weiden, Wäldchen und kleinen ländlichen Siedlungen laufe ich zur Heilenbecker Talsperre. Im dunkelgrünen Wasser spiegeln sich schwarze Schwäne.

An einem Baum entdecke ich die kaum mehr lesbare Kreideschrift:»Beyenburg 9 km«. Ab dort wird der Pilgerweg markiert sein, das kann der Orientierung nur guttun.

Weiter geht es leider über eine asphaltierte Straße ohne Schatten. Hart, heiß, anstrengend für die Füße.

Die Klosterkirche von Wuppertal-Beyenburg liegt malerisch oberhalb der Wupper. Drei Minuten, bevor das Gemeindebüro um zwölf schließt, bin ich da. Die freundliche Gemeindesekretärin stempelt zum ersten Mal meinen Pilgerausweis. An einem Laternenpfahl vor der Kirche klebt das erste blaugelbe Muschelzeichen. Jetzt bin ich auf dem richtigen Weg! Darauf einen leckeren Erdbeerbecher in der Eisdiele.

Mit frisch aufgefülltem Energiepegel beschließe ich: Anstatt wieder in der Affenhitze über Asphalt zu laufen, werde ich ein Stück mit dem Bus fahren. Für die Strecke von Beyenburg bis Köln habe ich mir Seiten aus einem Pilgerführer kopiert. Aber der dort beschriebene Weg nach Remscheid-Lennep passt nicht für mich, denn ich werde in Bergisch-Born übernachten. Mit meiner Wanderkarte improvisiere ich eine eigene Route.

Nach fünf Minuten kommt der Bus. »Bitte zur nächsten Wupperbrücke!« Der Fahrer erlässt mir sogar das Fahrgeld. Wirke ich in meinem improvisierten Pilgeraufzug so bemitleidenswert?

Nach zwei Stationen steige ich aus, in der Nähe soll die Brücke sein. Bald zeigt sich eine Brückenkonstruktion, die ich schon bei meiner Ankunft bemerkt habe. Sonderbar: Das ist doch die Eisdiele von vorhin? Ich steige auf die Brücke hinauf und überquere – jedenfalls nicht die Wupper, sondern ein Wohnviertel. Von Wasser keine Spur. Eine Anwohnerin meint, ein kleiner schattenloser Seitenweg führe zum Beyenburger Stausee, sicher ist sie aber nicht.

Das bestätigt sich nicht, der Weg führt in einen Wald und wird dabei immer schmaler. Langsam melden sich Zweifel, zurück möchte ich aber auch nicht.

Schließlich endet der Weg. Keine Menschenseele weit und breit. Hinter welligen Weiden in einiger Entfernung Häuser. Dort gibt's hoffentlich Orientierungshilfe. Dafür muss ich einen Elektrozaun überwinden, für eine ältere Frau mit Rucksack nicht ganz einfach, eine echte Slapstickszene, zum Glück ohne Zuschauer.

Sobald ich aus dem Waldschatten komme, tauche ich wieder in die Mittagshitze ein, es sind mindestens dreißig Grad. In der Nähe der Häuser wässert ein Mann seinen Garten. Ich erfahre, dass ich in der Nähe der Herbringhauser Talsperre bin – total verkehrt! Er beschreibt mir den Weg zu einem Wanderparkplatz. Von dort kann ich laut Karte wieder zum Pilgerweg gelangen.

Auf geht's, Asphalt, Autoabgase, Gegenverkehr, Bruthitze sind die Rahmenbedingungen. Gegen halb vier zeigt sich das erste Markierungszeichen, es geht erfrischend schattig und idyllisch an der Wupper entlang, dann kommt leider wieder eine Straße.

Ich bin hungrig, fix und fertig. Ein Ausflugslokal an der Wuppertalsperre: ein Geschenk des Himmels! Als ich nach der Pause wieder aufstehen will, spüre ich so heftigen Muskelkater, dass ich kaum laufen kann. Es ist achtzehn Uhr und ich habe keinerlei Lust mehr. Hierbleiben ist keine Option, das Lokal ist kein Hotel. Meine Füße leiden, an den Sohlenrändern haben sich Blasen gebildet.

Um neunzehn Uhr herrscht immer noch Tropenhitze, ich breche die letzte Flasche warmen Wassers an. Zum Schluss verläuft der Weg entlang der B51, viele Autos sind zu schnell unterwegs. Wegen des Muskelkaters und der Fußblasen sind meine Schritte unsicher. Hoffentlich stolpere ich nicht auf die Fahrbahn! Endlich: das Ortsschild Bergisch-Born. Meine Unterkunft liegt am entgegengesetzten Ortsende. Es ist ein einfaches Hotel, ein altes bergisches Haus ohne viel Komfort, aber mit freundlichen Wirtsleuten.

Wie gestern war ich auch heute einschließlich der Umwege elf Stunden unterwegs, davon drei Stunden Pausenzeit. Obwohl die B51 direkt vor meinem Fenster verläuft, schlafe ich dank der Erschöpfung und der Ohrstöpsel, meinen seit Jahr und Tag unentbehrlichen Reisebegleitern, tief und fest.

Tag 3, Mittwoch, 19.7., Bergisch-Born (Remscheid) – Odenthal

Wieder kündigt sich ein sehr heißer Tag an. Ich muss reichlich Wasservorrat und auch Proviant mitnehmen. Bis Altenberg gibt es laut Pilgerführer keine Einkaufsmöglichkeiten.

Hoffentlich tragen meine Füße mich einigermaßen schmerzfrei durch den Tag! Vorsorglich verpflastere ich sie. Mein großer Wunsch: Heute bitte keine Umwege! Nach einer Stunde habe ich den Einstieg in den Wander- und Pilgerweg erreicht. Er führt etwa neunzehn Kilometer entlang des munter plätschernden Eifgenbachs bis Altenberg. Auf dem schattigen Waldweg sind Wanderer, Jogger, Reiter, Hundehalter unterwegs – alle grüßen freundlich.

Schon jetzt am Vormittag fällt mir das Laufen schwer, die Füße tun leider doch weh. Ich gewöhne mir einen merkwürdigen Schongang an und komme langsamer voran als an den beiden ersten Tagen. Die Rausmühle, ein Ausflugslokal, ist geöffnet. Eine Apfelschorle im Schatten tut gut. Weiter mit Muskelkater und schmerzenden Blasen. Heute will ich gut auf mich achten und mich schonen. Also nach einer Stunde die nächste Pause. Ich kann mir Zeit lassen, laut Wegweiser sind es nur noch gut fünf Kilometer bis Altenberg.

Um ein Uhr sattle ich wieder meinen Rucksack und ziehe weiter. Trotz der Pausen fühle ich mich nicht ganz wach, in einem leichten Dämmerzustand bewege ich mich vorwärts und ahne nicht, dass jetzt eine Prüfung in Geistesgegenwart ansteht.

Ich komme an eine Stelle, die der Pilgerführer als »Dreigabelung« bezeichnet. Der Text verweist ausdrücklich darauf, den rechten, steilsten, unbequemsten Pfad direkt hinunter zum Bach zu nehmen.

Angestrengt versuche ich, die drei Wege zu identifizieren. Links und halbrechts gehen recht breite Wanderwege ab, gleich zwei Schilder mit dem Muschelzeichen weisen nach rechts. Ganz rechts geht es steil hinunter zum Wasser. Nur mit viel Mühe, gutem Willen und einiger Phantasie ist ein – vielleicht durch umgeknickte Bäume verdeckter? – Pfad erkennbar. Ich gehe ein paar Schritte darauf zu und wieder zurück, zaudere. Aber der steilste, unbequemste Pfad hinunter ist richtig, so steht es geschrieben! Also entscheide ich mich für das Abenteuer, steige oder vielmehr rutsche den Hang hinab, meine Füße brechen durch morsches Holz, zum Glück finde ich einen Stock zum Abstützen.

Durch Dornen und Brennnesseln, die ich in der Anspannung gar nicht spüre – auch meine schmerzenden Füße nehme ich nicht wahr – gelange ich hinunter zum Wasser. Laut Wanderführer geht es nach links. Tatsächlich gibt es aber gar keinen Weg. Ich kämpfe mich trotzdem weiter vor, Dornen zerkratzen mich.

Jetzt endlich werde ich wach: Es ist eindeutig auch nicht der kleinste Pfad in Sicht! Kurzer Anflug von Panik: Verirrt und verloren im Urwald, niemand wird mich je finden! Mir ist klar, dass ich von hier aus nicht direkt zum Wanderweg hinaufklettern kann, der Hang ist viel zu steil.

Bewusst versuche ich, Ruhe zu bewahren und mache mich daran, seitlich schräg durchs Gebüsch nach oben zu steigen. Mit ganzer Kraft konzentriere ich mich auf die durch den Rucksack zusätzlich beschwerliche Kletterei. Mit Hilfe des Stocks gelingt es mehr schlecht denn recht. Und dann: geschafft! Wieder oben an der Gabelung entscheide ich mich für den breiten halbrechten Weg und entdecke wenig später an einem Baum die vertraute Markierung – ein Freudenschauer durchrieselt mich.

Wie konnte ich in diese haarsträubende Situation geraten? Nicht zum ersten Mal im Leben habe ich dem Buch, der »Schrift«, der Autorität der »Experten« mehr vertraut als meiner eigenen Wahrnehmung, meiner Urteilsfähigkeit, meinem Bauchgefühl.

Der Grundfehler war, nicht zu erkennen, dass der Begriff »Dreigabelung« hier auch den Weg, auf dem ich gekommen bin, einschließt. Der Begriff »Gabelung«, d.h. die Wahl zwischen links und rechts, hätte meinem Verständnis besser gedient.

Mit dornenzerkratzten Armen und Beinen und großer Erleichterung nach der überstandenen Gefahr setze ich meinen Weg fort.

Dem nahezu halsbrecherischen Abenteuer in der Mittagsstunde folgt eine Szene aus dem Nachmittag eines Fauns: Auf meinem Weg entlang des munter über die Steine plätschernden Eifgenbachs kommt mir ein Jogger entgegen, ein junger Mann, höchstens dreißig. Er ist bekleidet mit einem Käppi, einer Sonnenbrille und einem knappen Badeslip, den er keck, wenn auch sichtlich entspannt, vorne heruntergerollt hat. Er grüßt munter mit »Hi!«

Ich antworte nicht und gucke bemüht grimmig, weil ich sein Benehmen respektlos und grenzüberschreitend finde. Weiter geht's.

Wenig später höre ich Laufgeräusche: Der Faun hat gewendet und überholt mich joggend. Jetzt sitzt die Badehose vorn korrekt, dafür ist sie hinten heruntergeschoben und legt das Hinterteil frei. Wieder ein paar Minuten später kommt er mir noch einmal entgegen – der Eifgenbach ist an dieser Stelle breit genug zum Baden –, diesmal gänzlich unbekleidet. Mit der Badehose reibt er sich das Gesicht, vielleicht hat er im Eifgenbach ein kühles Bad genommen. Na ja, schließlich bin ich im Rheinland, Köln ist nicht weit und jeder Jeck anders. Heute habe ich schon Ärgeres erlebt.

Mittlerweile melden sich die Fußschmerzen, die ich über den Erlebnissen fast vergessen habe, zurück.

Endlich: Altenberg. Im schattigen Cafégarten am Dom ist ein Platz frei. Meine Lebensgeister benötigen dringend einen großen Kaffee und Apfelkuchen mit reichlich Sahne.

Nach den abenteuerlichen Ereignissen tut mir der Innenraum des Altenberger Doms in seiner Klarheit und Schlichtheit gut. Er wird ökumenisch genutzt, an Sonn- und Feiertagen finden nacheinander Gottesdienste beider Konfessionen statt. Klingt nach Zukunft.

Leider liegen noch einige Kilometer vor mir. Odenthal erweist sich als ein Ort ohne Fußgänger, ausschließlich PKW sind unterwegs. In einer Eisdiele bekomme ich Auskunft über den restlichen Weg bis zu meiner Unterkunft: Immer entlang der Asphaltstraße (Ätz!), bergauf (Stöhn!), 2,5 Kilometer (Noch mehr als eine halbe Stunde? Das darf doch nicht wahr sein!).

Viel leere Gegend, in der Ferne Bayer Leverkusen, dann ein Viertel mit Einfamilienhäusern. Meine »Herberge« ist ein Privatzimmer, das ehemalige Kinderzimmer in einem Bungalow aus den Achtzigerjahren.

Straucheln am Abgrund und glückliche Rettung, Auftritt des Fauns – die heutigen Erlebnisse Revue passieren zu lassen und einzuordnen, schaffe ich nicht mehr. Ganz schnell schlafe ich ein.

Tag 4, Donnerstag, 20.7., Odenthal – Köln

Der freundliche Hausherr begleitet mich zu einem Waldweg in der Nähe, den ich alleine nicht gefunden hätte und der direkt auf den Pilgerweg führt. An einem Bach entlang, über einen Feldweg und schließlich leider wieder über Asphalt geht es in den Dünnwald.

Schon um halb elf bin ich auf Kölner Stadtgebiet, wenn auch noch auf der »Schäl Sick«, der rechten Rheinseite. An einem Kiosk fällt mir die Schlagzeile der Bildzeitung ins Auge: »38° – Ist der Mars schuld? Heute heißester Tag des Jahres!« Ich steuere direkt auf eine Haltestelle zu. Der Bus kommt nach zwei Minuten.

Aus dem Busfenster schaue ich auf Discounter, Autowaschanlagen, große Ampelkreuzungen und gratuliere mir zu dem Entschluss, diese Straße nicht entlang zu laufen. Zwanzig Minuten später hinke ich zur Gepäckaufgabe im Kölner Hauptbahnhof. Meine Wanderschuhe wechsele ich gegen leichte Schläppchen. So fühlt sich Erlösung an! Im Dompfarramt bekommt der Pilgerpass einen prächtigen Stempel.

Zum krönenden Abschluss gibt es einen opulenten Eisbecher am Wallraffplatz.

Ich bin in Hochstimmung. Meine erste Pilgeretappe, von außen gesehen: dreieinhalb Tage Desaster. Dilettantische Wegplanung, Orientierungsschwäche, Energieraubbau durch lange Strecken in Bruthitze, riskantes Verhalten an der Grenze zur Selbstschädigung.

Von innen gesehen: rund achtzig Kilometer zu Fuß mit Rucksack geschafft, Ziel erreicht! Ich staune über meine Kraft und meine Ausdauer. Auch Umwege führen zum Ziel.«Und ob ich schon wanderte im finsteren Tal, fürchte ich kein Unglück.« Im richtigen Moment sind freundliche Helfer zur Stelle. Ohrstöpsel sind eine geniale Erfindung. Ich bin dankbar für mein persönliches Sommermärchen 2006!

Der Himmel hat sich grau gefärbt. Als mein Zug den Bahnhof verlässt, laufen erste Regentropfen am Fenster hinunter. Abschiedstränen? Nächstes Jahr geht es weiter!

2007: KÖLN-DAHLEM (EIFEL)

Hybris, Muskelkater, ein Geschirrtuch und die sommerschöne Eifel

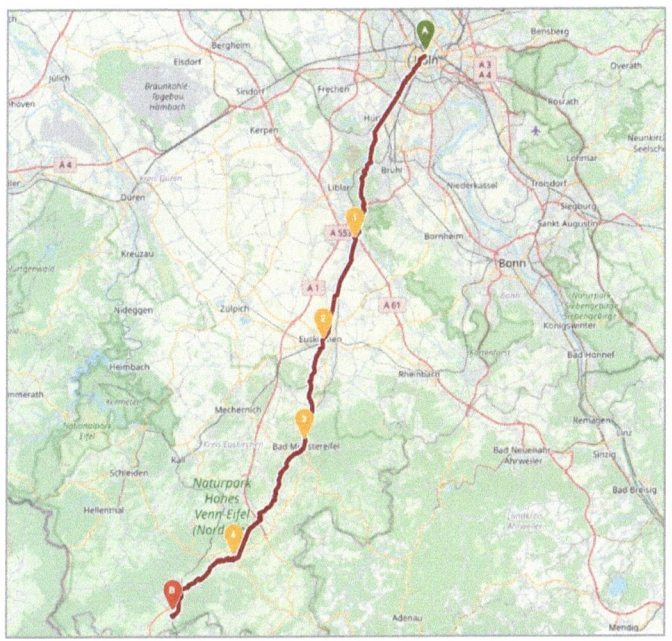

Tag 5, Donnerstag, 12.7., Köln – Weilerswist

Das Jahr hindurch habe ich mich immer wieder auf den Pilgerweg gefreut. Gesundheitlich ging es nicht ganz glatt, im Winter
stand eine Operation an, im Frühjahr habe ich mir den rechten
Oberarm gebrochen. Ansonsten: Mein Sohn in der Pubertät,
volle Berufstätigkeit, die Freuden und Mühen des Alltags.

Meine Ausrüstung habe ich durch neue Wanderschuhe und
Microfaserkleidung verbessert. Nach der Erfahrung mit den
Baumwoll-Shirts im letzten Hitzesommer – triefend nass,
schwer, langsam trocknend – habe ich das Motto: »Baumwolle
statt Kunstfaser« revidiert, jedenfalls für Wanderkleidung.

Länger als fünf Tage kann ich mich leider noch nicht freimachen.

Gegen neun steige ich in Köln aus dem Zug und laufe nach einem kurzen Besuch im Dom die Hohe Straße hinunter. Rechts biegt die Schildergasse ab zum Weg über Aachen und Paris Richtung Santiago de Compostela. Ich werde den Weg über Trier nach Vézelay nehmen, also weiter geradeaus. Der Himmel ist bedeckt, es ist trocken: gutes Wanderwetter. Mein Ziel heute ist Weilerswist. Der Pilgerführer schlägt für die Strecke zwei Tage vor: 17,5 Kilometer von Köln bis Brühl und 14 Kilometer von dort bis Weilerswist. Da ich nur wenige Tage zur Verfügung habe, lege ich die beiden Etappen zusammen. Schließlich verfüge ich bereits über Pilgererfahrung!

Eine gute Stunde später finde ich an einem Baumstamm die erste gelbe Muschel auf blauem Grund. Das Gehen auf Asphalt tut gar nicht gut. In einem hässlichen Gewerbegebiet, inmitten von lautem Straßenlärm, stürzt meine Motivation steil ab. Will ich mir das WIRKLICH antun? WARUM? WIESO? WESHALB?

Genau im richtigen Moment zeigt sich rechts das Pilgersymbol, ein kleiner Weg biegt ab ins Grüne und es gibt sogar eine Bank für eine Pause. Danke!

Ein Wanderer mit Hut und Stock nähert sich. Der erste Mitpilger! Auch er freut sich über eine Sitzgelegenheit. Anschließend gehen wir ein Stück gemeinsam. Sein schnelleres Tempo bekommt mir nicht, mein rechter Oberschenkel beginnt zu ziehen. An einer Bank legt er eine Raucherpause ein, wir verabschieden uns.

Allmählich kriechen die Schmerzen rechts bis in die Hüfte. Nirgends eine Einkehrmöglichkeit. Kann ich die heutige Strecke irgendwie abkürzen? Ein Blick auf die Karte zeigt, dass ich Brühl umgehen kann, wenn ich auf den kürzeren Römerkanalweg wechsele. Das gelingt.

Ein Eisbecher am Ufer des Heider Bergsees liftet meinen Energiepegel. Aber als ich mich wieder auf den Weg machen will, kann ich mich vor Muskelschmerzen erst nur schwankend vorwärtsbewegen.

In der Nähe eines Wasserturms ist die Wegführung unklar: rechts oder links? Ohne Markierung fürchte ich, auf dem sprichwörtlichen Holzweg zu landen.

Der Wald lichtet sich, links taucht ein Haus auf und just im rechten Moment kommen zwei Frauen mit Hund heraus – Mutter und Tochter, wie sich herausstellt. Die beiden beschließen, ihren Hundespaziergang so zu gestalten, dass sie mir den Weg weisen können. Sie begleiten mich fast eine Stunde – meine guten Engel an diesem Tag. Dankbar verabschiede ich mich und nehme ihre guten Wünsche mit.

Ganz zum Schluss noch gut zwanzig Minuten bei Autolärm und -gestank auf der ätzenden B 51. Meine Unterkunft liegt praktischerweise direkt an dieser Straße. Beim Eintritt in die historische Wirtsstube beschließe ich, gleich hier und jetzt zu Abend zu essen, durchgeschwitzt und in Wandersachen. Ich bin ganz sicher, dass ich – nachdem ich einmal die altehrwürdige Treppe erklommen habe – nicht mehr in der Lage sein werde, noch einmal hinunterzusteigen. Nach dem Essen ziehe ich mich mehr schlecht als recht am Treppengeländer hoch.

An die Idiotie, mir für den ersten Tag eine Mammutstrecke von ca. dreißig Kilometern mit reichlich Asphaltanteil vorzunehmen, wird mich mein gigantischer Muskelkater noch eine Weile erinnern. Von wegen »schon Pilgererfahrung«! Naive Fehleinschätzung, närrischer Hochmut!

Tag 6, Freitag, 13.7., Weilerswist – Euskirchen

Mal unverstellt und flink vorüberströmend, mal hinter Bäumen und Sträuchern versteckt, fließt mir auf der rechten Seite die Erft entgegen. Die heutige Etappe ist kurz, etwa vierzehn Kilometer, immer am Fluss entlang.

Trotz des leichten und ebenen Weges ist das Laufen beschwerlich. Der heftige Muskelkater macht mir zu schaffen, zudem drückt der obere Schuhrand schmerzhaft gegen den rechten Unterschenkel. Zum Auspolstern stecke ich ein Papiertaschentuch in den Strumpf. Es verrutscht, ich nehme es wieder heraus, binde die Schnürsenkel erst strammer, um die Reibung zu verringern, dann wieder ganz locker – nichts hilft wirklich. Später zeigt sich, dass sich an der Druckstelle ein kleiner Bluterguss gebildet hat.

Die letzten Wolken schwinden und der erste schöne Sommernachmittag seit vielen Wochen kündigt sich an. Durch weitläufige Parkanlagen komme ich ins Zentrum von Euskirchen, wo ich in einem kleinen Hotel unterkomme. Kirche und Pfarrbüro sind geschlossen – also kein Pilgerstempel.

Der warme Juliabend fühlt sich nach Straßencafé oder Biergarten an, doch meine Beine verlangen eine Auszeit. Der gestrige Tag sitzt mir in den Knochen und vor allem in den Muskeln.

So telefoniere ich, schreibe, lese, gehe früh schlafen und träume rätselhaft von großer Aufregung um eine Fahrkarte, die nicht entwertet wurde.

Tag 7, Samstag, 14.7., Euskirchen – Bad Münstereifel

Zuallererst muss ich mich um den schmerzenden Unterschenkel kümmern. In einem Schuhgeschäft kaufe ich ein Fersenkissen und lege es in den rechten Wanderschuh. Erfolg gleich Null. Nächster Versuch: In der Apotheke empfiehlt man mir ein Gelkissen. Ich stopfe es mir unter den Strumpf und nach einigem Hin- und Herschieben klappt es besser mit dem Laufen.

Der Weg führt stadtauswärts zur Erft, dann durch gefällige Dörfchen. Fleißige Dorfbewohner kehren, wischen, putzen. Haus und Hof werden für den Sonntag vorbereitet. Kinder und Jugendliche kratzen Gras aus Mauerritzen und grüßen freundlich.

Allmählich werde ich hungrig. Die Bäckerei in Arloff ist um kurz vor eins bereits geschlossen. Beim »Frischeladen«

gegenüber steht die Tür noch offen, aber es wird schon gewischt – also Beeilung!

In dem leicht dämmrigen Laden nehme ich meinen Sonnenhut ab und kaufe eine Banane, die ich gleich auf einer nahen Bank verspeise. Frisch gestärkt geht es weiter. Die Mittagssonne brennt – aber wo ist mein Hut? An der Kasse im »Frischeladen«!

Ich müsste einen Kilometer zurückgehen mit der Aussicht auf eine vermutlich verschlossene Tür. Also: »Fott es fott« – und weiter.

Zwei Stunden später komme ich durch das mittelalterliche Werther Tor in Bad Münstereifel an. Unbehütet der intensiven Sonnenstrahlung ausgesetzt gewesen zu sein, hat mir zugesetzt. Ein Schattenplatz in einem Straßencafé und ein Stück Apfeltorte befördern die Regeneration.

Am späten Nachmittag erklimme ich den steilen Weg hinauf zur Jugendherberge. Der ist leider gar nicht gut ausgeschildert. Zweimal mache ich kehrt, weil ich an der Richtung zweifle. Dann laufe ich im Kreis. Ich will auf die Karte schauen – aber wo ist sie? Klar, auf dem Tisch im Café! Ausgeschlossen, in meinem Zustand mit Rucksack noch einmal in die Stadt hinunterzusteigen.

Unsicher laufe ich weiter. Vom steil ansteigenden Waldweg kommt mir ein Mountainbiker entgegen: Ja, ich bin richtig, noch etwa 500 Meter und 50 Höhenmeter. Sein Angebot, meinen Rucksack nach oben zu bringen, lehne ich dankend ab, ich bin ja kurz vor dem Ziel. Engel auf dem Pilgerweg sind auch per Rad unterwegs!

Gunst des Schicksals: In der Jugendherberge bekomme ich ein Einzelzimmer mit Dusche. Die nutze ich umgehend, meine Lebensgeister melden sich zurück und ich fühle mich in der Lage, in flachen Schuhen zur Stadt hinunter zu hinken. Unterwegs kommen mir drei junge Frauen abgekämpft entgegen – diesmal kann ich den Weg weisen.

Im Café wartet die Wanderkarte auf mich. Ich bleibe eine Zeitlang, schreibe Tagebuch und höre in die Gesprächsfetzen hinein, die von den Nachbartischen herübergeweht kommen. Ein angenehmer Sommerabend in einer angenehmen kleinen Stadt.

Aber natürlich muss ich noch einmal steil hinauf zur Jugendherberge. Tröstlich ist, dass ich morgen direkt hinter dem Haus loslaufen kann, weil ich schon auf der Höhe bin.

Tag 8, Sonntag, 15.7., Bad Münstereifel – Blankenheim

Am Sonntagmorgen sitze ich mit zwei etwa vierzigjährigen Frauen am Frühstückstisch. Wir kommen in ein Gespräch über den Jakobsweg. Ich höre von einer Frau, die sich mit über siebzig Jahren entschlossen hat, eine Pilgerherberge zu leiten. Das imponiert mir.

Vom freundlichen Jugendherbergsmitarbeiter bekomme ich ein altes blaukariertes Geschirrtuch, sauber und gebügelt, als Kopftuchersatz und Sonnenschutz.

Einen Dämpfer erfährt meine Sonntagslaune, als ich realisiere, dass die Jugendherberge sich gar nicht auf der Seite von Bad Münstereifel befindet, wo ich sie geortet habe, sondern auf der gegenüberliegenden. Das »JH« auf der Karte bedeutet mitnichten »Jugendherberge«, sondern ist das Zeichen für einen bestimmten Wanderweg. Also: Abstieg in die Stadt, Wiederanstieg. Nicht schön, aber Fakt.

Jetzt heißt es, die richtige Stelle für den Einstieg in den Wald nicht zu verpassen. Ich glaube, sie gefunden zu haben, vermisse aber jede Wegmarkierung. Munter laufe ich eine Dreiviertelstunde über Waldwege, bis ich an einem Parkplatz ein älteres Ehepaar treffe. Die beiden klären mich darüber auf, dass ich mich keineswegs auf dem Jakobsweg befinde, sondern ganz woanders: in der Nähe von Eicherscheid. Dass ich die etwas knifflige Route über kleine Waldpfade zurück zum Jakobsweg finde, hebt meine Stimmung: Meine Orientierung ist also doch kein Totalausfall!

Ein Sommersonntag aus dem Bilderbuch: blauer Himmel, weiße Wolken, leichter Wind. Am Wegesrand blüht es bunt.

Mähdrescher sind unterwegs, nach den vielen Wochen mit schlechtem Wetter wird auch der Sonntag für die Ernte genutzt.

Gerade beende ich eine kleine Mittagspause mit Apfel und Salzstangen auf einem Baumstamm am Wegesrand, als sich zwei junge Männer nähern: bekannte Gesichter aus der Jugendherberge, zwei Brüder. Heute ist ihr zweiter Pilgertag. Sie wollen sich auf die Langsamkeit einlassen und haben bereits eine ausgiebige Pause hinter sich. Daher begegnen wir uns jetzt trotz meines Umweges, sie haben nämlich die Jugendherberge schon wenige Minuten nach mir verlassen. Mir tun lange Pausen nicht gut, es fällt mir anschließend schwer, wieder »Tritt zu fassen«. Ich liebe die Etappen aus einem Guss, kurze Pausen und das Ausruhen am Ende.

Das kleine Dorf Röderath scheint menschenleer. Mittags um eins sind wahrscheinlich alle mit dem Sonntagsbraten beschäftigt. Doch ein Lebenszeichen gibt es: Durch ein geöffnetes Hoftor erblicke ich eine Landfrau in einer Kittelschürze, etwa in meinem Alter. Sie sitzt auf einem Mauervorsprung oder einer Bank, vornübergebeugt, die Ellbogen auf die Knie gestützt, den geneigten Kopf in den Händen. Gönnt sie sich eine kleine Verschnaufpause von der Arbeit in Haus und Stall, die auch am Sonntag fällig ist? Grübelt sie über Kummer und Sorgen? Betet sie? Genießt sie einfach das Wohlgefühl der Sommerwärme?

Ich fühle mich unbeschwert und frei. Das Einzige, was ich unter der Mittagssonne vermisse, ist Schatten. Zum Glück habe ich wenigstens mein improvisiertes Kopftuch.

Auf einem Wegabschnitt entlang der alten Römerstraße ärgern unregelmäßig große, kantige Steine meine Füße. Wie kamen wohl die römischen Soldaten hier mit ihrem Schuh- bzw. Sandalenwerk zurecht?

Irgendwann ist das letzte Wasser getrunken, die Füße sind schwer und heiß und wollen nicht mehr laufen. Bloß nicht anhalten, weitergehen.

Endlich, endlich: die Burg Blankenheim! Eine Treppe führt hinab in den Ort mit den hübschen Fachwerkhäusern. Ein Gartencafé mit einem Schattenplatz gibt es auch. Meine Unterkunft ist ganz in der Nähe. Was für ein Glück!

Tag 9, Montag, 16.7., Blankenheim – Dahlem

Am Montag kündigt sich schon morgens ein »Ü-30-Tag« an. Ich laufe durch Wiesen und Felder, ein paarmal bleibe ich stehen: »Feuerköpfige Blumen rennen knisternd übern Wiesenpfad«[1] – am leuchtenden Klatschmohn kann ich mich gar nicht sattsehen.

Wermutstropfen in der Sommeridylle: Fast alle Wege sind asphaltiert. Da haben wohl größere Summen aus EU-Kassen nach Verwendung gesucht.

In Nonnenbach weist eine freundliche Frau mir den Weg zu einem Café. Ich freue mich auf eine eiskalte Cola, finde aber ein Schild vor: »Mo und Di geschlossen«. Na ja, so ist's auch gesünder.

Wenigstens findet sich eine Bank für die Mittagsrast. Da kommen zwei junge Männer des Weges: bekannte Gesichter. »Ick bün all hier«[2], obwohl ich eine gute Stunde nach ihnen in Blankenheim gestartet bin.

Die Entdeckung der Langsamkeit gelingt den beiden sichtlich gut. Heute wollen sie in einer Pilgerherberge in Kronenburg übernachten.

Auch ich würde so gerne weiter ziehen - immer weiter! Doch nur noch ein Stück durch ein schattiges Wäldchen und schon bin ich in Dahlem. Gleich am Ortseingang liegt der Bahnhof. Für mich ist der Weg hier zu Ende. Eine leichte Brise Traurigkeit weht mich an.

Andererseits lechzen meine Füße nach Erholung. Im Zug ziehe ich die Schuhe aus. Ah – wie wunderbar!

---

[1] Georg Britting: Feuerwoge jeder Hügel

[2] Brüder Grimm: Der Hase und der Igel

Schräg vor mir sitzt eine junge Frau und liest in einem blauen Buch mit schwarzweißen Abbildungen – ist das nicht …? Richtig, Hape Kerkelings Buch über den spanischen Weg. Das nehme ich als Botschaft: Es wird weitergehen! Bis Spanien!

2009: DAHLEM – TRIER

Engel, Herzschlagmomente auf dem mystischen Plateau
und ein unsichtbares Knochengerüst

Im Jahr 2008 kann ich den Jakobsweg aus gesundheitlichen Gründen nicht fortsetzen, schade. Erst 2009 geht es weiter.

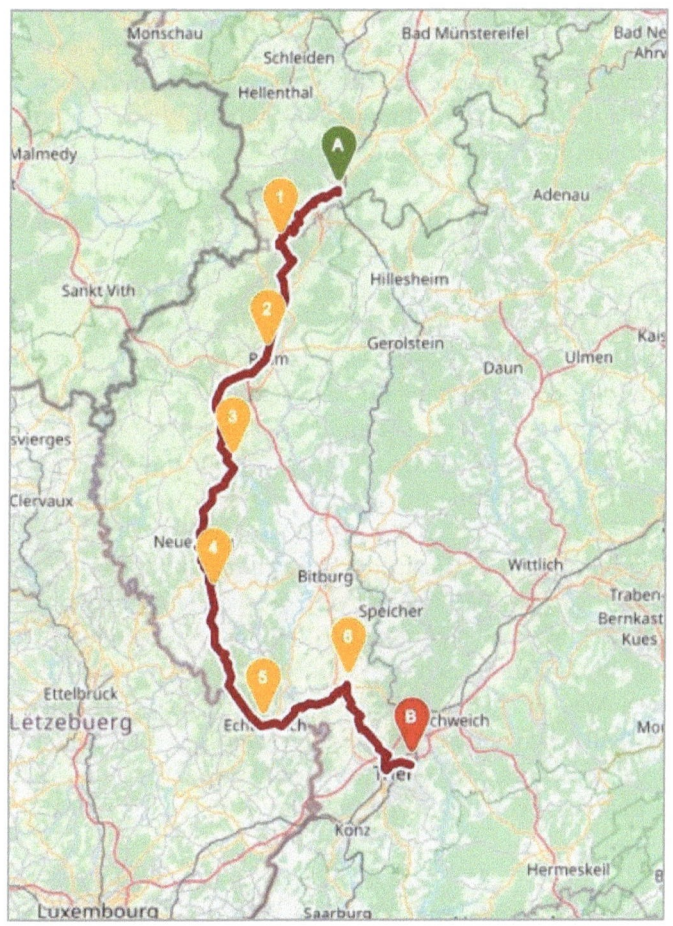

Tag 10, Sonntag, 12.7., Dahlem – Ormont

Beim Rucksackpacken am Sonntagmorgen höre ich in einer Radiosendung über Spiritualität im Alltag den bekannten Satz von Beuys, dass heutzutage die Mysterien im Hauptbahnhof stattfinden. Also auf zum Bahnhof! In der Bahnzeitschrift lese ich in einer Romanrezension: »Wunder sind das unsichtbare Knochengerüst unseres Alltagslebens.« Gleich zwei Leitsätze für diese Woche?

Am Nachmittag steige ich in Dahlem aus dem Eifelexpress und finde bald die erste Muschelmarkierung. Durch die weite Hügellandschaft der Eifel pfeift ein kräftiger Wind und pustet mich ordentlich durch, dank der milden Temperatur eine angenehme Erfrischung. Der Weg, leider überwiegend geteert, führt durch Nadelwald und Wiesen mit rotem und weißem Klee und würzig duftenden Kräutern.

Hinter Kronenburg finde ich an einer Gabelung keine Markierung. Genau in diesem Moment tritt der rettende Engel aus einer Tür, diesmal in Gestalt einer alten Frau. Sie weist mir die Richtung: Gegenüber der Bushaltestelle geht es eine Treppe hinunter, darauf wäre ich niemals gekommen. Danke!

Das Dorf Ormont ist winzig. Ebenfalls winzig, dabei gut gefüllt, ist die Gaststube des Hotels. Ich finde gerade noch ein freies Plätzchen.

Die Stimmung knistert: Im Nebenraum findet eine Krisensitzung des örtlichen Fußballvereins statt, ein junger Mann bringt in kurzen Abständen aufgeregt die neuesten Nachrichten in die Gaststube: Schiedsrichter – Beleidigung – Strafgeld.

Den Ausgang des Geschehens bekomme ich nicht mehr mit. Nachdem ich noch eine Kleinigkeit gegessen habe, verspüre ich das Bedürfnis, meine Beine auszustrecken. In meinem Zimmer bleibe ich vor einem spannenden Fernsehfilm hängen.

Tag 11, Montag, 13.7., Ormont – Prüm

Im Rückblick am Montagmorgen erscheint der Film reißerisch und unlogisch, schade um die Zeit. Das Fernsehen als Zeitvernichter: keine wirklich neue Erfahrung.

In Ormont gibt es inzwischen weder Kindergarten noch Schule noch Geschäft noch Pfarrer, erzählt die Wirtin beim Frühstück. Der zuständige Priester betreut sieben Gemeinden. Sie stempelt meinen Pilgerpass: St. Margarethen, in königsblau.

Die Eifelwege sind einsam, Bikern und Joggern wie im Kölner Umland begegne ich nicht. Einmal sehe ich in einem Waldstück einen Fuchs, gar nicht weit entfernt. Als ich noch näherkomme, nimmt er Reißaus.

Pause mache ich auf einer alten Holzbank mit Pilgerzeichen. Von hier bietet sich ein fantastischer Blick auf weite Täler und ferne dunkelgrüne Höhen. Ich bin eins mit mir und der Welt. Alles ist vollkommen.

Die Jugendherberge von Prüm liegt direkt am Weg. Ein freundlicher Empfang, ein geräumiges, helles und komfortables Einzelzimmer mit einem schönen Bad: Da vergebe ich ohne Zögern fünf Sterne!

Tag 12, Dienstag, 14.7., Prüm – Waxweiler

Auch am nächsten Tag ist bei makellosem Sommerwetter außer mir niemand unterwegs. Im Wald riecht es intensiv nach Knoblauch: Bärlauch allüberall.

Die Orientierung bereitet mir heute keine Schwierigkeiten. Nur an einer Abzweigung empfiehlt mein Bauchgefühl, nach etwa fünfzig Metern umzukehren. Das Pilgerzeichen weist tatsächlich in die andere Richtung, als ich es dann schließlich entdecke. Manchmal ist der Engel Bauchredner.

Immer wieder neue sommerschöne Eifelpanoramen. Schon zeitig entdecke ich in der Ferne den Ort Waxweiler. Aber der Weg windet sich noch lange, bis der wahrhaft steile und bei nassem Wetter bestimmt riskante Abstieg ins Dorf beginnt. Meine Beine sind nach rund 25 Kilometern etwas wacklig. Mit aller Kraft muss ich mich auf mein Gleichgewicht konzentrieren, sonst gibt mir der Rucksack einen riskanten Drall nach vorne.

Alles geht gut, unbeschadet komme ich in Waxweiler an und übernachte in einer Privatpension.

Tag 13, Mittwoch, 15.7., Waxweiler – Mettendorf

Morgens erzählt die Gastgeberin von der immer noch lebendigen Tradition der Echternacher Springprozession, die laut Legende ihren Ursprung hier in Waxweiler hat. Als sich im 8. Jahrhundert die Dorfbewohner zu heidnischen Tänzen versammelten, statt zur Messe zu gehen, soll der heilige Willibrord[1] ihnen als Buße aufgetragen haben, in Echternach in aller Andacht einen Sprungtanz aufzuführen.

An Feldrändern leuchten zwischen schlichten Kamillenblüten das intensive Blau und das heftige Rot von Korn- und Mohnblumen so üppig und schön, wie ich es seit Kindertagen nicht mehr gesehen habe.

Augenschmaus einerseits, Schwerarbeit für Füße und Beinmuskeln andererseits: Es geht fortwährend bergauf und bergab, gefühlt vorwiegend bergauf, das kostet Kraft. Das Städtchen Neuerburg zieht sich schier endlos durch das Tal der Enz. Danach wartet das inzwischen wohlbekannte Trio infernale: steiler Anstieg, geteerte Straße, Muskelkater.

Die letzten Kilometer quäle ich mich Schritt für Schritt vorwärts. Mich brennts in meinen Reiseschuh'n![2] Aber nicht das Verlangen, »fort mit der Zeit zu schreiten«, ist der Grund, sondern der verflixte geteerte Untergrund bringt die Füße zum Kochen.

---

[1] Willibrord: »Apostel der Friesen«, gründete um 700 das Kloster Echternach

[2] Joseph Freiherr von Eichendorff: Mich brennt's in meinen Reiseschuh'n

»Willkommen!«, höre ich, als ich an dem kleinen Hotel in Mettendorf ankomme. Ich stutze einen Moment und erkenne dann
auf der Terrasse ein Paar, dem ich unterwegs begegnet bin. Die
beiden stöhnen über die Hitze, ich über die bewältigten Steigungen. Für ein längeres Gespräch bin ich zu erschöpft und
hole den Zimmerschlüssel. Zweiter Stock, vier lange Treppen
hoch – mit Rucksack und schmerzenden Beinen. Wieder einmal ziehe ich mich am Geländer hoch.

Ein Blick in den Spiegel zeigt mir, dass ich mir im Gesicht
und auch an den Armen einen tüchtigen Sonnenbrand geholt
habe.

Tag 14, Donnerstag, 16.7., Mettendorf – Echternach

Anderntags frühstücke ich mit dem Pilgerpaar von gestern,
wir sind die einzigen Gäste im geräumigen Speisesaal. Das
Frühstück ist reichlich und gut, das findet auch ein Fliegen-
club, der sich partout nicht verscheuchen lassen will. Die Wirtin ermuntert uns, ein Butterbrot für unterwegs einzupacken,
ein segensreicher Vorschlag, wie sich zeigen wird.

Der männliche Part des Paares erzählt vom spanischen Jakobsweg. Er ist schon 500 Kilometer auf dem spanischen Küs-
tenweg gepilgert. Ich lausche ganz ehrfürchtig: 500 Kilometer,
so weit!

Um halb zehn laufe ich los und bemerke die beiden in einigem Abstand vor mir. Mehr oder weniger blindlings folge ich
und achte gar nicht auf Markierungen. Nach einer Weile verliere ich sie an einer Biegung aus den Augen und bin etwas
ratlos, laufe prompt an der nächsten Abzweigung in die falsche Richtung. Zum Glück merke ich schnell den Irrtum, kehre
um und finde den richtigen Weg.

Keine sensationell neue Erkenntnis: Wenn ich aus Bequem-
lichkeit anderen hinterherlaufe, verliere ich die Orientierung.

Getreidefelder säumen den Weg. Mähdrescher ziehen geräuschvoll ihre Bahnen und spucken zerkleinertes Stroh aus.
Ich denke an die Müllerstochter aus dem »Rumpelstilzchen«.

Stroh zu Gold spinnen: immer wieder ein Thema in meiner Biographie.

Es geht es in den Wald. Dem Ferschweiler Plateau, einer Hochebene mit Steinsetzungen aus jahrtausendealter Vergangenheit, soll laut Pilgerführer etwas Mystisches anhaften. Meine Gedanken wabern in der Mittagsstunde in alle Richtungen, ich achte nicht auf den Weg, übersehe vermutlich Markierungszeichen und verliere komplett die Orientierung. Laut Angabe soll der Pilgerweg in einen breiten Forstweg übergehen, davon gibt es keine Spur. Dafür taucht eine Kurve auf, die es auf der Karte nicht gibt. Ich gehe ein Stück zurück: keine neuen Erkenntnisse. Weiter vor: Da liegt eine Straße in Sichtweite, die dürfte es auch nicht geben. Ab jetzt irre ich zwei geschlagene Stunden kreuz und quer durch den Wald und weiß überhaupt nicht mehr, wo ich bin.

Gibt es irgendwo eine Möglichkeit, abwärts zu gehen? Vielleicht treffe ich dann zumindest auf eine Straße. Wo die Straße von vorhin liegt, ist mir durch ständigen Richtungswechsel inzwischen völlig unklar, immer wieder macht der Weg eine Kehre. Zwischen Blattwerk erspähe ich in der Tiefe ein Flüsschen oder einen Bach, aber von hier oben kann ich die Fließrichtung nicht erkennen. Ich glaube, ein schwaches Autogeräusch zu hören – ist doch eine Straße in der Nähe? Dann wieder Stille. Hier auf den abgelegenen Straßen ist der Verkehr nur spärlich. Oder waren es Flugzeuggeräusche? Oder sogar fernes Donnergrollen? Ich bin kurz davor, in Panik zu verfallen, laufe vor und wieder zurück. Ich weiß, dass Panik jetzt strikt verboten ist, trinke etwas Wasser. Dass ich noch genug Wasser und auch noch das belegte Brot vom Frühstück bei mir habe, trägt zur Beruhigung bei.

Halt, habe ich da ein Geräusch gehört? Ich spitze die Ohren. Aber es ist nur mein laut klopfendes Herz. Ruhe bewahren, ich darf mich nicht sinnlos auspowern. Ich muss nur irgendeine Straße finden, egal, wohin. Ich will aus diesem Wald heraus! Jetzt steigt der Weg wieder an – das kann nur falsch sein. Also umkehren. In der Gegenrichtung geht es abwärts, immer weiter. WIESO MERKE ICH DAS ERST JETZT? Und – höre ich da doch etwas? Ja, das sind eindeutig Straßengeräusche! Es geht tatsächlich aus dem Wald heraus – und da sehe ich die Straße! Geschafft!!

Nur habe ich keine Ahnung, wohin diese Straße führt und welche Richtung ich nehmen sollte. Also warten. Nach einiger Zeit kommt ein Auto, ich winke, der Fahrer hält an. Es ist der Revierförster.

»Wohin wollen Sie? Nach Bollendorf? Ungefähr 800 Meter, dann sind Sie da!« Ein innerlicher Freudensprung. »Soll ich Sie bis ins Dorf mitnehmen?« Nein, vielen Dank, jetzt geht's mir wieder gut!

Schon tauchen die ersten Häuser von Bollendorf auf. Nach den überstandenen Strapazen ist ein Verwöhnprogramm in einem Gartencafé am Ufer der Sauer fällig.

Noch sieben Kilometer am Fluss entlang, erst auf der deutschen, dann auf der Luxemburger Seite. Um halb sechs bin ich in Echternach. Eine nette Geschäftsfrau erklärt mir den Weg zur Jugendherberge:

»Fünfzehn Minuten werden Sie gehen!«

Also noch ein Viertelstündchen stadtauswärts. Ein Jugendlicher mit einem superlauten Moped fährt an mir vorbei, dann wieder zurück, da capo, nervtötend. Ich spüre wachsende Missstimmung. Um Punkt sechs, nach zwei Viertelstunden, bin ich da.

Die Jugendherberge liegt in der Einöde. Die Cafeteria schließt gerade, keine Chance auf ein Abendessen. Positiv: Ich bekomme ein Zimmer für mich allein. Nach der Dusche balsamiere ich die krebsroten Sonnenbrandspuren im Gesicht und an den Armen. Zum Essen noch einmal hinaus in den Ort? Eine halbe Stunde hin, eine halbe zurück?

»Nein«, sagen meine Beine. Ich verspeise das letzte Butterbrot (danke, Frau Wirtin aus Mettendorf!) und die letzten Nüsse – ein frugales Mahl, aber frühere Pilger hatten es vermutlich oft nicht besser.

Im Nebenzimmer vertreiben sich Kinder die Zeit damit, die Tür (Jugendherbergs-Spezialausführung mit extrastarkem Knalleffekt) unablässig zuzuschlagen. Ich bin einmal mehr von Herzen dankbar, dass jemand Ohrstöpsel erfunden hat, erledige die tägliche Wäsche in der Hoffnung, dass alles bis morgen trocken ist, schaue auf die Uhr: halb zehn. Gute Nacht!

Tag 15, Freitag, 17.7., Echternach – Welschbillig

Am Morgen ist der Himmel über Echternach grau. Nach einem bescheidenen Jugendherbergsfrühstück laufe ich zurück ins Zentrum.

Eine Ausstellung zeigt die Geschichte und den Verlauf der Echternacher Springprozession, von der die Zimmerwirtin in Waxweiler sprach. Gesprungen wird nicht zwei Schritte rückwärts – drei vorwärts, wie oft behauptet, sondern abwechselnd rechts und links seitlich vorwärts, so ist es in einem Film zu sehen.

In einer Bäckerei am Stadtrand gibt es zu meiner Freude frischen Salat zum Mitnehmen. Inzwischen bin ich richtig ausgehungert nach Vitaminen. Unterwegs esse ich, anders als im Alltag, fast täglich Eis oder Kuchen und bekomme nur selten Salat und Gemüse. Mit der Bäckersfrau komme ich in ein interessantes Gespräch über die Mehrsprachigkeit der Luxemburger. Alle Schüler haben ab der zweiten Klasse Unterricht in Luxemburgisch, Deutsch und Französisch, später kommt noch Englisch dazu. Der Sprachunterricht nimmt etwa die Hälfte aller Unterrichtsstunden ein.

Über die Sauerbrücke geht es wieder nach Deutschland, der schmale graswachsene Pilgerweg verläuft zwischen dichten Beerenstrauchhecken durch ehemalige Weinberge. In der Mittagsstunde findet sich eine Bank. Zeit für eine Pause mit Brot und Salat, lecker!

Später trinke ich in einem Gasthaus einen Kaffee. Obwohl gut zu tun ist, setzt sich der Wirt ein paar Minuten zu mir und gibt mir einen wichtigen Hinweis, wie ich meine heutige

Unterkunft leichter finden kann. Ohne seinen Tipp wäre ich vermutlich einen ordentlichen Umweg über den Ortskern von Welschbillig gelaufen.

Ein langer Aufstieg erwartet mich, der Wirt sprach von fünf Kilometern. Weiße und graue Wolken ziehen zügig unter dem Himmelsblau entlang, ein frischer Wind weht und macht das Laufen angenehm.

Auf der Höhe stehen etwa zwanzig Windräder. Zum ersten Mal erlebe ich leibhaftig den oft beschriebenen Flügelschatten. Ich kann mir gut vorstellen, dass es schier den Verstand rauben kann, wenn ständig dunkle Blockstreifen von oben nach unten durchs Blickfeld sausen.

Das Tagesziel, ein Gasthaus mit Fremdenzimmern, liegt direkt an der B 51. Am Freitagnachmittag ist so viel Verkehr, dass ich Mühe habe, die Straße zu überqueren.

Das Haus ist alt und seltsam verschachtelt. Später, als ich noch einmal aus meinem Zimmer im ersten Stock hinuntergehen will, öffne ich irrtümlich etliche Türen zu unterschiedlichen eigentümlichen Räumen, ehe ich die Zwischentür zur Treppe finde.

Als ich abends in der Gaststube ein ziemlich fettes Omelett verspeise, setzt sich ein Mann mit Pferdeschwanz zu mir. Auch er geht den Jakobsweg in Etappen, aber auf einer Route durch den Schwarzwald und die Vogesen. Er erklärt mir, wie ich morgen meinen Weg ein Stück abkürzen kann. Danke!

Tag 16, Samstag, 18.7., Welschbillig – Trier

Und schon ist es Samstag, ich habe den letzten Wegabschnitt in diesem Jahr vor mir. Der Waldweg, mit dem die Etappe beginnt, ist leider bald durch eine größere Anzahl von quer liegenden Baumstämmen versperrt, vielleicht noch Kyrillopfer. [1]

Die letzte Gelegenheit auf meinem diesjährigen Weg, mich noch einmal im Wald zu verirren, lasse ich nicht ungenutzt

---

[1] Kyrill: ein Orkan, der im Januar 2007 schwere Schäden verursachte

verstreichen. Ich laufe ein Stück zurück, entscheide mich für einen schmalen Pfad abwärts, dieser endet irgendwann, also wieder bergan ... usw., usw.

Irgendwann lande ich auf einer Straße, halte ein Auto an: Wo, bitteschön, bin ich gelandet? – Auf der Straße nach Biewer! Genau richtig! Biewer, etwas außerhalb von Trier, ist keine ausgesprochene Touristenattraktion, aber eine Stätte des ganz frühen Christentums: Nicht lange nach dem Jahr 200 wurden hier bereits die ersten Gottesdienste gefeiert.

Noch ein Stück entlang der Mosel, über die Brücke und ich bin in Trier. Für die letzte Übernachtung habe ich mir ein kleines Hotel in Bahnhofsnähe gesucht. Mit einer Mischung aus Erleichterung und Betrübnis ziehe ich die Wanderschuhe aus. Die Füße freuen sich, die Seele bedauert, dass der Weg schon zu Ende geht.

An der Petrussäule auf dem Marktplatz bin ich mit Ingrid, der Schwester einer Freundin, verabredet. Sie lädt mich in ein Traditionslokal ein, fast drei Stunden reden wir miteinander. Ihr verstorbener Mann, ein Pfarrer, ist 1998 in vier Wochen von St. Jean-Pied-de Port bis Santiago de Compostela gepilgert. Es muss die entscheidende spirituelle Erfahrung seines Lebens gewesen sein.

Ingrid hat mir vor längerer Zeit davon erzählt. Es war das erste Mal, dass ich abseits von Büchern ganz real von einem Menschen hörte, der den Jakobsweg gegangen war. Ich habe ihn nie kennengelernt, seine Geschichte hat aber auch zu meinem Entschluss beigetragen, mich selbst auf den Weg zu machen.

Sonntag, 19.7., Trier/Herdecke (Reisetag)

Anderntags mache ich einen Stadtbummel im sonntäglich ruhigen Trier. Ein Plakat wirbt für eine Ausstellung »Schönheit in Ägypten« im Landesmuseum. Spontan gehe ich hinein: Seit einer Reise fasziniert mich das alte Ägypten. Ein kulturelles Sahnehäubchen zum Abschluss, danke!

Was bedeutet Schönheit für den Alltag – was für das Jenseits? Ich lerne: Für die alten Ägypter schafften Salben und Wohlgerüche im Kultus, aber auch im Alltag, Verbindungen zu den Göttern. Ein Denkanstoß: Die Pflege der Schönheit als Huldigung an die Schöpferkräfte des Schönen! Dass das für Kunst und Musik gilt, leuchtet mir unmittelbar ein.

Aber für den Alltag? Die Kleidung? Die Kosmetik? Mit protestantischen Wurzeln und einem gewissen Hang zur Reduktion und Kargheit lande ich schnell bei Vokabeln wie: Oberflächlichkeit – schöner Schein – Fassadenpflege – Eitelkeit. Doch der Gedanke der »Huldigung an die Schöpferkräfte des Schönen« fühlt sich gut an!

Im Dom zünde ich eine Kerze an. Heute am Sonntag sind viele Touristen da, einzeln und in Gruppen. Nach den einsamen Pilgertagen ist es mir zu umtriebig. Ich belasse es bei einem Kurzbesuch.

Höchste Zeit, meinen Rucksack zu holen. Um kurz nach drei geht mein Zug. Und was ist mit den Wundern, von denen ich auf der Hinfahrt las? Dem »unsichtbaren Knochengerüst unseres Alltagslebens«?

Ganz große Wunder sind in diesen wenigen Tagen nicht geschehen. Aber als »unsichtbares Knochengerüst«, das Halt und Stütze gibt, erlebe ich mein wachsendes Vertrauen.

Vertrauen in meine Kraft, der Panik zu trotzen, als ich orientierungslos auf dem Ferschweiler Plateau umherirrte. Vertrauen darauf, aus dem dunklen Wald herauszufinden. Vertrauen darauf, dass Hilfe kommt, wenn ich sie wirklich brauche. Von guten Mächten wunderbar geborgen: Die Engel des Weges schlafen nicht. Im rechten Moment erscheinen sie als alte Frau, mit dem Rad, als Förster, in vielerlei Gestalten.

2010: Trier – (Pont-à-Mousson) – Domrémy-la -Pucelle

Ein Königinnensitz, eine Hexe, aber kein Einhorn,
ein spirituelles Kraftwerk und Jeanne, die Rätselhafte

Das Jahr zwischen Sommer 2009 und Sommer 2010 hat es in sich. Nach meiner Rückkehr vom Jakobsweg wird bei meinem Sohn völlig überraschend ein Tumor diagnostiziert, der neurochirurgisch entfernt wird. Dass die komplizierte Operation keine Beeinträchtigungen nach sich zieht, erlebe ich als ein großes Wunder.

Tag 17, Montag, 26.7., Trier – Tawern

Am Sonntag holt mich Ingrid am Bahnhof in Trier ab. Im vorigen Jahr hat sie mir erzählt, wie tief ihr Mann vom Camino Francés beeindruckt war. In diesem Jahr ist ihr Gästezimmer meine erste »Pilgerherberge«. Abends schauen wir ein dickes Album mit Fotos vom Pilgerweg ihres Mannes an. Wie gerne wäre er noch die Via de la Plata, den Weg von Sevilla nach Santiago, gegangen! Seine schwere Erkrankung ließ es nicht mehr zu.

Am nächsten Tag ein kurzer Besuch im Dom, Pilgerstempel und los: durch die Stadt zur Mosel hinunter und am Fluss entlang südwärts. Anfangs ist der Himmel bedeckt, dann beginnt es zu schütten – im immerhin schon vierten Pilgerjahr erlebe ich den ersten tüchtigen Regenschauer. Ich werde ziemlich nass, aber bei der milden Temperatur ist das nicht weiter schlimm.

Der Ortsname Tawern kommt vom lateinischen Wort »taberna« (Hütte, Gasthaus/Kneipe) und wird auf der zweiten Silbe betont, erfahre ich von meiner Zimmerwirtin.

Tag 18, Dienstag, 27.7., Tawern – Merzkirchen

Der Frühstückstisch ist liebevoll gedeckt, eine Kerze brennt. Ein schöner Start in den Tag, danke, liebe Frau S.! Strahlend blauer Himmel, schneeweiße Wolken, angenehme Wärme, eine leichte Brise. Es ist eine Lust zu leben und zu laufen.

Im römischen Tempelbezirk auf dem Metzenberg nahe Tawern verweile ich länger. Außer mir ist niemand da, es ist ganz still. Steht auch die Zeit still? Ich meine, flüchtig den diffusen Schatten einer längst vergangenen Ära zu spüren. Wäre ich wirklich überrascht, wenn ein römischer Priester in weißem Gewand zwischen den Säulen hervorträte?

Die überlebensgroße Merkurstatue mit dem Doppelschlangenstab holt mich abrupt in die profane Wirklichkeit zurück. Plakativ farbig angemalt wirkt sie alles andere als göttlich, sondern derb-irdisch und beinahe abstoßend auf mich. Wie die gesamte Tempelanlage ist der Götterbote, der zugleich auch Gott der Händler und der Diebe ist, rekonstruiert.

Der Weg heute ist leicht und bietet immer neue Ausblicke auf Weingärten, Getreidefelder, Waldstücke.

Nachmittags verspüre ich große Lust auf einen Kaffee. Mein Tagesziel Merzkirchen ist nicht mehr weit. Und schon bin ich da! Als erstes entdecke ich das »Gasthaus zur Zentrale«. Doch es ist leider geschlossen, offenbar nicht nur vorübergehend. Also kein Kaffee.

Schräg gegenüber liegt die Pilgerherberge »Marys Destille«. Mary, eine lebhafte dunkelhaarige Frau etwa in meinem Alter, empfängt mich im Gastraum der Destille. Die Regale an den Wänden sind voller Obstbrände und edler Liköre, auch Strickwolle ist im Angebot. Mary eröffnet mir, dass sie tatsächlich nicht weiß, wo sie mich unterbringen kann. Oh Schreck lass nach! Zwar habe ich rechtzeitig telefonisch reserviert, aber das Haus ist voller Monteure. Sie ruft zwei Frauen im Ort an, um ein Ausweichquartier zu finden – vergeblich. Nach einigem Hin und Her wird umorganisiert und so bekomme ich doch noch ein ganzes Dreibettzimmer unterm Dach.

Das Haus ist riesig, in Teilen frisch renoviert. Im Dachgeschoss gibt es eine Küche und ein Wohnzimmer mit Lesestoff über den Jakobsweg. Das Dorf mit seinen hundert Einwohnern hat keine Einkaufs- oder Einkehrmöglichkeiten. Mary stiftet Pellkartoffeln, Butter und geschnittene Lyoner, so heißt Fleischwurst hier, und ich kreiere ein Abendessen.

Vor dem Einschlafen bemerke ich, dass ich im Gesicht und auf beiden Armen wieder mal einen Sonnenbrand habe. Wie soll das bloß morgen gehen – den ganzen Tag lang in der Sonne?

Tag 19, Mittwoch, 28.7., Merzkirchen – Perl

Heftiger Regen trommelt gegen das Fenster und weckt mich. Beim Frühstück ein kleiner Plausch mit der herzlichen Mary.

47

Sie muss gleich los, um Blumenschmuck für zwei Beerdigungen zu organisieren. Außer der Destille, der Pilgerherberge und Pension, den Veranstaltungen mit Flammkuchen oder anderer Beköstigung für bis zu 300 Personen managt sie auch die Floristik fürs Dorf. Chapeau, Mary!

Es gießt unaufhörlich, beim Blick nach draußen sehe ich vor lauter Regendunst so gut wie nichts und warte noch eine Weile. Gegen halb zehn löst stetiger Nieselregen die Sturzbäche ab, ich ziehe ein bisher nie gebrauchtes Regencape über und laufe los.

Der Weg ist gut mit gelben Pfeilen markiert. Ich vermute, auch das ist ein Werk Marys.

In einem Waldstück, schon im Saarland, mache ich mangels Alternativen auf einem nassen Baumstamm Rast mit einem Schinkenbrot von Marys Frühstückstisch und freue mich auf eine vom Pilgerführer gepriesene Eisdiele in Perl. Da reißt auch schon der Himmel auf, ein großes Stück Blau erscheint, es wird schnell trocken und sommerlich heiter.

An exponierter Stelle wartet eine Bank und bietet einen wunderbaren Ausblick auf Weinberge, auf die silberne Mosel in der Ferne und auf den Ort Perl zu meiner Linken. Wie ein großartiges Geschenk liegt die Welt vor mir. Dank an die Schöpfung!

Der imaginäre Eisbecher lockt, ich laufe nach Perl. Das hochgelobte Café liegt am anderen Ortsende. Die Füße brennen, ich schleppe mich hin und finde ein Schild: »Wegen Urlaub geschlossen«. Also zurück in den Ortskern. Vor einem Hotel wirbt eine Tafel für diverse Kaffeespezialitäten: Auch gut. Aber leider wieder ein Schild: mittwochs geschlossen.

Aber ich finde doch noch eine Bäckerei mit Stehtisch, es gibt Kaffee und Kuchen. Gestärkt klingele ich an dem Haus, in dem ich telefonisch eine Übernachtung reserviert habe.

Eine Dame, die fortan für mich »Hexe« heißt, öffnet die Tür und überfällt mich mit einem Redeschwall.

»Leider gar kein Zimmer frei, so ein Huddel, jemand ist krank geworden, es ist etwas dazwischengekommen! Was, morgen bis Kédange? Das schaffen Sie nie! Steht im Pilgerführer, ja, aber der ist veraltet! Ich reserviere Ihnen ein Zimmer bei einer Bekannten, die vor Kédange wohnt!« Die Person und die Situation machen mich sprachlos. Hexe zaubert meine Energie komplett weg. Sie schickt mich, immerhin mit einem Glas Mineralwasser versehen, in eine abgedunkelte Ferienwohnung zwei Treppen höher. Hier soll ich warten. Sie bekommt erst einmal Besuch von zwei Damen zum Kaffee. Später will sie mir ein Ausweichquartier im Ort besorgen.

Mit brennenden Füßen und Wanderschuhen sitze ich völlig geschafft im dämmrigen Zimmer und harre der Dinge, die da kommen sollen. Es geschieht: gar nichts. Nach einer Weile – einer halben Stunde oder mehr? – regen sich meine Lebensgeister wieder. Ich entsinne mich des Pilgerführers und rufe eine andere Privatunterkunft im Ort an, dort gibt es ein freies Zimmer.

Ich steige hinunter, rufe die kaffeeklatschende Hausherrin aus dem Wohnzimmer und teile ihr meine Absicht mit.

Erboste Reaktion: »Das geht gar nicht! Kommt nicht in Frage! Da gibt's kein Frühstück!« Und Hexe schafft es tatsächlich, mir ihren Willen aufzudrängen. Ich gebe mich geschlagen, sie gibt mir eine weitere Adresse im Ort. Meine telefonische Reservierung mache ich rückgängig und schäme mich vor mir selbst. Wieso habe ich zugelassen, dass Hexe sich meines Willens bemächtigen konnte?

Wider Erwarten erweist sich die neue Unterkunft als Glücksfall. Frau L., eine Dame in fortgeschrittenem Alter, empfängt mich herzlich in einem schönen alten Haus, im Garten blüht es über und über. Ihr Jakobsweg, so erzählt sie später, ist die Pflege ihres durch einen Schlaganfall beeinträchtigten Ehemanns.

Im Ort kaufe ich Obst für morgen und spaziere durch den Barockgarten. Alles in allem ein guter Tag, zwar mit Hexe, aber auch mit der Königinnenbank hoch über der Welt und den beiden besonderen Menschen heute: Mary und Frau L. Danke!

Tag 20, Donnerstag, 29.7., Perl – Kédange-sur-Canner

Beim Frühstück im Kachelofenzimmer erzählt Frau L. vom Leben im Dreiländereck Deutschland, Luxemburg, Frankreich, von den grenzübergreifenden Familienbeziehungen, von den Schmuggelabenteuern der Nachkriegszeit, vom moselfränkischen Dialekt, der in Luxemburg Schrift- und Landessprache geworden ist. In der Destille in Merzkirchen war ich Ohrenzeugin, als Mary mit ihrem Mann auf Moselfränkisch telefonierte, ich habe kaum ein Wort verstanden.

Da geht es mir mit dem Französischen besser. Heute werde ich nach Frankreich kommen. Eine reale Grenze gibt es seit dem Schengener Abkommen zum Glück nicht mehr. Schengen, der Nachbarort von Perl auf der Luxemburger Moselseite, liegt an der vom Pilgerführer empfohlenen Route. Frau L. rät mir dagegen zum kürzeren Weg über Apach. Die Etappe heute ist mit gut dreißig Kilometern ohnehin lang genug.

In weniger als einer halben Stunde bin ich in Lothringen. Schritt für Schritt habe ich es bis nach Frankreich geschafft, ich kann es kaum glauben!

Der Jakobsweg ist hier mit dem weiß-roten GR[1] markiert. An der Burg von Sierck-les-Bains vorbei geht es bergauf in einen wild-romantischen Wald. Ein kleiner Wasserfall, eine verfallene Mühle liegen am Weg.

Wieder stellt sich, ähnlich wie vorgestern in Tawern, die leise Empfindung ein, wie aus der Zeit herausgehoben zu sein. Halt, huschte da ein Einhorn über die Lichtung? Wohl doch nicht. Es hätte mich aber nicht übermäßig verwundert. Weit und breit keine Menschenseele.

Dem verwunschenen Wald folgt eine wellige ländliche Idylle mit Feldern und Hecken, ab und zu Weiden mit grasenden Kühen. Im Anschluss an eine Pause mit Sicht auf Überbleibsel der Maginot-Linie[2] verliere ich leider die Markierung.

---

[1] GR: Grandes Randonnées, Fernwanderwege

[2] Maginot-Linie: In den 30er Jahren errichtetes gigantisches Verteidigungsbauwerk an der Ostgrenze Frankreichs

Einige Zeit später wundere ich mich: Nanu, gibt es eine zweite Maginot-Linie? Nein, leider bin ich im Kreis gelaufen! Ich ärgere mich über die verlorene Zeit, werde von einer Blase am kleinen Zeh gepiesackt und habe nicht mehr viel Lust zu laufen.

Endlich finde ich den Weg wieder. Doch schon wartet die nächste Herausforderung: Eine riesige entwurzelte Buche mit mehreren Stämmen ist auf den Weg gestürzt und versperrt das Weiterkommen. Ich klettere, in meiner Beweglichkeit durch den Rucksack behindert, über Stämme und unter Ästen hindurch, rutsche einmal ab, falle und liege auf meinem Rucksack wie ein hilfloser Maikäfer. Nichts gestaucht oder gezerrt? Nein, alles in Ordnung.

Ein Schild am Waldrand verkündet die letzte Prüfung für heute: Der Jakobsweg nach Kédange ist wegen einer Baustelle gesperrt, Pilger mögen deshalb auf die Autostraße ausweichen.

Drei Kilometer noch. Wenig Autoverkehr, aber es geht stetig bergauf. Ich versuche, meine Aufmerksamkeit weder auf die schmerzenden Füße noch auf die öde Asphaltpiste zu richten, sondern nur auf den nächsten Schritt – und dann den nächsten.

Um halb sieben kann ich kaum noch laufen und schleppe mich und den Rucksack durch das leicht abgeblättert wirkende Örtchen Kédange bis zum einzigen kleinen Hotel. Einschließlich Umweg bin ich etwa 34 Kilometer gelaufen, deutlich mehr, als mir guttut.

Wie gehe ich mit meinen Grenzen um? Beim Pilgern erlebe ich noch deutlicher als im Alltag, dass ich meine Grenzen – die der Kraft, der Kondition, der Belastbarkeit – oft noch immer nicht gut genug respektiere. Eine fortwährende Lernaufgabe – trotz meines Alters! Andererseits: Ohne Grenzüberschreitungen kein Wachstum und keine Entwicklung. Mehr Orientierung, mehr Vertrauen, mehr Mut erfahre ich dann, wenn ich den gewohnten Aktionsradius erweitere.

Als ich im gut besuchten Hotelrestaurant ein leckeres Omelett verspeise, treffen zwei deutsche Frauen mit Rucksäcken ein, die ersten Mitpilgerinnen in diesem Jahr. Sie kommen heute auch aus Perl.

Tag 21, Freitag, 30.7., Kédange-sur-Canner – Metz

24 Stunden später sitze ich in einem Straßencafé vor der Kathedrale von Metz. Die Abendsonne lässt den gelben Sandstein der Westfassade leuchten und scheint den Platz mit einer besonderen Energie aufzuladen. Ich blicke auf einen Tag zurück, der mich grenzwertig gefordert hat.

Die Wirtin in Kédange machte sich beim Abschied heute früh Sorgen, weil ich allein unterwegs bin – dabei ist sie in meinem Alter!

Ein heiterer Sommermorgen, beschwingt lief ich los. Die heutige Etappe bis Metz sei mit 31 Kilometern zwar lang, so der Pilgerführer, doch landschaftlich besonders schön und leicht zu laufen.

Der markierte Weg begann mit Asphalt – und so bleibt es. Sicherlich 90 Prozent der gesamten Strecke sind asphaltiert. Wenn möglich, laufe ich auf dem Grünstreifen. Der Autoverkehr hält sich in Grenzen, doch viele Fahrer düsen mit einem Affenzahn vorüber. Noch weniger Freude machen die vorbeibretternden LKW.

Ein Labsal für Leib und Seele bietet auf halber Strecke Vigy, ein kleiner Ort mit Kirche und Mairie[1] und einem einladenden Restaurant mit Terrasse und üppigem Blumenschmuck.

In der Mittagsstunde sind fast alle Plätze besetzt, überwiegend mit Handwerkern und Geschäftsleuten. Ich finde noch ein freies Tischchen und komme mit einem Mann am Nachbartisch ins Gespräch. Er erzählt vom Niedergang der lothringischen Stahlindustrie (»Schuld hat Mittal«) und den bitteren wirtschaftlichen Folgen für die Region, von seiner Wertschätzung der deutschen Autobauer und von seinem BMW. Er

---

[1] Mairie: Rathaus, Gemeindeverwaltung

bietet mir eine Mitfahrgelegenheit an (»Non, merci!«), lobt den Stellenwert von Struktur und Ordnung in Deutschland. Wir einigen uns darauf, dass die »douceur de vivre«[1] eine andersartige, aber durchaus gleichwertige Qualität darstellt.

Wieder unterwegs. Ein Umspannwerk, später noch eins, durch eine Autobahnunterführung, Asphalt unter den Füßen – na toll! Reichlich Ödnis, der Weg zieht sich.

Am Spätnachmittag will ich – vielmehr kann ich – nicht mehr laufen, eigentlich. Aber bis zum Vorort St. Julien-lès-Metz, von wo hoffentlich ein Bus ins Zentrum fährt, ist es noch eine gute Stunde über eine ansteigende, schier endlose Autostraße.

Schließlich erreiche ich die ersten Häuser und eine Bushaltestelle. Herbe Enttäuschung: Die Linie wird in den Schulferien nicht bedient. Ich bin am Ende meiner Kräfte und unmittelbar davor loszuheulen, als ein junger Mann des Weges kommt.

»Wie bitte kann ich an ein Taxi kommen?« Als Alternative zeigt er mir die Haltestelle einer anderen Linie gleich um die Ecke. Kurz darauf sitze ich im Bus.

Die Jugendherberge liegt mitten in der Altstadt, ich bekomme ein großes Zimmer mit frisch modernisiertem Bad. Nach Dusche und Fußsalbung bin ich so erschöpft, dass ein Stadtgang außerhalb des Vorstellbaren liegt. Doch nach einer Ruhepause bekomme ich Lust auf Metz und lande in diesem Café. Nach den beiden Ü-30-Etappen ist morgen ein Pausen- und Stadttag!

Tag 22, Samstag, 31.7., Metz

Direkt nach der Öffnung morgens um neun bin ich in der Kathedrale St. Etienne, anfangs ganz allein.

Die Morgensonne scheint durch die farbigen Chorfenster. »Spirituelle Kraftwerke« hat jemand die gotischen Kathedralen

---

[1] douceur de vivre: angenehmer Lebensstil, Lebenskunst. Wörtlich: Süße des Lebens

genannt. Kraftwerke, die das Licht, das in der Finsternis scheint, als lebendige und heilsame Energie wahrnehmbar werden lassen.

Stärker noch als die Chagall-Fenster beeindrucken mich die Fenster der »Sakramentskapelle«. Vor gut fünfzig Jahren hat Jacques Villon, ein Bruder von Marcel Duchamp, sie geschaffen. Er war bereits 82 Jahre alt, als er zum ersten und einzigen Mal ein Glaskunstwerk gestaltet hat.

Die fünf Fenster zeigen die Wandlungsstufen »Passahlamm – Brot – Leib Christi« und »Wasser – Wein – Blut Christi«. Villon hat die Szenen in geometrische Formen zersplittert. Zu Bildern werden sie durch die innere Aktivität des Betrachters.

Am Nachmittag schaue ich das erst kürzlich eröffnete Centre Pompidou an, ein Ableger des gleichnamigen Pariser Kunstzentrums. Die lichte Architektur erinnert mit schwingenden Linien an ein vom Wind bewegtes Zelt. Die Eröffnungsausstellung, Titel: »Was macht ein Kunstwerk zum Meisterwerk?«, erscheint mir bunt zusammengewürfelt, hinterlässt keine Spuren in meinem Inneren.

Zurück in der Altstadt setze ich mich in ein Straßencafé an der Place Jeanne d'Arc. Schräg vor mir plätschert friedlich ein Brunnen, vier Köpfe speien Wasser, das über zwei Schalen zurück ins Becken fließt. Allein schon das Geräusch erfrischt, es ist über dreißig Grad heiß. Im Hintergrund das imposante Turmpaar der Kirche Ste Ségolène. Fast alle Tische sind besetzt, ich freue mich an der unbeschwerten Samstagsnachmittagsstimmung.

Gelobt sei der Sommer! Und die douceur de vivre!

Tag 23, Sonntag, 1.8., Metz – Novéant-sur- Moselle

Beim Frühstück in der Jugendherberge treffe ich die beiden jungen Frauen aus Kédange wieder. Mit dem Alleingehen komme ich gut zurecht. Unterwegs gibt es täglich so viele neue Eindrücke, in den Unterkünften ergeben sich fast immer

Gespräche. Aber bekannte Gesichter wiederzusehen, selbst wenn sie nur an eine flüchtige Begegnung erinnern, ist eine schöne Erfahrung.

Ich besuche die Sonntagsmesse in der Kathedrale. Katholische Gottesdienste erzeugen bei mir häufig widersprüchliche Gefühle: Einerseits erlebe ich eine gewisse Geschäftigkeit, manchmal auch Eile und ein routiniertes Abwickeln sakraler Handlungen – und dann doch unter der Oberfläche feine Spuren realer Spiritualität.

Gegen eins laufe ich los. Die Blase am kleinen Zeh ärgert mich nach dem Ruhetag immer noch. Mangels alternativer Strategien lautet das Motto: negieren.

Der Weg verläuft am Moselkanal entlang. Die Sicht aufs Wasser tut gut in der Nachmittagshitze. Der Pilgerführer warnt vor einer Stelle mit wilden Hunden. Vielleicht muss ich mich verteidigen? Ich finde einen Stock und nehme ihn vorsichtshalber mit. Mit gespannter Aufmerksamkeit nähere ich mich der angekündigten Gefahrenstelle. Leises Gebimmel: Fünf Ziegen mit Glöckchen fühlen sich gestört und springen davon.

Gerade will ich den Stock wegwerfen, da erscheint ein mittelgroßer schwarzer Hund und setzt zum Bellen an, verstummt aber. Ich laufe weiter und vorbei ist der Spuk.

Auf der anderen Moselseite geht es durch Obst- und Weingärten bis zum Örtchen Novéant-sur-Moselle. Mein Quartier finde ich einem Landhaus mit einem wunderschönen Garten, riesige Kastanien spenden Schatten. In einem romantisch-altmodisch eingerichteten Zimmer beende ich den Sommersonntag.

Tag 24, Montag, 2.8., Novéant-sur-Moselle – Pont-à-Mousson

Zuerst laufe ich weiter am Moselkanal entlang, dann steigt der Weg hinauf Richtung Priesterwald, der im Ersten Weltkrieg Frontgebiet war. Wegen der großen Verluste auf beiden Seiten hieß er bei deutschen Soldaten auch »Witwenwald«. Tausende

Soldaten haben hier in den Schützengräben ihr Leben verloren. Minen und Giftgas waren Teil der Tötungsmaschinerie.

Vom Ende des Waldes ist es nicht mehr weit bis zu meinem Tagesziel Pont-à-Mousson. Der ungewöhnliche, weil dreieckige Hauptplatz lässt mit seinen Arkadenflanken noch ein wenig vom vergangenen Glanz der ehemaligen Universitätsstadt ahnen. Jetzt scheinen viele Gebäude eine Renovierung oder wenigstens neue Farbe zu benötigen.

Heute ist schon mein letzter Rucksackpilgertag für dieses Jahr. Wegen der spärlichen bzw. fehlenden Unterkünfte auf den kommenden Etappen habe ich beschlossen, mit dem Zug über Toul nach Neufchâteau zu fahren und von dort eine Tageswanderung nach Domrémy zu machen. Ich werde den Jakobsweg verlassen, um Jeanne d'Arc zu besuchen.

Vor vielen Jahren las ich an einer Kirchenwand auf dem Hinrichtungsplatz von Jeanne in Rouen den Satz: »Ô Jeanne, sans sépulcre et sans portrait, toi qui savais que le tombeau des héros est le coeur des vivants.«[1]

Zugegeben, reichlich pathetisch. Aber damals wurde mein Interesse für Jeanne und ihre Rätsel geweckt. Seitdem tauchte immer wieder der Gedanke auf, ihren Geburtsort zu besuchen. In welcher Umgebung ist sie aufgewachsen? Was erinnert dort heute an sie?

Zum ersten Mal habe ich als Schülerin von ihr gehört. Im Französischbuch gab es eine Lektion über das Bauernmädchen aus Lothringen, dem im 14. Lebensjahr »Stimmen« auftrugen, Frankreich von den englischen Truppen zu befreien und den Thronanwärter zur Krönung nach Reims zu führen. Mit 16 Jahren verließ sie ihr Elternhaus, um diese Aufgabe zu erfüllen. 19 Jahre war sie alt, als sie 1431 auf dem Scheiterhaufen verbrannt wurde.

---

[1] Oh Jeanne, ohne Grabstätte und ohne Bildnis, du wusstest, das Grab der Helden ist das Herz der Lebenden. (André Malraux)

Eine rätselhafte, schier unglaubliche Biographie, die sich herkömmlichen Erklärungsmustern entzieht und seit Jahrhunderten Menschen weit über Frankreich hinaus fasziniert. Leider versuchen seit längerer Zeit die französische Rechte und besonders der Front National, diese Faszination für eigene Zwecke auszubeuten und Jeanne zu einer Symbolfigur für Nationalismus, Abgrenzung und Militarismus zu verzwergen.

Tag 25, Dienstag, 3.8., Pont-à-Mousson/Toul/Neufchâteau

Nachts stürmt und regnet es heftig, doch der Morgenhimmel zeigt sich heiter. In seinem Licht wirkt die Stadt freundlicher als gestern.

Am frühen Nachmittag kommt mein Zug in Toul an. Eine Viertelstunde zu Fuß ist es bis zur gotischen Kathedrale St. Etienne, die – gemessen an der kleinen Stadt – von gewaltigen Ausmaßen ist.

Ich setze mich in den Kreuzgang, der von der Südfassade der Kathedrale und auf den drei übrigen Seiten von Arkaden begrenzt wird. Ein stiller, wohltuender Ort, Dahlien blühen in voller Farbenpracht. Gedichtzeilen[1] kommen mir in den Sinn:
»Erfüllungsstunde – im Gelände
Die roten und die goldenen Brände (…)«
Die Glocke schlägt drei, doch dieser Ort hat etwas Zeitloses.

Dann bringt mich ein Zug nach Neufchâteau. Bei einem kleinen Stadtrundgang denke ich an den Tischnachbarn in Vigy, der von der schwierigen Wirtschaftslage in Lothringen sprach. Die ist auch hier im Stadtbild sichtbar: Vieles ist grau und abgeblättert. Als ein Kind des Ruhrgebiets weiß ich: Strukturwandel ist eine Herkulesaufgabe. Auf bessere Zeiten! Bonne nuit![2]

---

[1] Gottfried Benn: Einsamer nie

[2] Gute Nacht

Tag 26, Mittwoch, 4.8., Neufchâteau – Domrémy-la-Pucelle – Neufchâteau

Beim Frühstück spricht mich ein Mann an, den ich schon gestern Abend auf der Hotelterrasse gesehen habe und den ich intuitiv für einen Deutschen hielt. Als Fahrradpilger hat er zwei Monate für die Strecke Münster – Santiago angesetzt. Eine Frau schaltet sich ins Gespräch ein: Sie kommt aus Düsseldorf, pilgert zu Fuß Richtung Le Puy, nimmt aber aus Zeitgründen heute den Zug nach Dijon. Es gibt also doch einige Pilger auf dem Weg!

Unbeschwert, nämlich ohne Rucksack, mache ich mich auf den Weg. Ohne Wanderkarte kann ich nur entlang der Straße laufen. Zum Glück ist sie wenig befahren.

Gegen Mittag komme ich zur Basilique du Bois Chenu, die Jeanne d'Arc gewidmet ist. Der Bau aus dem 19. Jahrhundert rührt mein Herz nicht. Eine Touristin drückt auf einen Knopf, elektrisches Licht und Erläuterungen vom Tonband werden angeschaltet.

Knapp zwei Kilometer weiter liegt das winzige Dorf Domrémy-la-Pucelle. Erstaunlich: Kaum jemand ist unterwegs, trotz der Sommerferien kein Touristentrubel. Im Informationszentrum neben dem Geburtshaus von Jeanne d'Arc kümmern sich drei Damen engagiert um die wenigen Besucher.

Einen Film über die Geschichte der »Jungfrau von Orléans« schaue ich ganz allein an. Eine Ausstellung zeigt Alltag und Kultur ihrer Epoche, in einer Präsentation erläutern zwei Sprecher (per Aufzeichnung) die Ereignisse in Frankreich zu Beginn des 15. Jahrhunderts bis zu Jeannes Tod. Gleichzeitig tauchen auf einer schwarzen Bühne lebensgroße Puppen in historischen Kostümen einzeln oder in Gruppen im Scheinwerferlicht auf. Gut gemacht, merci!

In der kleinen Kirche neben Jeannes Geburtshaus bin ich wieder ganz allein. Tauf- und Weihwasserbecken und eine Statue der Heiligen Margarethe, die für Jeanne von großer

Bedeutung war, stammen noch aus ihrer Zeit. Ohne Ablenkung lasse ich die Atmosphäre des Raumes auf mich wirken.

Danke, dass ich der Rätselhaften heute an ihrem Ort ein wenig näherkommen kann!

Der Rückweg auf der langweiligen Straße scheint kein Ende zu nehmen. Am Ortseingang von Neufchâteau fällt mir ein: Ausgerechnet in Domrémy habe ich vergessen, den Pilgerausweis stempeln zu lassen. Schade.

Donnerstag, 5.8., Neufchâteau/Nancy (Extratour)

Am nächsten Tag fahre ich mit dem Zug nach Nancy. Nach Metz möchte ich die zweite große Stadt in Lothringen kennenlernen, auch wenn sie nicht am Pilgerweg liegt.

Im Musée des Beaux-Arts beeindruckt mich ein Bild[1] von Joachim Beuckelaer aus der Mitte des 16. Jahrhunderts. Es zeigt Szenen auf einem belebten flämischen Markt: Menschen jeden Alters, Karren und Körbe voller Obst, Gemüse, Eier, Geflügel.

Im Hintergrund, nicht auf den ersten Blick zu entdecken, drei kleinformatige Szenen. Am rechten Bildrand, jenseits eines Torbogens, wird Christus von Soldaten gegeißelt. Rechts der Mitte präsentiert Pontius Pilatus den nur noch notdürftig bekleideten Christus dem Volk. Auf der linken Seite folgen Reiter und auch Kinder dem Christus, der gebeugt sein Kreuz trägt und uns über die rechte Schulter sein Gesicht zuwendet und uns anschaut.

Mich berührt, wie der Maler die Gegenwärtigkeit des Passionsgeschehens inmitten einer Alltagssituation seiner Zeit darstellt: Alles geschieht JETZT, wir sind beteiligt. Wo bin ich in diesem Geschehen? Eine der Marktfrauen, die in ihrer Alltagsgeschäftigkeit die Anwesenheit Christi gar nicht bemerkt?

---

[1] Marché avec l'Ecce Homo

59

Später mache ich einen kleinen Stadtbummel, aber heute fremdle ich mit der Welt der Schaufenster, des Konsums, der allgegenwärtigen Dudelbeschallung.

Am Abend sitze ich unter einem Rokokohimmel in Blau und Rosa an der Place Stanislas, umgeben von der hellen, anmutigen Architektur des 18. Jahrhunderts.: la douceur de vivre!

Freitag, 6.8., Nancy/Herdecke (Reisetag)

Über Luxemburg und Trier fahre ich mit dem Zug heimwärts. In Trier steige ich etwas übereilt in den nächsten durchgehenden Zug nach Köln und merke zu spät, dass es sich um einen »Bummelzug« handelt, der dreieinhalb Stunden bis Köln braucht. Doch Entschleunigung gehört ja zum Pilgern! Die zwei jungen Männer, die mir vor drei Jahren in der Eifel begegnet sind, auf welchen Wegen mögen sie inzwischen unterwegs sein?

Ich lasse die vergangenen Tage Revue passieren.

Die wichtigste Begegnung? Mindestens zwei: Mary, die warmherzige unermüdliche Powerfrau, und Frau Hexe, deren Garstigkeit mich unverhüllt mit einer meiner Schwachstellen konfrontiert hat.

Der schönste Ort? Mindestens drei: der »Königinnensitz« oberhalb von Perl mit Blick auf die Welt in ihrem Glanz, die »Sakramentskapelle« in der Kathedrale von Metz, die kleine Kirche in Domrémy-la-Pucelle.

Der bedeutendste Satz? »Die Pflege meines kranken Mannes, das ist mein Jakobsweg«, so Frau L. in Perl.

Im Abendsonnenschein geht es durch die schöne grüne Eifel, durch Tunnel, über sprudelnde Wasserläufe und durch eine Reihe von Orten, die ich in den letzten Jahren zu Fuß durchquert habe: Dahlem, Blankenheim, Weilerswist, Euskirchen. Ab Köln regiert wieder die Beschleunigung: Ein Intercity bringt mich in Windeseile nach Hagen, dort werde ich abgeholt.

2011: NANCY –VÉZELAY

Picknick auf dem Friedhof, eine lächelnde Madonna, Ordensfrauen und Champagner, ein Engel im Nirgendwo, Kunst und blaues Blut, Elias in Vézelay

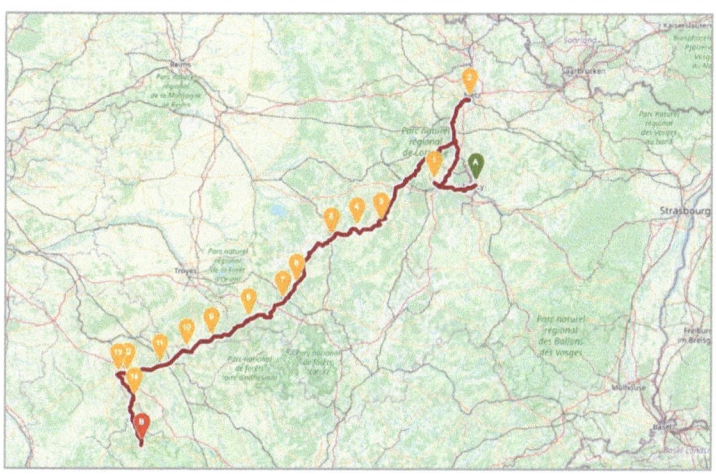

Tag 27, Montag, 8.8., Nancy – Toul

Avant que je m'en aille
Il faut penser à moi
Je romprai la muraille
Qui me retient en moi …[1]
(frz. Pilgerlied)

Irgendwo habe ich vor einiger Zeit diese Strophe aus einem alten Pilgerlied aufgelesen und auf einer freien Stelle im Pilgerführer notiert. Grenzen durchbrechen … Ein gutes Motto für

---

[1] Bevor ich losgehe,
sollte ich an mich denken
Ich werde die Mauer durchbrechen,
Die mich in mir festhält …

den Weg? Und muss es gleich um Brüche gehen – oder reicht es auch, Grenzen zu überschreiten? Und: »Ich sollte an mich denken«, also meine Grenzen auch respektieren.

Ich sitze ich in einem kleinen einfachen Restaurant in Toul und finde es ärgerlich, dass der Fernseher läuft und meine Aufmerksamkeit ansaugt. Die Sendung ist nicht gerade das passende Begleitprogramm fürs Abendessen: eine Dokumentation über Brustkrebsoperationen. Noch ahne ich nicht, dass ich genau sieben Wochen später durch eine Diagnose mit diesem Thema konfrontiert werde.

Gestern Abend bin ich mit dem Zug in Nancy angekommen und habe in der Jugendherberge übernachtet, im Schloss Rémycourt. Die zwei runden Schlosstürmchen mit den spitzen Dachhelmen erinnern mich an Bilder im Märchenbuch meiner Kindertage. Im etwas vernachlässigten Park blüht es ausschließlich hellblau, weiß, rosa – ein Farbdreiklang wie eine Babyvariante der Trikolore.

Der junge Mann an der Rezeption heute Morgen staunt, dass ich zu Fuß bis Toul gehen will. »Das ist ziemlich weit! Nehmen Sie doch den Zug – das kostet nicht viel!«

Als ich mich nicht umstimmen lasse, weist er mir scheinbar sachkundig den Weg, allerdings, wie ich zum Glück schnell merke, in die falsche Richtung.

Begleitet von Regenschauern laufe ich auf schnurgeraden, meist asphaltierten Wegen bergauf und bergab durch einen Staatsforst Richtung Six Bornes (»Sechs Grenzsteine«), laut Pilgerführer ein Gebiet, in dem mit unheimlichen Geräuschen zu rechnen ist (»Gruseln Sie sich!«).

Tatsächlich meine ich einige Male, linkerhand ein rätselhaftes dumpfes Grollen aus dem Wald zu hören. Das Büchlein verzichtet auf jedwede Erläuterung zum geisterhaften Tönen und enttäuscht mich ebenfalls durch die Ankündigung einer Schutzhütte, die sich leider als Ruine erweist. Aber wenigstens das Dach ist noch intakt und schützt vor einem heftigen Platzregen.

Es bleibt der einzige Rastplatz an diesem Tag. Bänke findet man in Frankreichs Wäldern selten oder nie.

Am Ortseingang von Toul kommen Sturmböen auf. Den Kreuzgang, im letzten Jahr Ort der »roten und der goldenen Brände«, der lodernden Dahlienpracht des Spätsommers, kann ich daher gar nicht betreten. Die Kathedrale erlebe ich diesmal als zugig und renovierungsbedürftig.

Mein kleines Hotel im Zentrum hat seine besten Zeiten hinter sich, aber der Wirt ist sehr freundlich. Er hat mir das kleine Restaurant mit dem laufenden Fernseher empfohlen. Morgen soll das Wetter besser werden.

Tag 28, Dienstag, 9.8., Toul – Montigny

Tapete, Sessel, Teppich. Kissen, Decke – alles präsentiert sich in Rot und Orange in dem großen Zimmer eines alten Landhauses in Montigny. Ich lagere auf dem Bett und schreibe, meine Beine genießen die horizontale Lagerung. Himmlische Ruhe ringsum.

Gefrühstückt habe ich heute in einer kleinen Bar neben dem Hotel: Espressogezisch, Tassengeklirr, zeitunglesende und gestikulierende Herren, Spiegel an den Wänden, Baguette, Confiture und Café noir. Frankreich hat einen großen Platz in meinem Herzen.

Und los: Schnell noch Wasser und Bananen einkaufen, dann stadtauswärts durch die Porte Jeanne d'Arc. Ein Gruß an meine Heldin, die ich im letzten Jahr in Domrémy besucht habe!

Knapp drei Stunden lang laufe ich durch dichten Laubwald, immer stracks geradeaus, auf einem anfangs geschotterten, dann zunehmend matschigen Weg. Immer wieder Regenschauer.

Gegen Mittag brauchen meine Beine dringend eine Pause. Nirgends gibt es eine Sitzgelegenheit. Also breite ich ein vorsorglich eingepacktes größeres Stück Noppenfolie auf einer einigermaßen trockenen Stelle aus und lasse mich auf dem

Boden nieder. Zweifellos gibt es gemütlichere Positionen, um eine Banane zu essen.

Weiter durch Regen und Wind. Zwischen den Schultern schmerzt es. Aber es gibt auch etwas Positives: Seit ich dünne Söckchen unter den Wandersocken trage, bilden sich keine Blasen mehr an den Füßen.

Ein Kaffee wäre jetzt genau das Richtige für Kreislauf und Seele! Vielleicht im nächsten Dörfchen? Nein, abgesehen von zwei Bauern, die gerade ihre Traktoren in Bewegung setzen, scheint der Ort ausgestorben.

Nirgends ein Platz, um wenigstens für ein paar Minuten zu sitzen? Das Dorfkirchlein könnte eine Ruhezone für Beine und Seele sein, ist aber leider verschlossen. So hocke ich mich auf ein Mäuerchen auf dem Friedhof und verspeise inmitten der düsteren Grabsteine meine Zweitbanane.

Dann weiter, hinauf auf eine Anhöhe. Oben bietet sich ein schöner Ausblick. Unter wieder zunehmendem Himmelsblau liegt jenseits der Maas die kleine Stadt Vaucouleurs. Ich denke an Jeanne d'Arc, die mit siebzehn Jahren von Vaucouleurs aus mit einer Eskorte zu ihrer Schicksalsaufgabe aufbrach, um den Thronfolger von ihrer Mission zu überzeugen.

Heute wirkt der Ort ärmlich und halb verlassen, viele Häuser stehen leer, à vendre[1], oder sind deutlich renovierungsbedürftig.

In der Touristeninformation höre ich, dass alle Restaurants geschlossen sind und die Pizzeria erst am Abend öffnet. Die frohe Botschaft: Am anderen Ende der Stadt existiert ein kleines Café. Dort kann ich mich endlich setzen und einen Café crème gibt es auch.

Noch eine gute Stunde durch Wiesen, Felder, Wald bis zum winzigen Ort Montigny. Eine Gänseschar empfängt mich vor meiner Unterkunft, einem Landhaus. Wären meine Beine nicht so müde, hätte ich an diesem mittlerweile sommerlich heiteren

---

[1] zu verkaufen

Abend noch Lust auf eine Spazierrunde durch die ländliche Idylle. Après la pluie, le beau temps![1]

Tag 29, Mittwoch, 10.8., Montigny – Gondrecourt-le-Château

Zu viert frühstücken wir am großen runden Tisch, drei französische Gäste und ich. Es gibt frische Mirabellen und natürlich ist auch eine der hausgemachten Konfitüren aus Mirabellen, der typischen Frucht Lothringens.

Wir sprechen über die wirtschaftliche Lage der Region, den Niedergang der Industrie, die Arbeitslosigkeit. Die Wirtin erzählt, dass die Menschen zur Arbeit nach Nancy, nach Metz oder sogar nach Luxemburg pendeln oder ganz wegziehen. Nur wenige junge Leute leben noch in den Dörfern.

Einige Stunden später und etwa vierzehn Kilometer weiter bin ich noch keiner Menschenseele begegnet. An einer Gabelung soll ein Stein die Richtung anzeigen. Er ist aber so ungeschickt angebracht, dass der Informationswert gleich Null ist. Wie soll ich mich entscheiden? Just in DIESEM Moment erscheint ein Bauer auf seinem Traktor. Er hält an und erklärt mir mit strahlendem Lächeln den richtigen Weg. Merci, Monsieur!

Das letzte Wegstück kommt mir, wie so oft, besonders lang vor. Das Städtchen Gondrecourt-le-Château ist offensichtlich, wie viele Orte in Lothringen, nicht mit Reichtümern gesegnet. Überdies ist der gesamte Innenstadtbereich eine Baustelle. Auf einer Anhöhe an einem stillen kleinen Platz mit einem Brunnen in der Mitte finde ich meine Unterkunft.

Eine zierliche Dame deutlich jenseits der Siebzig empfängt mich in ihrem geräumigen alten Haus, das mit Mobiliar vergangener Epochen und wunderlichem Kram vollgestopft ist. Mein Zimmer hat eine karierte Tapete in den Farben der Trikolore, schöne Möbelstücke aus Wurzelholz und einen Fernseher – genau darauf habe ich heute Lust!

---

[1] Auf Regen folgt Sonnenschein.

Madame rät mir, schnell noch etwas zum Abendessen einzukaufen, bevor der Supermarkt schließt. So steige ich mit schweren Beinen die Treppe zur Stadt wieder hinunter und erstehe lang vermisste Rohkost: Karottensalat und Selleriesalat.

Dieses Dîner verzehre ich in der »petite cuisine«, der kleinen Küche. Madame hat drei Küchen, in jeder steht ein Fernseher. Das restliche Abendprogramm: lesen, schreiben, fernsehen – bonne nuit!

Tag 30, Donnerstag, 11.8., Gondrecourt-le-Château – La Ferme de François (Saudron)

La Ferme de François, ein einsam gelegener ehemaliger Bauernhof, nun ein Restaurant mit einigen Gästezimmern, beherbergt mich heute. Jetzt am Abend sitze ich an einem schön gedeckten Tisch und warte auf ein Omelett mit Zucchinigratin.

Der Tag war anstrengend. Der Sommertag gestern hat mir einen heftigen Sonnenbrand beschert. Der linke Arm und die linke Gesichtshälfte sind rot, heiß und stellenweise blasig. Die liebenswürdige Mme D. hat mich heute Morgen mit der Salbe versorgt, die sie nach einer Strahlenbehandlung bekommen hat, und mir noch eine in Alufolie verpackte Ration mitgegeben.

Sie war schon sehr früh damit beschäftigt, ein Viergangmenü vorzubereiten, weil sie zu Mittag Familienbesuch aus drei nachgeborenen Generationen erwartete. Merci et au revoir, Madame!

Gesicht und Arme verhülle ich, so gut es geht, mit einem großen dünnen Baumwollschal und benutze zusätzlich einen kleinen Regenschirm als Sonnenschutz. Vermutlich ein urkomischer Anblick für die Außenwelt. Aber mein Schattenbild sieht ganz vorteilhaft aus, ein bisschen wie die Dame mit Sonnenschirm von Renoir.

Einmal stolpere ich, auf einem Pfad am Waldrand bleibt mein Fuß in einer Ranke stecken und ich falle auf die Knie. Nichts Schlimmes passiert. Aber was täte ich, wenn ich nicht mehr weiterlaufen könnte? Ein Mobiltelefon habe ich bei mir. Könnte ich bei einem Hilferuf eine präzise Ortsangabe machen? Schwierig.

Dem Wind auf der Höhe kann mein leichter Taschenschirm nicht standhalten. Eine Speiche nach der anderen kollabiert.

Die letzten drei Kilometer sind wie beinahe immer ENDLOS lang. In der Ferme de François bewohne ich ganz allein eine Suite aus zwei Schlafräumen und einem schicken Bad mit Sauna.

Das Restaurant hat mit Bruchsteinmauern, Balkendecken und zwei gewaltigen Kaminen den Charme eines gediegenen Landgasthofs. Unter den ausgestopften Wildschädeln mit ihren Glasaugen lässt sich eine stattliche Zahl von Gästen das Abendessen schmecken, mitten in der Woche, mitten in der Einöde. Ich wundere mich auch über den Konsum alkoholhaltiger Getränke an den Nachbartischen, schließlich kommt man hierher nur mit dem Auto – es sei denn, man pilgert.

Später sehe ich die Fernsehnachrichten mit zwei groß aufgemachten Themen: weltweite Börsenabstürze und Krawalle in verschiedenen britischen Städten. Ereignisse wie von einem anderen Stern – so weit weg von meinem Weg durch das ländliche Frankreich.

Tag 31, Freitag, 12.8., La Ferme de François (Saudron) – Joinville

Dank der Wundersalbe von Madame hat sich der Sonnenbrand schon deutlich zurückentwickelt. Ich schütze das Gesicht weiter mit dem Baumwolltuch, der Schirm ist nicht mehr zu gebrauchen. Alles fühlt sich heute leicht an, der Rucksack hat, so scheint es, kaum Gewicht – das Leben ist schön! An einem Einzelgehöft sehe ich zum ersten Mal spielende Kinder. Sie sind zu viert, gerade bricht ein Streit aus.

Fast überall ist die Ernte beendet. Die braunen, steinig gesprenkelten Felder geben der Landschaft schon jetzt in der ersten Augusthälfte ein herbstliches Gesicht. Noch nie habe ich so steinigen Boden gesehen, Brocken in allen Größen zwischen Kieselstein und Ein-Liter-Getränkekarton bedecken einen großen Teil der Ackerfläche. Wie kann man hier gute Erträge erzielen?

Zuletzt geht der Weg am Champagne-Bourgogne-Kanal oder auch Marne-Seitenkanal entlang. Das Wasser leuchtet tiefgrün, Angler sitzen am Ufer.

Joinville ist auf den ersten Blick ein einladendes Städtchen mit dem stattlichen Spitzturm der mittelalterlichen Kirche, mit bunten Blumenkästen längs der Marneufer. Ich entdecke sogar ein kleines Schirmgeschäft (in einem Städtchen mit weniger als 4000 Einwohnern!) und entscheide mich spontan für einen stabilen, trotzdem sehr leichten Taschenschirm als Schutz vor Sonne und Regen.

Auf den zweiten Blick wieder viel verblichene Pracht: geschlossene Läden, verlassene Häuser mit schmutzigen Scheiben.

Mein Hotel ist altmodisch-provinziell und erinnert mich an meine ersten Frankreichreisen in den 70er Jahren: ausgetretene Holztreppen, dunkelroter Plüsch, vergilbte Trockenblumen. Welche Szenen der menschlichen Komödie haben diese Wände schon gesehen?

Das Zimmer ist riesig, ein altehrwürdiger roter Sessel und ein ehemaliger Kamin laden ein zur Suche nach der verlorenen Zeit. Als Kontrast präsentiert der Fernseher die neuesten Nachrichten über die internationalen Finanzmarktturbulenzen, die Unruhen in England, die brutalen Machterhaltungsstrategien der arabischen Führer.

Frischgemacht erkunde ich die Stadt. Morgen habe ich die gefürchtete Marathonstrecke bis Colombey-les-Deux-Églises vor mir. Unterwegs gibt es keine Unterkünfte. Vierzig Kilometer mit Rucksack? Wie soll das gehen? Der Pilgerführer macht drei Vorschläge:

1. im Morgengrauen starten und den ganzen Weg laufen,

2. unterwegs im Freien übernachten oder

3. eine Teilstrecke per Taxi zurücklegen.

Da ich weder Lust habe, irgendwo in der Einöde entkräftet zusammenzubrechen noch mich zwischen Nacktschnecken zu betten, bleibt nur Vorschlag Nr. 3. Als Zwischenziel bietet sich die winzige Ortschaft Blécourt an, der Pilgerführer erwähnt eine sehenswerte Madonnenstatue in der Kirche Notre Dame.

Ich rufe den örtlichen Taxiunternehmer an, er reagiert nicht begeistert. »Was? Schon früh um neun – und das am Samstag?«

Wir werden einig, obwohl mein Bauchgefühl gewisse Zweifel an der Zuverlässigkeit meldet. Mal schauen, was wird – on verra.

Tag 32, Samstag, 13.8., Joinville - Colombey-les-Deux-Églises

Gegen neun sitze ich startbereit, aber durchaus skeptisch auf den Terrassenstufen vor dem Hotel und warte. Ein Auto hält, ein Mann – kluges Gesicht, graumeliertes Haar – steigt aus, grüßt freundlich, fragt: »Vous faites une randonnée?«[1].

Auf mein schlichtes »Oui« hin verschwindet er in der Hotelbar, wo eine Männerrunde zum morgendlichen petit noir[2] mit Palaver versammelt ist. Ich ärgere mich über meine Einsilbigkeit. Ich finde diesen Mann auf Anhieb interessant und attraktiv.

Viertel nach neun: Immer noch ist kein Taxi in Sicht. Als ich gerade mein Handy hervorhole, um noch einmal anzurufen, kommt besagter Mann wieder heraus und fragt, ob ich auf dem Weg nach Santiago de Compostela sei.

Ich erkläre meine Situation und er bietet spontan an, mich nach Blécourt zu bringen, für ihn sei es nur ein kleiner Umweg. Ohne Zögern nehme ich das Angebot an.

Auf der kurzen Fahrt, es sind nur etwa zehn Kilometer, kommen wir sofort in ein intensives Gespräch.

---

[1] »Machen Sie eine Wanderung?«

[2] Espresso

In seiner Kindheit war er einmal mit seinen Eltern in Deutschland, um eine KZ-Gedenkstätte zu besuchen – ich frage nicht nach einer möglichen Hintergrundgeschichte.

Er hat Jahrzehnte in seiner Geburtsstadt Paris gelebt, möchte keinesfalls dorthin zurück, weil Paris alle Leichtigkeit verloren habe.

»Wer wissen will, was Depression ist, setze sich montags morgens in die Métro und schaue sich die Gesichter der Menschen an, die ohne Ende schuften müssen, nur um ihre Miete zu bezahlen!«

Gläubig ist er nicht, aber er möchte einmal eine Strecke auf dem Jakobsweg gehen, um mehr über sich zu erfahren. Und er vertraut mir, wie es geschehen kann unter Fremden, die sich nicht wieder begegnen werden, noch eine ganz persönliche, schwierige Erfahrung an.

Und schon sind wir angekommen – schade! Er hilft mir in die Rucksackgurte, deutet einen Handkuss an – adieu, Alain! So wenige Minuten, intensiver mit Leben erfüllt als so manche Alltagswoche!

Eine Zeitlang verweile ich vor der leise lächelnden Madonna von Blécourt.

Nach der Autofahrt habe ich noch etwa dreißig Kilometer vor mir. Unterwegs nur wenige klitzekleine Ortschaften ohne Einkaufsmöglichkeiten. Heute am schulfreien Samstag sausen Jugendliche mit Traktoren im Affentempo über die Dorfstraße so wie ihre Altersgenossen in der Stadt mit ihren Rollern. Nur die Motorgeräusche der Landmaschinen, Hahnenschreie und Hundegebell unterbrechen die große Stille.

Eine Jugendzeit hier in Ambonville oder Guindrecourt, Flecken mit jeweils weniger als hundert Einwohnern, was mag das für ein Lebensgefühl sein? Ein Stück Europa wie aus der Zeit gefallen.

Irgendwann zeigt sich auf einem Hügel in der Ferne das lothringische Kreuz, Denkmal für De Gaulle in Colombey. Das Kreuz mit den zwei Querbalken, so erfahre ich später, war im

Widerstand gegen die deutsche Besatzung das Gegensymbol zum Hakenkreuz.

Es ist fast halb sechs, als ich in Colombey ankomme. Das Restaurant in meinem kleinen Hotel ist über und über mit De Gaulle-Souvenirs dekoriert. Nach dem Abendessen falle ich hundemüde ins Bett.

Tag 33, Sonntag, 14.8. Colombey-les-Deux-Églises

Erst um neun wache ich auf, den heutigen Sonntag habe ich zum Pilgerruhetag erklärt. Am Vormittag besuche ich das Mémorial, die Gedenkstätte für Charles de Gaulle.

Aktuell läuft zusätzlich eine interessante Sonderausstellung über die deutsch-französischen Beziehungen nach dem Zweiten Weltkrieg, über De Gaulle und Adenauer und ihre unterschiedlichen Vorstellungen von der Zukunft Europas: De Gaulles Idee von der engen französisch-deutschen Verbindung versus Adenauers USA-Orientierung.

Mir scheint, Politiker/innen dieses Schlages, das heißt Menschen mit Charakterstärke, mit historischem Wissen und mit Zukunftsvisionen, täten unserer Epoche der Bling-Bling- und Bunga-Bunga-Politiker, der erschwindelten Doktortitel[1], der monströsen Schuldenberge gut. Man muss die konservative Grundhaltung der zwei alten katholischen und patriarchalischen Herren gar nicht teilen, um Respekt vor ihrer Leistung zu empfinden – der Aussöhnung nach dem Zweiten Weltkrieg, dem zukunftsträchtigen Modell der deutsch-französischen Freundschaft, der europäischen Integration.

Die Autos auf dem gut gefüllten Parkplatz kommen aus Frankreich, aus den Beneluxstaaten und aus Großbritannien. Ein deutsches Kennzeichen entdecke ich nicht, schade!

---

[1] 2011 ist Sarkozy französischer Präsident, Berlusconi italienischer Regierungschef; im März 2011 tritt der dt. Verteidigungsministers zu Guttenberg wg. der Plagiatsaffäre um seine Dissertation zurück.

Das Grab De Gaulles auf dem kleinen Friedhof an der alten Dorfkirche ist ganz schlicht. Neben ihm sind seine Frau Yvonne und seine jüngste Tochter Anne, die mit dem Down-Syndrom geboren wurde, beigesetzt. Diese Tochter, die schon mit zwanzig Jahren starb, hatte eine besondere Rolle in seinem Herzen und in seinem Leben.

»Ohne Anne hätte ich vielleicht niemals das getan, was ich getan habe. Sie schenkte mir Herzensmut und Inspiration«, hat er einem Biographen bekannt.

Zu Abend esse ich wieder im Hotel inmitten der De Gaulle-Devotionalien, selbst die Platzteller zeigen Szenen aus seinem Leben. An den Wänden hängen ungezählte Fotos und gerahmte Texte, auf Regalbrettern oben an den Wänden sind lauter Radioapparate aus den Vierzigerjahren ausgestellt.

Merci für diesen interessanten Tag!

Tag 34, Montag, 15.8., Colombey-les-Deux-Églises – Clairvaux

Über dem Frühstückstisch hängt unter Glas eine originale Zeitungsseite von Dienstag, dem 8. Mai 1945, mit der Schlagzeile: »L'Allemagne est vaincue!«[1]. 66 Jahre sind seitdem vergangen, nicht einmal die Lebensspanne eines Menschen. Dass die meisten Europäer sich heute frei und ohne Grenzformalitäten auf dem Kontinent bewegen können, lag für die allermeisten Menschen an jenem Dienstag vermutlich jenseits des Vorstellungsvermögens.

Die dicke weißgraue Dunst- und Regensuppe vom frühen Morgen ist verschwunden, als ich um zehn Uhr loswandere. Heute ist Feiertag, Mariä Himmelfahrt, und ich habe nur dreizehn Kilometer vor mir.

Wieder begegne ich keinem Menschen. Meine Gedanken mäandern, landen auch bei der Begegnung mit Alain vorgestern. Ich erinnere mich an eine Theateraufführung vor einigen

---

[1] Deutschland ist besiegt!

Jahren. Ein Stück von Victor Frankl, das er in Auschwitz geschrieben hatte, hat mich damals sehr bewegt. Eine der Figuren war ein Engel. Er hatte die Aufgabe, die »Zufälle« und die Begegnungen zu arrangieren, die für die Entwicklung von Menschen wichtig und notwendig sind.

An einer Brücke über das Flüsschen Aujon verspeise ich mein Mittagsbrot, mangels Alternative mal wieder auf der Noppenfolie. Ein Plätzchen mit Aussicht, aber nicht sehr bequem.

Jetzt ist es nicht mehr weit bis Clairvaux. Das von Ordensschwestern geführte Gästehaus in der Rue de l'Abbaye liegt gegenüber der endlos langen Gefängnismauer. Im Vorgarten blühen Rosen, liegt Kinderspielzeug verstreut.

Die Tür steht offen. Im Wohnraum begrüßt mich eine winzige ältere Dame. Da sie keine Ordenstracht trägt, ist mir nicht sofort klar, dass sie eine der beiden Schwestern ist, die hier leben und arbeiten.

Die zwei Ordensfrauen bieten Angehörigen von Strafgefangenen eine Unterkunft bei deren Besuchen in der Haftanstalt, die auf dem Gelände des historischen Zisterzienserklosters liegt. Heute sind außer mir drei junge Mütter mit ihren Kindern zu Gast – eine der Frauen hat vier Kinder. Im Gefängnis sitzen zurzeit ca. 150 Langzeithäftlinge aus ganz Frankreich ein.

Der derzeitige Gefängnistrakt ist hermetisch gesichert, aber die Restbestände der ehemaligen Abtei und Teile der historischen Strafanstalt können besichtigt werden. Am Nachmittag nehme ich an einer Führung teil. Vom ursprünglichen Bau aus dem 12. Jahrhundert ist nur ein großer Saal mit hohem Kreuzgewölbe geblieben. Dort schliefen im Mittelalter etwa 350 Laienbrüder dicht an dicht auf Stroh, ohne Heizung, mit Fensteröffnungen ohne Scheiben oder Läden.

Was ging von Bernhard, dem Gründer von Clairvaux, aus, dass junge Männer in hellen Scharen nach Clairvaux strömten? Wie konnte er sie dafür begeistern, unter extrem harten Lebensbedingungen in kurzer Zeit die gewaltige Klosteranlage für hunderte Menschen zu bauen und zudem zahlreiche Tochterklöster zu gründen?

Er muss ein Mensch von außergewöhnlichem Charisma und größter Autorität gewesen sein. Aber er war auch der radikale Prediger, der zum Zweiten Kreuzzug (1147-1149) aufrief[1], »um tapferen Männern die Gelegenheit zu bieten, ihr Seelenheil zu wirken«.

Gibt es vielleicht einen Schicksalszusammenhang zwischen dieser dunklen Seite und der Tatsache, dass der Ort von Bernhards großartiger Klosteranlage schon vor langer Zeit in ein elendes Gefängnis verwandelt wurde?

Nach der französischen Revolution wurde die riesige Anlage, deren Bauten außer dem mittelalterlichen Saal aus dem 18. Jahrhundert stammen, als Fabrik genutzt, später als Gefängnis mit unmenschlichen Haftbedingungen. Je zwölf bis achtzehn Männer waren in kleinen Räumen ohne Heizung zusammengepfercht, die Einrichtung bestand im Wesentlichen aus einem offenen Toiletteneimer. Von den gruppendynamischen Verhältnissen möchte man sich lieber keine genauere Vorstellung machen.

Victor Hugo verarbeitete die katastrophalen Zustände in Clairvaux in seinem Roman »Les Misérables«.

Erst 1970 stellte die französische Regierung die schlimmsten Auswüchse der Haftbedingungen ab, aber noch 2003 kam es zu einer Häftlingsrevolte.

Mit den beiden Schwestern esse ich abends in der Küche. Es gibt Gemüsesuppe, Tomatensalat, Kalbsgeschnetzeltes, Käse und Kompott und zum Feiertag – und weil jemand eine Flasche Champagner geschenkt hat – ein Gläschen des edlen Getränks. Dank dem Spender!

Die jungen Frauen kochen separat für sich und ihre Kinder.

---

[1] »Wenn sich dein Vater auf die Schwelle legte, wenn deine Mutter dir die Brust zeigte, die dich genährt, so steige über deinen Vater hinweg, tritt deine Mutter mit Füßen und folge trocknen Auges dem Kreuzesbanner nach. Hier für Christus grausam sein ist die höchste Stufe der Seligkeit.«

Die jüngere der beiden Ordensfrauen fährt noch zu einem Hausbesuch, die ältere macht den Abwasch, ich trockne ab. Wir sprechen über die verbreitete spirituelle Hungersnot heute, über die Arbeit der Schwestern mit den Häftlingsfrauen und die Frage, ob sich die Kriege, die noch im 20. Jahrhundert Europa verwüstet haben, inzwischen auf die Ebene der Familien verlagern.

In meinem Zimmer (mit Wickeltisch) stopfe ich mir schnell Stöpsel in die Ohren, von klösterlicher Stille keine Spur. Vor meinem Fenster schwatzen und lachen die jungen Frauen, im Erdgeschoss dröhnt extrem laut der Fernseher, vor dem die Kinderschar versammelt ist – es ist schon deutlich nach zehn.

Morgen geht mein Weg nach Essoyes, die Nonnen kennen meine nächste Gastgeberin Madame C. und schicken ihr gerne Pilgerinnen und Pilger.

Danke, liebe Schwestern, für die Gastfreundschaft!

Tag 35, Dienstag, 16.8., Clairvaux – Essoyes

Im Nebel ruhet noch die Welt, als ich aufstehe. Die zweite Augusthälfte beginnt. Morgens ist schon leise das nahende Sommerende zu spüren.

In der Küche ist der Frühstückstisch für mich gedeckt. Von den beiden Schwestern habe ich mich schon gestern Abend verabschiedet, sie sind wie jeden Morgen fünfzehn Kilometer weit zur Messe gefahren. In Clairvaux gibt es keine Kirche und keinen Geistlichen.

Als ich losgehe, hat der Nebelschleier einem strahlenden Tag mit tiefblauem Himmel Platz gemacht.

Fast zwei Stunden laufe ich über eine schnurgerade, leicht gewellte Landstraße, anfangs durch Wald, dann weiter ohne Schatten. Der Asphalt bringt die Füße wieder einmal nah an den Siedepunkt, von oben brennt die Sonne. Ein verwaister Steinbruch bietet sich als Umkleidekabine an, es sind aber ohnehin kaum Fahrzeuge unterwegs. Die Sonnenbrandblessuren sind noch nicht ganz verschwunden, also creme ich mich gut ein und ziehe trotz der Hitze ein langärmeliges T-Shirt an.

Die Landschaft wandelt sich, hügelige Weinfelder prägen jetzt das Bild. Ich bin in der Champagne angekommen. Nach einer Weile meine ich, von einer Höhe aus in der Ferne den Ort Essoyes zu erspähen. Die Hitze schafft mich, ich will endlich ans Ziel kommen. Forsch emanzipiere ich mich von der Karte im Pilgerführer und nutze einen Feldweg als Abkürzung von der eigentlichen Route.

Bald lande ich in einem properen Dorf mit sprudelnden Brunnen und gepflegten Neubauten. Es ist ersichtlich, dass der Weinbau in der Champagne ein einträgliches Geschäft ist. Ich frage nach dem Ortsnamen: Oh Schreck, leider bin ich in Fontette, nicht in Essoyes! Bis dorthin sind es noch sechs Kilometer. Das darf nicht wahr sein! Es geht auf halb vier zu, die Sonne brennt unbarmherzig, meine Füße auch, mein Energiepegel nähert sich dem Nullpunkt.

Ich schleppe mich ortsauswärts. Hilfe! Ganz dringend brauche ich ein Lebenselixier, sonst geht nichts mehr. Links liegt eine große Champagnerkellerei mit »dégustation«[1].

Ich fühle mich als Notfall und sehe vermutlich auch genauso aus. Not kennt kein Gebot, ich lasse Konventionen beiseite und gehe durch die Glastür hinein: angenehme Kühle, edles Ambiente, am Empfang eine elegante Dame.

Schnörkellos frage ich nach einer Tasse Kaffee. Ohne zu zögern bietet die Dame mir einen Platz an, bringt zwei Tassen Kaffee, setzt sich zu mir und erkundigt sich nach meinem Weg. Sie kennt die Ordensschwestern in Clairvaux und auch die Familie C., bei der ich heute übernachten werde. Revitalisiert wandere ich weiter. Merci, Madame!

Noch eineinhalb Stunden entlang der Straße, dann erreiche ich am Ortsausgang von Essoyes das noble Anwesen einer Winzerfamilie, hier werde ich heute übernachten.

---

[1] Verkostung

Üppige Blumenpracht, ein Teich vor der Tür, mehrere schattige Sitzplätze, ein Parkplatz mit einigen Autos, aber niemand ist zu Hause.

Im Schatten lese ich im Pilgerführer über Auguste Renoir. Seine Frau stammte aus Essoyes. Sein Atelier, heute ein Museum, liegt unmittelbar in der Nähe, es dürfte noch eine halbe Stunde geöffnet sein. Aber auf eine Stippvisite im Turbotempo habe ich keine Lust.

Es dauert nicht lange, bis der freundliche Hausherr meiner heutigen Unterkunft auf dem Parkplatz aussteigt. Er bedauert, dass ich warten musste – pas de quoi/keine Ursache, Monsieur!

Meine Bleibe ist ein geräumiges Gebäude, in dem die Traubenpflücker während der Weinernte untergebracht sind. Aufenthaltsraum, Küche und Duschen sind praktisch und komfortabel eingerichtet, alles ist blitzsauber und sehr gepflegt. Ich beziehe ein großes Vierbettzimmer, ein großer Stapel »Paris Match«[1] liegt zum Blättern bereit.

Um Viertel vor acht bin ich zum Abendessen in der Familie eingeladen und lerne die dunkelhaarige temperamentvolle Madame und die drei Kinder im Studentenalter kennen. Als Apéritif wird ein Glas Champagner einer großen und bekannten Marke gereicht; für diese und zwei weitere große Marken produzieren meine Gastgeber.

Die Hausherrin serviert eine Vorspeise aus Lachs, Krabben und Gurke, dann Tomatenquiche mit Salat, danach Käse und Obst, alles leicht und lecker. Sie selbst isst nicht mit uns, sie muss los, denn heute probt der Kirchenchor. Von der Geschichte mit dem erbettelten Kaffee in der Champagnerkellerei hat sie schon gehört: Die nette elegante Dame ist ihre Chorschwester und hat umgehend telefonisch Bericht erstattet.

Beim Essen sprechen wir über die Zukunft des Weinbaus in Zeiten des Klimawandels. Nächste Woche wird die Lese beginnen, drei Wochen früher als noch vor zwanzig Jahren. Die Winzer machen sich große Sorgen: Wenn die Erderwärmung

---

[1] Französisches Wochenmagazin (Information/Unterhaltung)

fortschreitet, wird man die hiesigen Trauben wegen zu viel Süße nicht mehr für die Champagnerherstellung verwenden können. Das wäre der Super-GAU für die regionale Wirtschaft. Eine große Kellerei soll bereits Versuchsflächen in Südengland gekauft haben, wo die Böden in ihrer mineralischen Zusammensetzung denen in der Champagne gleichen. Demnächst Champagner made in Britain? Gewöhnungsbedürftig.

Bonne nuit, danke für die die herausragende Gastfreundschaft! Vive la Champage![1]

Tag 36, Mittwoch, 17.8., Essoyes – Bragelogne

Nach dem Frühstück verabschiede ich mich, ganz gerührt von der Herzlichkeit und Großzügigkeit meiner Gastgeber. Die warmherzige Mme C. winkt mir aus dem Küchenfenster nach. Vom Haus aus geht der Weg direkt in die Weinfelder. Etliche Winzer sind zwischen den Weinstöcken unterwegs und prüfen die schon fast oder ganz reifen Trauben. Ich probiere ebenfalls: vorzüglich!

In Couteron führt eine kleine Brücke über die flache, noch junge Seine. Flink und mit gehörigem Rauschen eilt sie in Richtung Paris, als habe sie keinerlei Zeit zu verlieren, die Provinz hinter sich zu lassen und sich in der Hauptstadt zwischen »rive droite« und »rive gauche«[2] ins rechte Licht zu setzen.

In Les Rizeys machen das Restaurant, die Bäckerei und der Supermarkt Mittagspause. Das Café du Centre will der Wirt gerade schließen. Großzügig verkauft er mir doch noch eine Cola, die ich eilig trinke. Um mich herum werden die Stühle hochgestellt.

Heute muss ich unbedingt noch etwas Essbares finden, auf der einsamen Strecke morgen gibt es keine Einkaufsmöglichkeit. Im schattigen Schlosspark lasse ich mich auf einer

---

[1] Es lebe die Champagne!

[2] rechtes und linkes Ufer

morschen Bank nieder, verspeise meine Notration gesalzener Erdnüsse und mache ein Nickerchen, fast eine Stunde lang.

Anschließend der fällige Einkauf im Supermarkt. Hauptsächlich der Wasservorrat macht sich beim Schleppen deutlich bemerkbar.

Mit umhülltem Gesicht, Schirm und langen Ärmeln – die Anfechtung der Eitelkeit ist momentan kein Thema – geht es gegen vier Uhr wieder auf den Weg, vor allem bergauf. Die noch nicht abgeklungenen Brandblasen am linken Arm, die Hitze, die kärgliche Ernährung heute und die Schlepperei schlagen mir aufs Gemüt.

Ausblicke in weites Hügelland: Burgund, mein Ziel für dieses Jahr. Heute werde ich zum letzten Mal in der Champagne übernachten.

In einem größeren Dorf verpasse ich die richtige Ausfallstraße und verliere Zeit. Meine Füße tun weh, heute habe ich es schwer. Zwei Radlerinnen weisen mir den Weg, es geht noch weiter aufwärts in die Weinberge. Bei einer Abzweigung bin ich unsicher. Mit Wegmarkierungen geht man für meinen Geschmack in Frankreich entschieden zu sparsam um.

Ein Bauer, der sein Feld pflügt, sieht mich zögern, steigt vom Trecker, kommt auf mich zu und zeigt mir, dass ich schon etwas früher hätte abbiegen sollen. Merci!

Wie schon oft, scheint der Weg sich gegen Ende immer weiter zu strecken. Leichter Regen setzt ein. Rucksack runter, Jacke an, Rucksack auf. Mit Jacke ist es viel zu warm. Also Rucksack runter, Jacke aus, Rucksack auf. Mit Mühe schleppe ich mich vorwärts.

In einem großen bäuerlichen Anwesen mit buntem Blumenschmuck empfängt mich herzlich eine Landfrau um die Fünfzig. Sie hat mich mit meinem Rucksack bereits heute Nachmittag im Supermarkt gesichtet. Auch hier wird Wein angebaut, aber man liefert nicht an Kellereien, sondern produziert den Champagner direkt auf dem Hof.

Madame zeigt mir mein Zimmer, urig ausgebaut oberhalb einer Remise. Meine Bleibe entschädigt mich für die heutigen

Strapazen. Ich habe ganz viel Platz, eine anheimelnde Einrichtung mit rotem Samtsessel und Sofa. Im Bad gibt es einen Haartrockner – eine Rarität in meinen bisherigen Unterkünften. Madame bringt mir noch ein Feierabendbier. Eigentlich mag ich kein Bier, doch heute passt es. Hundemüde sinke ich in die Federn.

Tag 37, Donnerstag, 18.8., Bragelogne – Mélisey

In ihrem riesigen Wohnzimmer mit Bügelbrett, Bügelwäsche auf dem Sessel, bestickter Decke über dem Flachbildschirm hat Madame Co. mir ein opulentes und köstliches Frühstück bereitgestellt: zwei Sorten gutes Brot, Butter, Wurst, Käse, gekochte Eier (auch zum Mitnehmen!), hausgemachte Marmeladen aus Brombeeren und Aprikosen, Joghurt, reichlich Kaffee, das Verwöhnprogramm schlechthin!

Sie erzählt, dass gestern zwei deutsche Pilgerinnen aus der Eifel da waren, Mutter und Tochter. Die Eintragungen im Gästebuch stammen überwiegend von Pilgern aus Belgien und den Niederlanden. Beim Abschied warnt mich Madame, die gerade Wäsche im Garten aufhängt, vor Gewittern, die der Wetterbericht für heute ankündigt.

Jetzt um halb zehn strahlt ungetrübt die Sonne, Rosen stehen noch in voller Blüte, den Einstieg in den Weg finde ich ganz leicht, alles ist vollkommen, die Welt ist voller Sommerfreude. Dann verliere ich den Weinfeldern die Markierung.

Ein reichlich abschüssiger, unwegsamer Pfad führt in ein Waldstück. Traue ich mich? Verletzungsgefahr? Ich habe bereits ungute Erfahrungen mit solch unwegsamen Pfaden. Doch die Richtung müsste stimmen. Ich traue mich und komme zu einem lieblich blaugeblümten Wiesental, dann geht es weiter zwischen gepflügten Feldern erneut auf einen Wald zu.

Ich müsste auf eine Landstraße stoßen. Kann ich Autogeräusche hören? Fehlanzeige. Der Verkehr in dieser ländlichen Gegend ist ausgesprochen spärlich. Sehr bald endet mein Pfad am Waldrand. Der Richtung nach müsste ich zwischen Acker und

Wald nach rechts abbiegen, aber dort gibt es weder Weg noch Steg. Was soll ich tun?

Dann geschieht etwas Erstaunliches. Ich befinde mich in der Mitte von Nirgendwo, um mich herum pure Landschaft im 360°-Radius. Und in diesem Moment kommt ein grauer Kastenwagen auf mich zu! Der Engel ist diesmal ein Mann Mitte dreißig. Er weist mir den Weg: Ein Stück zurück, dann links, so müsste ich die Landstraße erreichen.

Ich bin überwältigt von diesem Zufall und sage ihm, dass ich schon wiederholt diese seltsamen Hilfestellungen aus dem Nichts heraus erlebt habe.

Er antwortet: »On veille sur vous!«[1]

Dann brettert er los, geländegängig nach links am Waldrand entlang. Ich bin tief berührt, innerlich ganz wach. Ist das gerade wirklich passiert? Ja, das war ganz real, ohne Zweifel. War es nicht auch ein Wunder? Ein reales Wunder? Und wer ist »on« (»man« oder »wir«)?

Hitze und Stille ringsumher. Schwäne im grünlichen Wasser eines Weihers sind die einzigen Lebewesen, denen ich auf dem restlichen Weg begegne.

Ankunft in Mélisey, schon in Burgund. Meine »Herberge« ist ein stattliches Anwesen. Gartenmöbel, Kübel mit Rosen und Geranien, die überlebensgroße Metallskulptur eines tanzenden Paares sind auf dem großen Rasenvorplatz verteilt, aus einem Nebengebäude ertönt Opernmusik. Der Hausherr begrüßt mich. Der Wohnraum verrät, dass hier Menschen leben, denen Kunst viel bedeutet. Die Dame des Hauses, zierlich und apart, erscheint. Sie trägt eine dunkle weite Hose aus fließender Seide und eine cremeweiße Spitzenbluse mit Kelchkragen. Ich vermute sofort, dass sie Pariserin ist und höre später die Bestätigung. Sie und ihr Mann müssen wegen eines frühen Termins am nächsten Morgen noch heute nach Paris fahren, aber Bruder und Schwägerin werden im Haus übernachten, so werde ich nicht allein sein.

---

[1] »Man wacht über Sie!« oder »Wir passen auf Sie auf!«

Mein Zimmer ist ausgesucht geschmackvoll eingerichtet, das Bad ebenso. Ich erledige die tägliche Wäsche, im Garten trocknet alles mit Hilfe von Wind und Glutsonne blitzschnell.

Madame hat für mich ein Tablett mit einem fürstlichen Abendessen vorbereitet: Bohnen aus Nachbars Garten mit Vinaigrette, ein riesiges Omelett, kaltes Fleisch, Tomaten, Käse, selbstgebackenes dunkles Brot, ein Pfirsich und ein Küchlein als Dessert, dazu Wasser und eine halbe Flasche Chablis im Kühler. Merci, Madame! Ich genieße die Köstlichkeiten, faulenze im Liegestuhl, lausche der kleinen Nachtmusik der Vogelwelt und gehe früh schlafen.

Außer meinen Gastgebern bin ich heute nur dem geheimnisvollen Fahrer des grauen Kastenwagens begegnet.

Tag 38, Freitag, 19.8., Mélisey – Collan

Beim Frühstück lerne ich Tomatenkonfitüre kennen und schätzen. Bruder und Schwägerin des Hausherrn leisten mir Gesellschaft und erzählen, dass meine Gastgeber künstlerisch in den Bereichen Schauspiel, Musik und Tanz tätig sind. Die geräumigen Nebengebäude bieten Platz für Aufführungen und Kurse. Von Paris aus, wo die Miete für ein vergleichbares Raumangebot unbezahlbar wäre, ist dieser schöne Ort binnen zwei Autostunden zu erreichen und daher auch für Kursteilnehmer aus der Hauptstadt attraktiv.

Au revoir, Mélisey, Ort der Schönheit, der Künste und der Freundlichkeit!

Mein erstes Ziel auf dem Weg heute ist Tonnerre, zur Abwechslung mal wieder ein Städtchen, nachdem ich tagelang ausschließlich durch Dörfer und Weiler gekommen bin.

Die Tür der Kirche Notre Dame steht offen. Ich trete ein, außer mir ist niemand da. Intensiver Lilienduft mischt sich mit leichtem Modergeruch. Die Kirche in Frankreich finanziert sich durch freiwillige Beiträge ihrer Mitglieder, eine Kirchensteuer gibt es nicht. Vielen Kirchengebäuden merkt man deutlichen Renovierungsbedarf an.

Der Pilgerweg geht an der »Fosse Dionne« vorbei über eine Treppe hinauf zur Kirche St. Pierre. Die Fosse Dionne ist ein aus einer unterirdischen Quelle gespeistes Wasserbecken, sagenumwogen, Kultplatz in uralter Zeit, aber auch Arbeitsplatz hart arbeitender und niedrig entlohnter Wäscherinnen noch im 20. Jahrhundert.

Hinter St. Pierre verfehle ich einmal mehr den Einstieg in den markierten Weg und verliere viel Zeit und Kraft auf Waldpfaden inmitten von Dornengestrüpp. Wenigstens ist es schattig, mein Wasservorrat bewahrt mich vor dem Kollaps. »La canicule« ist die französische Vokabel für die Hitze der Hundstage, habe ich dieser Tage gelernt.

Nach einer gefühlten Ewigkeit lande ich wieder an einer Straße, erste Häuser tauchen auf. An einem Gartentor treffe ich ein Paar an. Auf die Frage nach meinem augenblicklichen Standort muss ich hören, dass ich mich immer noch in Tonnerre befinde, also ausführlich im Kreis gelaufen bin. Man rät mir vom nicht markierten Weg durch den Wald ab und empfiehlt die Straße, erst hinunter in die Stadt und dann gegenüber einer Autowerkstatt rechts Richtung Auxerre, immer bergan, etwa zwei Stunden … Schöne Aussichten! Es ist 17 Uhr und immer noch sehr heiß.

An der Autowerkstatt beschließe ich, ein Taxi zu nehmen, mein rechter Fuß schmerzt zunehmend. Meine Kilometer habe ich heute auch bereits abgelaufen, wenn auch leider nicht zielführend. Also bitte ich den KFZ-Meister, der gerade zwei jüngeren Mitarbeitern etwas erklärt, um die Telefonnummer eines Taxibetriebes. Er strahlt mich an, fragt einen der jungen Männer, ob er mich nicht schnell nach Collan fahren könne. Wenige Sekunden später sind wir unterwegs.

In Collan, wieder ein winziges Nest, finde ich gleich mein Ziel: ein kleines Paradies, das die Inhaberin aus dem Haus ihrer Großeltern inmitten eines blühenden Sommergartens gestaltet hat. Sie hat mir schon am Telefon erklärt, dass sie heute noch eine größere Gruppe erwartet, daher werde ich ganz allein im Haus gegenüber, das auch zum Anwesen gehört, einquartiert.

Auch hier ist alles sehr ansprechend und geschmackvoll eingerichtet. In der riesigen blitzsauberen Küche mit offenem Kamin gibt es einen Esstisch für achtzehn Personen, zwei gemütliche Sofas, Bücher, ein Fernsehgerät und eine komplette Ausstattung für Selbstversorger.

Die Abendnachrichten kündigen für die nächsten drei bis vier Tage eine Hitzeperiode mit Temperaturen bis vierzig Grad an, vor Anstrengung im Freien wird gewarnt. Ob ich morgen einen Teil der Strecke per Bus zurücklegen kann? Gesundheitsrisiken muss ich nicht mutwillig eingehen. Um halb zehn lösche ich das Licht in meinem in mattgrünen und terrakottafarben Tönen gestalteten Zimmer.

Tag 39, Samstag, 20.8., Collan – Venoy/Château Ste Anne

Gut ausgeschlafen wache ich gegen sieben auf. Hier bin ich Selbstversorgerin, das war mir vorher nicht klar – tant pis![1].

So improvisiere ich ein Frühstück aus einem Rest guten Landbrotes aus Mélisey, einem Ei aus Bragelogne, einer Tomate, die mir meine hiesige Wirtin aus ihrem Garten gestiftet hat, und dem Ziegenkäse aus Les Rizeys, den ich zwei Tage lang im Rucksack durch die Wärme getragen und über Nacht hier im Kühlschrank gelagert habe. Einen Rest Nescafé, den ich sonst nie trinke, finde ich vor – es fehlt an nichts.

Durch Wiesen und Weinfelder gelange ich gegen Mittag nach Chablis. Gleich am Ortseingang liegt die Touristeninformation. Busverbindungen Richtung Auxerre? Die gibt es leider nicht. Bei der extremen Hitze und wegen meiner Fußschmerzen hätte ich eine kleine Wegverkürzung gut gebrauchen können. Also heißt es, reichlich Wasser einzukaufen.

Mittagspause auf einer schattigen Caféterrasse. Ich schreibe Karten, schaue dem Treiben ringsumher zu und freue mich

---

[1] Pech gehabt, schade, sei's drum; auch egal, dann eben nicht

über den Sommer. Quirliges Treiben: Die Einheimischen kaufen fürs Wochenende ein, beim Boulanger/ Patissier[1] gegenüber bildet sich immer neu eine Warteschlange bis auf die Straße, fast wie früher in der DDR.

Touristen flanieren, außer Cafés und Weinhandlungen locken auch Trödel- und Antiquitätenläden. Zum ersten Mal seit langem entdecke ich ein Auto mit deutschem Kennzeichen.

Später mache ich noch einmal Pause an einem langgezogenen Teich. Am Ufer finde ich eine Bank unter dem Laubdach eines Ahorns, bette mich auf die Noppenfolie mit dem Rucksack als Kissen und döse und träume selig in den Nachmittag hinein.

Nach und nach kommen ein paar Familien zum Baden, Kinder spielen mit einem Schlauchboot, ein Hund holt unermüdlich denselben Tennisball aus dem Wasser. Kinderlachen, Wasserplätschern: die Klänge des Sommers. Alles ist in Grün getaucht, abgestuft in unzähligen Nuancen: das Gras, das Laub über mir, das Wasser, Wald und Weinberge auf der anderen Uferseite – wo zu allem Überfluss ein leuchtend grüner Kleintransporter parkt.

Gegen vier mache ich mich auf. Ich habe wohl noch zwei Stunden Weg vor mir.

Die Formulierung des Pilgerführers: Der Weg »mäandert mit fehlenden Markierungen durch die Weinberge« flößt mir bei wolkenlosem Himmel und deutlich über 30 Grad wenig Vertrauen ein. So beschließe ich, ein ganzes Stück am Rand einer recht lebhaft befahrenen Straße zu laufen. Schließlich finde ich einen parallel zur Straße verlaufenden Fußweg, doch die Strecke ist deutlich länger als erwartet. Meine Füße halten ganz gut durch, nur die ersten Minuten nach einer kleinen Pause sind jeweils schwierig.

Dem Schloss Sainte Anne nähere ich mich über eine lange Zufahrt. Eine schon etwas morsche Holzbrücke führt über einen sumpfigen, von Enten bewohnten Graben. Es ist halb

---

[1] Bäcker und Konditor

sieben, als mir die Schlossherrin die Tür öffnet. Bei 36 Grad lag heute die Tagestemperatur, teilt sie mir mit.

Sie zeigt mir den nobel eingerichteten Raum, in dem ich morgen frühstücken werde. Sie und ihr Mann werden schon in aller Herrgottsfrühe zur Entenjagd aufbrechen und an eben jenem friedlichen Teich, wo ich ein Mittagsschläfchen gehalten habe, Enten abschießen.

Mein Zimmer – das kostspieligste bisher, dreimal so teuer wie die gemütliche Bleibe in Bragelogne – ist im gehobenen Landhausstil eingerichtet. Es gibt sogar einen Bademantel, aber wieder mal keinen Haartrockner.

Im Kaminzimmer unten wartet ein kleiner Abendimbiss. An zentraler Stelle hängt ein Bildnis des vor einigen Jahren verstorbenen Grafen von Paris, seinerzeit Thronprätendent in Frankreich. Eines seiner Bücher über das Krönungsweiheritual der französischen Könige ist auffällig auf einer Konsole platziert und handschriftlich meiner Gastgeberin persönlich gewidmet, wie sie mit Stolz berichtet.

Während ich in einem niedrigen Sessel hocke, ein Tablett auf meinen Knien balanciere und mir Obst, Brot und Käse schmecken lasse, erzählt Madame mit sprudelnder Begeisterung von ihrer freundschaftlichen Verbindung mit dem Autor und von mancherlei Details aus dessen langem Leben.

Ich darf das kostbare Buch mit den Zeilen von blaublütiger Hand als Bettlektüre ausleihen. So blättere ich noch ein bisschen in den Seiten, auf denen der entschlafene Graf seinen Grundgedanken ausführt: Seit der Taufe Chlodwigs im Jahr 496 habe einzig und allein die französische Monarchie, auch gegenwärtig und in Zukunft, die Aufgabe, die nationale und religiöse Einheit Frankreichs zu garantieren.

Qu'il repose en paix![1] Schnell fallen mir die Augen zu.

---

[1] Er möge in Frieden ruhen!

Tag 40, Sonntag, 21.8., Venoy – Auxerre

Am frühen Morgen hat es gewittert, jetzt klart es zögerlich auf. Nach dem Sonntagsfrühstück, das die freundliche portugiesische Hausangestellte bereitet hat, geht's los.

Gegen halb zwei komme ich in Auxerre an. (Die Einheimischen sagen »Ohssärr«, die meisten Auswärtigen »Okssärr«.) Die gewaltige Kathedrale, zwei weitere hochragende Kirchtürme im Hintergrund und die Yonne im Vordergrund bilden ein imposantes Panorama.

Die Kathedrale ist wie ihre Schwestern in Metz und Toul nach St. Étienne oder Stefan benannt. Das ca. dreißig Meter hohe Mittelschiff zieht den Blick nach oben. Im Deckengewölbe sind noch blassziegelrote Farbreste einer ursprünglichen Bemalung erkennbar.

Stille gibt es nicht. Unaufhörlich läuft ein Band mit gregorianischen Chorälen, lullt mich akustisch ein und verhindert, dass ich die Stimmung und den Geist dieses Ortes unbefangen und ungestört aufnehmen kann.

Ganz anders erlebe ich die romanische Krypta. In dem kühlen Gewölbe ist Kraft konzentriert. Ich bin ganz allein dort. In der Apsis sind uralte Deckenfresken mit Motiven aus der Offenbarung des Johannes recht gut erhalten: Der wiederkehrende Christus als Reiter auf einem weißen Pferd, umgeben von vier geflügelten Reitern und Christus als das Alpha und das Omega.

Am Abend besuche ich die Kathedrale noch einmal, diesmal zu »son et lumière«, der in Frankreich beliebten Ton- und Lichtpräsentation.

Eindrucksvoll lässt das Licht einzelne Aspekte der grandiosen Architektur sichtbar und fast lebendig werden: Chor, Säulen, Gewölbe. Dabei sausen immer wieder kleine Fledermäuse durch die Lichtstrahlen.

Schlimm finde ich die rote Elektrolampe auf dem Altar, sie wirkt auf mich wie eine Baustellenbeleuchtung oder eine Grablampe. Das ewige Licht – gespeist aus dem Atomkraftwerk? Auf mich wirkt es fast blasphemisch.

Tag 41, Montag, 22.8., Auxerre

Wieder große Hitze. Heute lege ich einen Ruhetag ein und verbringe die Zeit mit Ausruhen, Lesen, Bummeln. Die Stadt mit den Touristen, den Geschäften, der Reklame, den Konsumverlockungen ist ein greller Kontrast zur Stille meiner Feld- und Waldwege.

In einer Buchhandlung entdecke ich ein anregendes Büchlein über das Gehen (»Marcher, une philosophie« von Frédéric Gros[1]) und beschließe nach längerem Zaudern – schließlich zählt für den Rucksack jedes Gramm – es doch zu kaufen. Ich bereue es nicht.

Tag 42, Dienstag, 23.8., Auxerre – Cravant

Beim Blick zurück auf Auxerre, den Fluss, die Schiffe, die Türme unter dem leuchtenden Sommerhimmel bedaure ich doch einmal, keinen Fotoapparat dabei zu haben. Unvergesslich der Satz einer Freundin, die radikal Fotos entsorgte:»Entweder hat man die Bilder im Herzen und in der Erinnerung, dann braucht man keine Fotos, oder nicht – dann nützen die Fotos auch nichts.«

Der Weg verläuft entlang der Yonne, somit gibt es keine Steigungen. Am Ufer sind Radler und Jogger unterwegs, auf dem Wasser Kanus und Motorboote, die immer wieder schleusen müssen. Wasserglitzern, Sonnenflirren, freundliches Grüßen.

Über eine Brücke geht's auf die andere Flussseite, der Weg wird zu einem schmalen Pfad im Schatten dichter Zweige. Mittags finde ich eine Bank auf einem Steg, der in den Fluss ragt. Zwei Schwäne schwimmen neugierig heran und nehmen mich in Augenschein. Das tiefgrüne Wasser strömt voller Kraft Richtung Auxerre. Eine leichte Brise raschelt durch die Zweige. Ich merke, dass die Stadt und das dunkle, plüschige Hotel mir

---

[1] deutscher Titel: Unterwegs: Eine kleine Philosophie des Gehens

nicht gutgetan haben. Hier draußen, am bewegten Wasser, bin ich bei mir und in der Gegenwart, mein Zeitgefühl tritt in den Hintergrund.

Irgendwann klinke ich mich wieder in die nachmittägliche Realität ein und laufe weiter flussaufwärts. Ist dort ein Eisverkauf? Richtig! Just in dem Moment, als der Besitzer im Begriff ist zu schließen, bin ich da. Er serviert mir noch einen Becher mit zwei großen Kugeln und ich entdecke die Sorte »Karamell mit Salzbutter«: die reinste Köstlichkeit! Ein Tischchen im Schatten, ich löffle glücklich. Danke, Eismann!

Noch eine Wegstunde unter spätsommerblauem Himmel. Im Osten bildet sich ein dickes weißes Wolkenband, das Wetter wird umschlagen.

Abends sitze ich im Garten des kleinen Hotels in Cravant. Dieser Tag war makellos!

Tag 43, Mittwoch, 24.8., Cravant – Vézelay

Gewitterdonner weckt mich. Es hat sich deutlich abgekühlt und regnet ohne Unterlass. Ich werde ein Stück mit dem Zug fahren.

Ein ziemlich aufgekratzter Wirt serviert das Frühstück »pour la petite dame«[1] in der kleinen Hotelbar.

Ein paar Männer aus dem Dorf trinken ihren »petit noir«, ein extrem lauter Fernseher überdröhnt ihre Gespräche und drangsaliert mich mit vulgären Videoclips, vor der offenen Tür donnern LKW über die regennasse Fahrbahn. Ein nerviger Tagesbeginn, der mir bereits einen Vorgeschmack beschert auf die Zumutungen des oft hektischen Alltagslebens daheim.

Im kleinen Bahnhof von Cravant-Bazarnes steige ich in einen fast leeren Zug, der mit mir und einem weiteren Fahrgast durch das regengraue Burgund rauscht. Ich spüre ich ein leises Kribbeln im Bauch, Vorfreude auf Vézelay, mein Ziel.

---

[1] für die kleine Dame

800 Kilometer bin ich bisher gelaufen. So viel Sonne, Himmel, Wald, so viele Wiesen, Hügel, Flüsse, Brücken, so viele steinige, sandige, grasbewachsene, asphaltierte, steile und abschüssige Wege – und Irrwege, so viele atemberaubende Anblicke und Ausblicke, so viele freundliche, hilfsbereite, interessante, interessierte Menschen, die mich verköstigt und beherbergt haben, die mir den Weg gewiesen haben, mit denen ich mich über Gott und die Welt ausgetauscht habe! Und die Engel des Weges: On veille sur moi! – Man wacht über mich!

Eine gute halbe Stunde später steige ich in Sermizelles-Vézelay aus. Regen prasselt auf den Bahnsteig. Das Bahnhofsgebäude habe ich ganz für mich allein. Ich sitze im Trockenen und habe keine Eile, so warte ich, bis es kaum noch tröpfelt. Jetzt aber los – doch wenige Minuten später schüttet es von neuem. Glücklicher Zufall: Ein Wartehäuschen steht am Weg, es ist trocken, licht und luftig. Und um den Komfort perfekt zu machen, gibt es direkt daneben eine sehr gepflegte Biotoilette, es duftet dezent nach Sägespänen.

Endlich klart es doch auf, ich laufe eine einsame Asphaltstraße entlang. Als am Himmel das erste Fleckchen Blau erscheint, taucht nach einer Wegbiegung der Hügel mit der Basilika auf. Mir wird richtig feierlich zumute, fast bin ich am Ziel.

Auf dem Wiesenpfad hinauf nach Vézelay begegnet mir niemand. Fliegen summen, Grillen zirpen, sonst Stille.

Das uralte Haus nahe der Basilika, in dem ich unterkomme, war schon im Mittelalter eine Pilgerherberge. Der Gewölbesaal, in dem damals kranke Pilger gepflegt wurden, ist heute ein Café. Ein Raum mit besonderer Atmosphäre: Marmortischchen zwischen Holzskulpturen, Pflanzen, Körben. An den Wänden alte Holzschubladen als Rahmen für Abbildungen von Labyrinthen.

Ein Plakat: Morgen beginnen die »Rencontres Musicales«, alljährliche Musiktage mit internationaler Besetzung. Zur Eröffnung führt die Gächinger Kantorei den »Elias« von

Mendelssohn Bartholdy auf. Bekomme ich noch eine Karte? Die Verkaufsstelle ist ganz nah. Es gibt noch freie Plätze!

Tag 44, Donnerstag, 25.8., Vézelay

Schon morgens um zehn geht es vor und in der Basilika quirlig und trubelig zu. Zahlreiche Touristengruppen lauschen den Erklärungen ihrer jeweiligen Führer in diversen Sprachen, Übertragungswagen von Radio- und Fernsehsendern werden geparkt. Handwerker und Techniker verwandeln die Basilika in einen Konzertsaal. Der Innenraum ist bereits komplett bestuhlt, mit ungewohnter Blickrichtung nach Westen, vom Altar abgewandt. Kabel werden verlegt, Licht und Ton getestet.

Ich versuche, einige Kapitele zu entschlüsseln, doch ich komme nicht in eine ausreichende Ruhe und Konzentration. Die Atmosphäre ist zu umtriebig, hektisch und geschäftig. Aber die berühmte »Mystische Mühle«[1], an die ich mich seit einem ersten Besuch vor Jahren erinnere, finde ich auf Anhieb und freue mich, dass mein Konzertplatz heute Abend unmittelbar in der Nähe ist.

Am Bücherstand im Narthex[2] bekomme ich den letzten Pilgerstempel für dieses Jahr und kaufe ein Büchlein über Maria Magdalena, der die Basilika geweiht ist. Seltsamerweise spielt sie in der Bilderwelt der Basilika so gut wie keine Rolle.

Nachmittags suche ich das Pilgerbüro auf. Erst hier in Vézelay beginnt einer der vier großen französischen Pilgerwege, die Via Lemovicensis, der Weg über Limoges. Bisher war ich nur auf »Zuwegen« unterwegs. Die Strecke von Vézelay bis zur spanischen Grenze beträgt etwa 800 Kilometer, ungefähr noch einmal so viele sind es dann bis Santiago de

---

[1] Moses als Vertreter der Gesetzlichkeit des AT schüttet Korn in eine Mühle. Das Mühlrad trägt ein Kreuz und verweist auf Christus. Paulus als Vertreter des NT empfängt das Mehl als Substanz für das »Brot des Lebens«.

[2] Vorhalle einer Basilika

Compostela. Also habe ich bis jetzt gut ein Drittel des Weges geschafft.

Der ältere Herr, der für die Pilgerberatung zuständig ist und anfänglich so freundlich meine Fragen über die Strecke im nächsten Jahr beantwortet, gerät zunehmend ins Monologisieren. Er überschüttet mich mit Einzelheiten über den Weg nach Spanien, die mich im Moment noch gar nicht interessieren. Konsequent ignoriert er meine nonverbalen und auch verbalen Signale, dass ich genug habe. Er stellt sich so in die Tür, dass ich nicht hinauskann. Es dauert eine kleine Weile, bis ich mich aus der Rolle des geduldigen Schafes, in die ich im Laufe meines Lebens immer seltener, aber immer mal wieder gerate, löse und ihn veranlasse, mir den Ausgang frei zu machen.

In schlechter Stimmung verlasse ich das Pilgerbüro. Ich ärgere mich über diesen Mann und seinen fehlenden Respekt. Und vor allem ärgere ich mich über mich. Warum war ich nicht wacher? Warum habe ich die Situation nicht schneller erfasst? Warum habe ich mich gegen meinen Willen gehörig zutexten lassen?

In meiner Phantasie taucht Frau Hexe aus Perl auf und grinst schadenfroh, weil ich wieder in die Falle getappt bin.

Szenenwechsel. Am Abend in der Basilika eine ganz andere Welt. Der »Elias«: Seelenspeisung, lebendige Energie, strahlende Schönheit – überwältigend.

Der alte Herr neben mir kommentiert: »Mais c'est exceptionnel!«[1] Das grandiose »Fürchte dich nicht!« – eine Essenz der christlichen Botschaft, hier in alttestamentarischem Kontext. Stehende Ovationen. Danke!

Freitag, 26.8., Vézelay/Herdecke (Reisetag)

Heftiger Wind und Regenrauschen wecken mich gegen sieben. Ich denke gleich an den »Elias« gestern: so ein großartiges Abschiedsgeschenk!

---

[1] Das ist ja wirklich/ aber außergewöhnlich!

Im Schutz von Kapuze und Schirm laufe ich über die Dorf-straße den Hügel hinab. Der Kleinbus kommt vorzeitig, was angesichts des Wetters erfreulich ist. Durch regenverhüllte mittelalterliche Dörfer geht es zum Bahnhof nach Avallon. Ein letzter Blick durch die Tropfenschlieren auf dem Busfenster auf den Hügel von Sainte Madeleine: Au revoir, à l'année prochaine![1]

Ein Bähnchen mit nur einem Waggon bringt mich nach Auxerre, ein Regionalzug nach Paris, der TGV nach Köln, noch ein Regionalzug und ich komme nach Hause. Die Sommer-sonne hat mich von außen durchwärmt, manchmal ein biss-chen zu sehr. Innerlich fühle ich mich durch die Fülle herzer-wärmender Erlebnisse reichlich beschenkt.

Die Wärmeerfahrungen stärken mich in den folgenden Mona-ten. Nach einer Krebsdiagnose im Herbst werde ich operiert und erlebe meinen 60. Geburtstag in einer Reha an der Nord-see. An diesem Tag freue ich mich an einem wunderbaren Re-genbogen und an den Zeilen des unvergesslichen Robert Gern-hardt:

Gespräch des Geschöpfs mit dem Schöpfer:

»Schier sechzig Jahre auf der Welt –
bekomme ich jetzt Schmerzensgeld?«
»Mein Kind, mir geht dein Wunsch zu Herzen:
Geld hab ich keines. Doch kriegst du Schmerzen!«

---

[1] Auf Wiedersehen, bis nächstes Jahr!

2012: VÉZELAY – CHÂTEAUROUX

Prinzessin in der Stadt des Buches, dreimal Hühnchen, ein leidvolles Schicksal, Privattreffen mit dem armen Lazarus, Bonjour tristesse und glanzloser Ausklang

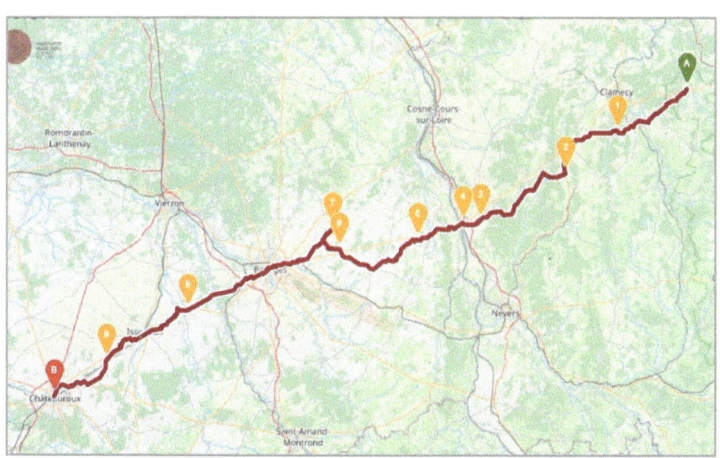

Montag, 16.7., Herdecke/Vézelay (Reisetag)

Seit fast zwei Stunden sitze ich im Bahnhof Paris-Bercy, Ausgangspunkt für die Regionalzüge nach Burgund. Um kurz nach vier bin ich heute aufgestanden. Bis Mitternacht hatte ich gekramt und gepackt und vergeblich meinen Pilgerausweis gesucht. Schließlich fiel mir ein, dass dem Itinéraire[1] ein Credential[2] beiliegt.

Um halb sechs nahm ich den Bus zum Bahnhof, von dort den Nahverkehrszug nach Hagen, fuhr mit dem ICE über Köln nach Brüssel, stieg um in den Thalys nach Paris. Von der Gare du Nord brachte mich die Métro zur Gare de Bercy. Auch

---

[1] Pilgerführer für die Strecke Vézelay – S. Jean-Pied-de Port von Monique Chassain

[2] frz. Pilgerausweis

wenn ich hier den Zug nach Burgund knapp verpasste, danke ich doch allen, die durch ihre Arbeit diese stationenreiche Reise durch Westeuropa ermöglicht haben!

Nach der Operation vor gut einem halben Jahr habe ich sehr schnell – vielleicht zu schnell – wieder begonnen zu arbeiten. Ich fühle mich erschöpft, körperlich weit weniger fit als im letzten Jahr.

Außerdem habe ich Kummer mit meinem rechten Knie, ein lädierter Innenmeniskus wurde bis vor kurzem intensiv physiotherapeutisch behandelt. Da ich meiner Belastbarkeit noch nicht recht traue, habe ich mir nur eine Strecke von 200 Kilometern vorgenommen. Den ersten 22 Kilometern morgen sehe ich etwas besorgt entgegen.

Allmählich spüre ich aber auch Vorfreude auf die Freiheit des Laufens. Aller Verpflichtungen ledig, mit nur einem Tagesziel: Nicht vom rechten Weg abkommen und abends in einer Unterkunft landen.

In der Jugendherberge auf dem Campingplatz unterhalb des Hügels von Vézelay endet die lange Anreise.

Andere Gäste sind nicht da, ich bekomme ein Studio mit vier Betten, Küchenzeile, Essplatz und Bad für mich allein. Der Verwalter unterstützt mich tatkräftig dabei, Fenster und Glastür mit überzähligen Decken als Sichtschutz zu verhängen.

Ich beschließe den Tag mit einem Gang über einen stillen Wiesenpfad in den Ort, kaufe Wasser in einer Bäckerei, besuche kurz die Basilika, kehre in mein Refugium zurück und schlafe wunderbar.

Tag 45, Dienstag, 17.7., Vézelay – Le Moulin du Merle (Saint Germain des Bois)

Frühstück gibt es in der Jugendherberge nicht. So wandere ich am Morgen noch einmal in den Ort, stärke mich mit Café au Lait und Croissant, kaufe etwas Proviant. Erst gegen zehn laufe ich los. Der Weg durch Wiesen und Wald ist vom Regen der letzten Tage durchweicht, dafür sind die letzten Blicke auf den Hügel mit der Basilika besonders schön.

Zum ersten Mal in diesem Sommer sehe ich einen Mähdrescher. Die Ernte beginnt. Ein Zeichen, dass – ach! – der Sommer sich neigt.

Mein Knie meldet sich und wird mit einem Stützverband umwickelt. Vorwiegend auf kleinen Teerstraßen geht es weiter, das Laufen wird anstrengend. Endlich, es ist fast halb sieben, taucht mein Ziel »Moulin du Merle« auf, die »Amselmühle«. Ein stattliches Anwesen, das – so höre ich später – früher eine Wassermühle war und im 19. Jahrhundert zu einer Villa umgebaut wurde.

Im Garten sitzt eine Familie mit drei Kindern beim Kartenspiel und verweist mich an die Dame des Hauses, die mir umgehend grünen Tee zur Erfrischung bringt.

Das ganze Haus ist eine Augenweide, die Räume sind sehr individuell mit alten Möbeln ausgestattet. Beim Abendessen im Garten sind wir zu siebt: die fünfköpfige Familie aus Chartres, die eine Woche lang pilgert, ein Mann in meinem Alter mit reichlich Pilgererfahrung und ebenfalls einem Knieproblem und ich. Ich freue mich: Endlich bin ich unter Mitpilgern!

Unsere Gastgeberin kredenzt uns Salat und Pâté (Fleischterrine), dann eine große Schüssel aus dem Backofen mit Hühnchen, Pellkartoffeln, Möhren, Kräutern, dazu selbstgemachte Mayonnaise und als Nachtisch Joghurt mit braunem Zucker und Kirschkompott – alles schmeckt köstlich.

Nach dem Essen ziehe ich mich als erste zurück, ich bin hundemüde. Leider ist es in meinem schönen Zimmer ungemütlich kalt, aber mit zwei Paar Socken und einer Wolljacke gleite ich ins Reich der Träume.

Tag 46, Mittwoch, 18.7., Moulin du Merle - Champlemy

Der Tag beginnt mit gutem, selbst gebackenen Brot von Giselle, der Gastgeberin. Wir kommen schnell in ein Gespräch über unsere Lebensläufe. Alle anderen Gäste sind früher aufgebrochen. Giselle ist ein paar Jahre jünger als ich, sie hat drei jugendliche Kinder. Nach einem Schicksalsschlag vor einigen Jahren bewirtschaftet sie allein das große Haus und den Garten und kreiert außerdem Handtaschen. Diverse elegante, ausgefallene Exemplare sind überall in den Räumen ausgestellt oder hängen an den Türklinken. (Schade, dass im Rucksack kein Platz ist!)

Wir verabschieden uns herzlich. Es gibt so viele starke, talentierte Frauen, die ihr Leben gegen alle Widerstände beherzt und unerschrocken voller Ideen und Tatkraft gestalten – Giselle ist eine von ihnen.

Wenig später bin ich inmitten von Kornfeldern unterwegs. Es duftet nach reifem Getreide und nach Kamille, ein musikalisches Werk aus Vogelgesang, Grillenzirpen, Insektensummen wird exklusiv für mich aufgeführt, der Himmel ist festlich blau mit strahlend weißem Wolkenschmuck. Danke, schöner Sommertag!

Ohne Knieprobleme gehe ich heute meinen Weg, der besonders in den Mittagsstunden mit grandiosen Panoramablicken über Felder und Wäldchen aufwartet. Zum vollkommenen Glück fehlt mir hin und wieder nur eine Bank für eine kleine Pause.

Einmal werde ich von einem jüngeren Mann eingeholt. Ich bin deutlich langsamer als im letzten Jahr. Nach kurzem Austausch: Woher? Wohin? verabschiedet er sich und läuft in seinem Tempo Richtung Champlemy, das auch mein Tagesziel ist.

Die steigende Temperatur hat mein Gesicht bereits tüchtig erhitzt. Hoffentlich noch rechtzeitig verhülle ich mich mit dem dünnen Baumwollschleier aus dem letzten Jahr.

In Champlemy an der noch ganz jungen Nièvre begegne ich der fünfköpfigen Familie von gestern Abend. Sie haben ein Quartier in der Schule gefunden und erkunden auf einem Rundgang die winzige Gemeinde. Sie laden mich auf meiner Rückreise zu einem Besuch in Chartres ein. Avec plaisir! – Gern!

In der Pension sehe ich den schnellen Pilger vom Vormittag wieder. Er ist mit seiner Frau und einem weiteren Paar unterwegs. Sie kommen aus Belgien, kennen bereits den Weg von Le Puy bis Spanien und berichten Abenteuerliches von den Pyrenäen. Wolkenbrüche, Bächlein, die sich in Seen verwandeln, Kleidung und Schuhe, die tagelang nicht trocknen: Respekt, Respekt! Ob ich einen solchen Weg überhaupt schaffen kann?

Tag 47, Donnerstag, 19.7., Champlemy – Les Forges de la Vache (Raveau)

Ich bin müde, aber guter Stimmung. »La couberture«, das französische Wort für Muskelkater, habe ich aus gegebenem Anlass gestern von den Belgiern gelernt. Der Tag beginnt regnerisch, dafür mit einem guten Frühstück. Abwarten nützt nichts, es regnet sich immer mehr ein, so starte ich um neun mit Cape und Schirm. Heute geht es meistens auf schnurgeraden, wetterbedingt matschigen Wegen durch die ausgedehnten Mischwälder des Morvan. Rast mache ich auf einem Holzstapel und der bewährten Noppenfolie.

Am frühen Nachmittag hört der Regen auf, meine Müdigkeit leider nicht. Ich bin zu dieser Tageszeit noch nicht so weit gelaufen wie erwartet, an mein langsames Tempo habe ich mich noch nicht gewöhnt. Ich freue mich auf einen Kaffee. Die Information, dass es in Murlin, einem Dörfchen nach etwa zwei Dritteln der Wegstrecke, ein Café gibt, habe ich mir im Itinéraire extra angestrichen.

Ich singe immer wieder, träume zwischendurch, lasse meinen Gedanken Auslauf. Mir kommt in den Sinn, dass dieser Weg für mich Europa bedeutet – im Gegensatz zum erbärmlichen Gezerre um Milliarden und Banken, von dem in diesem Sommer ständig unter der Überschrift »Europa« die Rede ist.

Das Laufen strengt mich an, immer wieder mache ich kleine Stehpausen. Es ist schon fast vier Uhr, als ich Murlin erreiche. Keine Menschenseele ist zu sehen, auch ein Café findet sich leider nirgends.

Ziemlich schwacher Trost: Vor der Mairie lädt eine Bank zum Pausieren ein, dort gibt es statt Kaffee und Eis nur Wasser und ein paar Trockenfrüchte aus dem Notvorrat.

Solchermaßen erfrischt bewältige ich die letzten schnurgeraden neun Kilometer durch den Wald. Endlich erblicke ich mein Ziel, eine wunderliche Ansammlung von Gebäuden in einer schönen Parkanlage: Les Forges de la Vache, eine ehemalige Erzschmelze und Schmiede. Heute bieten die Gebäude Platz für ein Hotel mit Restaurant, für Ausstellungsräume, für einen Konzertsaal, in dem ganzjährig kulturelle Veranstaltungen stattfinden, und auch für einige Pilgerzimmer.

Über eine Außentreppe gelange ich zu meinem Gemach, das einfach, aber geschmackvoll und gut durchdacht ausgestattet ist – einschließlich Haartrockner! Schnell eine Dusche, dann geht es schon zum Abendessen. Zwei Holländerinnen meines Alters sind meine Tischnachbarinnen. Bei Hühnchen, Pommes de terre à la crème und leckerem Schokoladenkuchen sprechen wir auf Deutsch und Französisch über den Weg, über die Angst vor freilaufenden Hunden, über Beruf und Familie, Europa und Politik. Ein angenehmer Tagesabschluss. Ganz einfach war es heute nicht.

Tag 48, Freitag, 20.7., Les Forges de la Vache – La Charité-sur-Loire

Nach unserem gemeinsamen Frühstück verabschieden sich die Holländerinnen, sie wollen nach einer letzten Etappe heute über Paris heimwärts fahren.

Nach ihrem Aufbruch warte ich noch ein bisschen, bis der Regen nachlässt, und bestaune die vortrefflich gepflegte Anlage der »Forges de la Vache«. Schon im Mittelalter von Mönchen errichtet, wurde sie zwei Jahrhunderte lang als Wassermühle genutzt, bevor sie im 18. Jahrhundert zu einer der produktivsten Metallverarbeitungsbetriebe ihrer Zeit wurde.

Heute gönne ich mir eine Ausruhetappe mit nur gut sieben Kilometern. Der Weg durch Wiesen und Felder fällt leicht.

Einmal begegnet mir ein größerer Trupp Pfadfinder, den Rosenkranz betend, sonst niemand.

La Charité-sur-Loire (Beiname: »Stadt des Buches«) ist ein hübsches Städtchen, wenn auch der Zahn der Zeit hier und da ein paar Spuren hinterlassen hat. Überall an Mauern und Hauswänden finden sich Zitate, die sich auf »mots« (Wörter) beziehen, z. B.: »Les mots éperdument me grisent et j'y crois goûter le vin de l'infini.«[1] (L. Aragon).

Jährlich findet ein mehrtägiges »Festival des Wortes«[2] statt mit Veranstaltungen, Lesungen, Vorträgen, Ausstellungen.

Meine Bleibe ist die Wucht in Tüten: ein mittelalterliches Weinbauernhaus in einer Gasse im Zentrum, sehr schmal, mit tiefem Keller, mehrere Etagen hoch – mit jeweils nur einem Raum. Die Besitzerin, die woanders wohnt, empfängt mich freundlich, zeigt mir das Haus, gibt mir in aller Kürze einen Überblick über die Stadtgeschichte (bedeutendes Pilgerhospital im Mittelalter, früher auch ein Zentrum des Weinanbaus, heute Standort eines überregionalen psychiatrischen Krankenhauses) und überreicht mir den Hausschlüssel. Ein veritabler Akt des Vertrauens, denn sie hat nicht einmal meine Adresse! Morgen werde ich den Schlüssel im Briefkasten hinterlegen, sie hat Wochenenddienst.

Das Häuschen ist hervorragend ausgestattet, Küche und Bad haben alles, was man sich wünscht, einschließlich einer Waschmaschine. Möblierung und Dekoration sind üppig und außergewöhnlich: mehrere Sofas, Unmengen von Büchern, dabei viel psychologische Fachliteratur, reichlich Sammlungsbestände aus dem medizinischen Bereich und Krimskrams aller Art: Kistchen, Silberzeug, Bettflaschen jeglicher Form aus verschiedenen Epochen auf den Treppenstufen, Kleiderpuppen in historischer Arzt- oder Schwesterntracht … Alles in allem

---

[1] Wörter berauschen mich über alle Maßen und ich glaube, darin den Wein der Unendlichkeit zu schmecken.

[2] Inzwischen umbenannt in: Aux quatre coins du mot, wörtlich: (in) alle/n Ecken des Wortes, Wortspiel mit Aux quatre coins du monde: (in) alle/n (Ecken der) Welt

vielleicht ein bisschen viel, aber nichts wirkt angestaubt oder ungepflegt. Die Farbgestaltung des Schlafraums ganz oben zaubert unmittelbar die Liedzeile »La vie en rose«[1] ins Bewusstsein.

Mein erster Programmpunkt ist die große Wäsche. Rechtzeitig kommt die Sonne heraus, so kann ich das Gärtchen zum Trocknen nutzen.

Zweiter Programmpunkt: Stadtbummel. Im Touristenbüro, wo ich Postkarten kaufe, treffe ich wieder die Familie aus Chartres. A+![2]

Zum Abendessen gehe ich in eine bretonische Crêperie. Ein kleines Mädchen tanzt ausgelassen zwischen den Tischen: la joie de vivre![3]

Tag 49, Samstag, 21.7., La Charité-sur-Loire – Charentonnay

Im mit rosa Seide tapezierten Schlafgemach erwache ich unter dem rosa Schleier des Himmelbetts. Plötzlich Prinzessin – und ein strahlender Sommertag kündigt sich an.

Meine Gastgeberin hat alles Nötige fürs Frühstück in den Kühlschrank gestellt. Brot und Croissants warten frisch und abholbereit in der nahen Bäckerei. Heute ist Markt, lebhaft und geschäftig geht es zu, alle Menschen wirken gut gelaunt an diesem schönen Sonnabend. Als Proviant kaufe ich einen kleinen runden Käse, der trotz der Sommerwärme »garantiert nicht läuft«, wie die Marktfrau mir versichert.

Inmitten von Rosen und Hortensien frühstücke ich an dem kleinen Sitzplatz im Garten und nehme dann fast schweren Herzens Abschied von diesem verwunschenen Häuschen, von dieser liebenswerten Stadt.

---

[1] Das Leben in Rosa/ durch die rosarote Brille gesehen, Lied von Edith Piaf

[2] A+ = à plus: bis bald/ wir sehen uns

[3] Lebensfreude

Direkt um die Ecke liegt die Rue St. Jacques. Über die 84 Stufen, die meine Gastgeberin mir gestern angekündigt hat, geht es hinunter Richtung Loirebrücken.

Es ist sehr warm, doch das Laufen fällt heute leicht. Als ich einen Weiler passiere, kommt mir unvermittelt ein mir bis vor Kurzem unbekanntes Ultraschallgerät zur Hundeabwehr in den Sinn. Rieke, eine der beiden Holländerinnen, erzählte von einem solchen »Dazer«. Sie trägt es beim Pilgern immer in Griffweite. Genau in diesem Moment springt ein Hund aus einer Haustür, läuft mir nach und schnappt nach meiner Wade. Frauchen in der Tür zetert aus Leibeskräften, der Hund verzieht sich, er hat nur mein Hosenbein berührt, nichts ist passiert, ich bin froh. Alles gut, auch ohne Dazer.

Um halb drei finde ich in Sancergues ein geöffnetes Café. Es gibt Kaffee und Eis – heute ist Prinzessinnentag! Von der Terrasse schaue ich auf die Kirche und den Platz St. Jacques, wo sich nach und nach festlich gekleidete Menschen zu einer Dorfhochzeit versammeln. Die Braut mit Schleppenträgerin hat sich auch schon für wenige Minuten gezeigt.

Weiter geht's durch Felder, eine Markierung gibt es nicht. Doch die Beschreibung des Itinéraire ist vortrefflich, um halb fünf bin ich in Charentonnay. Mein Quartier ist ein schmuckes Gîte in der Dorfmitte. Madame begrüßt mich und stellt mich gleich der im Garten versammelten Familie einschließlich Enkeltöchtern vor.

Im Moment bin ich nicht so recht auf Trubel und doppelseitig küssende Enkelkinder eingestellt und verziehe mich bald in mein Riesenzimmer mit schönem Bad.

Zwei Stunden später und ausgeruht geselle ich mich erneut zur Familienrunde im Garten. Zeit zum Abendessen, es gibt einmal mehr Hühnchen aus dem Backofen, diesmal mit aromatischen Tomaten aus eigenem Anbau. Madame ist verwitwet, war früher Lehrerin hier im Dorf, modernisiert im Ruhestand nach und nach das Haus, um noch mehr Raum für Übernachtungsgäste zu schaffen. Besonders lieb sind ihr Pilger, sie erinnert sich an viele interessante Begegnungen und

Gespräche. Ihr Sohn wohnt mit seiner Familie in Bourges, meinem Ziel übermorgen.

Tag 50, Sonntag, 22.7., Charentonnay – Brécy

Heute werde ich zum ersten Mal in einer richtigen Pilgerherberge übernachten! Werde ich andere Pilger antreffen? Ich bin gespannt.

Wieder ein strahlend schöner Tag. Um kurz nach zehn bin ich schon gut eineinhalb Stunden unterwegs – von einem Farbfest zum nächsten. Ein golden leuchtendes Weizenfeld, davor ein großer Busch roter Mohn, oben der blaue Sommerhimmel. Etwas weiter, zwischen schon abgeernteten Äckern, eine Fläche intensiven Gelbs: ein Sonnenblumenfeld. Dann lila Distelblüten und Klatschmohn vor dem Blattgrün eines weiteren Sonnenblumenfeldes, darüber die gelben Blütensonnen. Reinste Freude.

Ziemlich düster ist dagegen der Speisesaal im Restaurant in Brécy. Um kurz nach sieben sitze ich dort ganz allein. Nebenan in der Bar wurde bis gerade ohrenbetäubend parliert, sich ereifert, gelacht, gelärmt. Jetzt wird es leiser, viele Gäste machen sich nach dem Aperitif und vermutlich einem vorangegangenen dörflichen Sportereignis auf den Heimweg.

Von der Wirtin Mme Colette, etwa in meinem Alter, blond und blass, schwarz gekleidet, habe ich am Spätnachmittag den Herbergsschlüssel bekommen und gleich meine heutige Bleibe aufgesucht, um zu duschen und mich umzuziehen.

Hungrig kehre ich ins Restaurant zurück. Madame fragt gar nicht erst oder bringt gar die Karte, sondern serviert gleich das Menu. Es gibt gedünsteten Lachs mit Salat und anschließend Schweinebraten, den ich eigentlich nicht mag, doch heute finde ich ihn sehr schmackhaft. Dazu serviert sie eine reichliche Portion Senfmayonnaise und kleine, sehr fettige Kartoffeln, danach eine Käseplatte. Auf das süße Dessert verzichte ich. Die kalorienreiche Kost verstärkt schlagartig meine Müdigkeit. Ich spüre, wie sehr mich letzten sechs oder sieben Kilometer angestrengt haben. Nach den wohltuenden Wald-, Wiesen- und Feldwegen ging es leider zum Schluss über Asphalt.

Aus der Bar nebenan dringt immer noch angeregtes Palaver der letzten Gäste. Im Moment geht es um Hochzeiten im Dorf. Ich verstehe nur Bruchstücke, das Sprechtempo ist rasant und ich bin nicht mehr sehr aufnahmefähig.

Mit einem Mal leert sich die Bar, ich bin mit der Wirtin allein. Als ich bezahle, bricht sie plötzlich in Tränen aus. Ihr Sohn ist vor drei Monaten gestorben. Sie ist am Ende ihrer Kräfte, weiß nicht, wie sie den nächsten Tag durchstehen soll. Ganz plötzlich entsteht große Nähe zwischen uns völlig fremden Menschen. Ob sie schon daran gedacht habe, wegen der körperlichen Erschöpfung ärztliche Hilfe zu suchen? Und sich eine Auszeit an einem ruhigen Ort zu nehmen? Sie hat keine Ersatzkraft für die Bar, sie kann nicht weg, sagt sie. Aber ich spüre, dass ihr der Gedanke neu und vielleicht auch willkommen ist. Wir verabschieden uns herzlich, fast wie Freundinnen.

Die Pilgerherberge liegt im Obergeschoss des dörflichen Veranstaltungszentrums. Den Raum mit zwei, notfalls drei Betten nutze ich allein. Also wieder keine Mitpilger! Alles ist sauber und ansprechend eingerichtet. Einziger Nachteil: Es gibt keinen Wasseranschluss auf der Etage, Dusche und Toilette sind im Erdgeschoss, aber nicht direkt über das Treppenhaus erreichbar. Ich wurde besonders darauf hingewiesen, stets auf- und abzuschließen. Also muss ich erst die Haustür auf- und abschließen, einen Weg um das ganze Gelände zurücklegen, ein Gartentor auf- und abschließen, die Tür des Sanitärbereichs aufschließen, um auf dem Rückweg natürlich die ganze Prozedur in umgekehrter Reihenfolge durchführen. Speziell nachts eine Aktion, auf die ich gern verzichten würde.

Tag 51, Montag, 23.7., Brécy – Bourges

In der Herberge gibt es einen Stapel Pilgerzeitschriften, ich blätterte gestern Abend noch in einem Heft und fand einen Artikel über spirituelle Reisen und Einkehrhäuser mit Adressen.

Heute früh übergebe ich ihn Mme Colette zusammen mit dem Schlüssel, sie ist sichtlich dankbar. Mögen ihr hilfreiche Impulse zukommen, auf welchem Weg auch immer, das wünsche ich ihr von Herzen.

Immer wieder denke ich heute an die Begegnung mit ihr. Wie gut habe ich es in meiner gegenwärtigen Lebenssituation! Unbesorgt, frei, unbelastet, voller Freude laufe ich an diesem Sommermorgen durch das schöne Frankreich.

Vor drei Jahren hat mein Sohn eine schwere Operation mit ungewissem Ausgang heil und gesund überstanden. Die furchtbare Erfahrung, das einzige Kind zu verlieren, scheint mir der schlimmstmögliche Schicksalsschlag zu sein.

Auf dem gesamten bisherigen Weg durch Frankreich haben mich die Gedenkstätten für die Opfer des »Großen Krieges«, also des Ersten Weltkriegs, tief angerührt. Es gibt sie überall, selbst in den kleinsten Dörfern, meist vor oder in den Kirchen. Oft zwei oder mehr Namen aus einer Familie, Lebensdaten von jungen Männern, knapp zwanzig, Mitte zwanzig. Die Eltern, die Mütter – wer kann ihr Leid ermessen? So viel Blutvergießen, Finsternis, Wahnsinn im 20. Jahrhundert!

Eine Straße, dann Feldwege, ein alter Römerweg. In der Ferne erscheint gut sichtbar die Kathedrale von Bourges, sonst ist noch nichts von der Stadt zu sehen. Ich bin jetzt in der Region »Centre«, im innersten Frankreich. Nicht weit von Bourges befindet sich der geographische Mittelpunkt des Landes.

In der Hitze scheint sich der Weg zu dehnen. Hinter mir höre ich das rhythmische Klacken von Wanderstöcken. Ein Pilger, etwa in meinem Alter, holt mich ein. Er ist aus Nancy, spricht gut Deutsch. Auch er kommt aus Vézelay und will den ganzen Weg bis Compostela gehen. Unter Gesprächen vergeht schnell eine Stunde. Im Zentrum trennen sich unsere Wege. Ich habe zwei Übernachtungen reserviert, um Zeit für eine Stadtbesichtigung zu haben.

Frisch geduscht mache ich mich auf zur Kathedrale. Im Freien ist es schier nicht auszuhalten, so heiß ist es. Im Innenraum tauche ich in wohltuende Kühle ein. Die Chorfenster leuchten in intensiven Blau- und Rottönen, aber ich bringe heute nicht die Konzentration auf, mich auf die Entschlüsselung der Szenen einzulassen.

Stattdessen entscheide ich mich für ein Straßencafé und Zeitungslektüre an der Place Gordaine, einem schattigen Platz inmitten historischer Fachwerkhäuser. An einem der Häuser weist ein Schild darauf hin, dass Simone Weil[1] dort gewohnt hat. Sie unterrichtete ein Jahr lang Philosophie am örtlichen Gymnasium, bevor sie in den Spanischen Bürgerkrieg zog.

»Schwerkraft und Gnade« (»La pesanteur et la grâce«) heißt eines ihrer Bücher. Geradezu elektrisiert hat mich dieser Titel, als er mir zum ersten Mal begegnete. Die menschliche Existenz im Spannungsverhältnis zwischen Naturgesetzlichkeit und der Erfahrungsmöglichkeit göttlicher Gegenwart: mit unübertrefflicher Präzision durch nur zwei Wörter erfasst. So einfach, so tiefgründig.

Tag 52, Dienstag, 24.7., Bourges

Ausgeruht suche ich die Kathedrale auf. Gibt es sachkundige Führungen? Eine sehr junge Frau bietet mir eine Führung für mich ganz allein an. Sie gehört einer Freiwilligengruppe an, heute ist ihr erster Tag. Vermutlich ist es ihr ganz recht, dass sie es bei ihrem Einstieg nicht gleich mit einer Riesengruppe zu tun hat.

Wir beginnen an der Westfassade. Eines der fünf Portale ist dem Namensgeber Stephanus (St. Etienne) gewidmet. Warum so viele Kathedralen am französischen Jakobsweg Stephanskirchen sind, kann auch die junge Kirchenführerin nicht erklären. Im mächtigen dreistöckigen Innenraum betrachten wir einige der prächtigen Glasmalereien und konzentrieren uns auf ein Fenster links im Chor. Es zeigt die Geschichte von dem armen Lazarus und dem reichen Mann, der seine Seele ganz an materielle Güter bindet, sich um andere Dimensionen des

---

[1] Simone Weil: 1909 – 1943, frz. Philosophin, Sozialrevolutionärin, Mystikerin

Seins nicht schert und dies nach seinem Tod bitter bereut. Abschließend liest die jugendliche Kathedralenexpertin den zugehörigen Text aus dem Lukasevangelium vor.

Danke für dieses besondere Erlebnis!

Tag 53, Mittwoch, 25.7., Bourges –Charost

Es ist noch nicht ganz zwanzig Uhr und schon fallen mir die Augen zu. Das gute Abendessen gerade mit einer üppigen Salatplatte, dann mit Lachs, Zucchini, Tomaten und Nudeln hat mich einigermaßen mit dem heutigen Tag versöhnt, der mit reichlich Strapazen gespickt war.

An diesem Tag mit strahlender Hochsommersonne, die mir leider die Haut zwischen Hosenbein und Schuh verbrannt hat, ging es fast nur über Straßen. Ruhige Abschnitte gab es auch, aber immer wieder donnerten riesige LKW, Kleinlaster und PKW in kurzen Abständen vorüber. Hitze, Krach, Gestank, Raserei und Asphalt attackierten vereint meine Nerven und meine Stimmung.

Obendrein hatte ich Durst, meine gewöhnlichen eineinhalb Liter Wasser waren unter den heutigen Bedingungen zu wenig. Der vom Itinéraire angekündigte Kiosk in Villeneuve-sur-Cher hat mittwochs Ruhetag.

Geschafft und ausgedörrt kam ich gegen siebzehn Uhr an dem kleinen Hotel in Charost an. Allerdings war die Tür geschlossen, ohne jede Information. Mein Anruf landete auf dem Anrufbeantworter. Was tun?

Als erstes brauche ich ein Getränk. Bonjour tristesse[1]: Ich sehe viele baufällige Häuser, Leerstand. Das Städtchen wirkt alles andere als einladend. Durch die Hauptstraße brettern mit Höllenlärm LKW, die von offenbar suizidgefährdeten Jugendlichen auf überlauten Mopeds überholt werden.

Ich schleppe mich über die Brücke, die den Arnon überquert. Üppige Blumenampeln am Brückengeländer: Noch hat die

---

[1] Guten Tag, Traurigkeit (Romantitel von F. Sagan)

allgegenwärtige Trostlosigkeit des Ortes buntes Leben nicht vollends ausgelöscht. Schließlich finde ich ein geöffnetes Café und kann meine Dehydrierung behandeln. Am Ende geht auch die Hotelwirtin ans Telefon, sie ist aus der Nachmittagspause zurückgekehrt.

Mein Zimmer ist schlicht und riecht streng nach Desinfektionsmittel, aber das Fenster geht zum Hof und nicht zur Hauptstraße mit ihrem Verkehrslärm.

Erfreulich angenehm ist die Atmosphäre im Hotelrestaurant. Zur frühen Abendstunde sind außer mir nur drei Gäste da. Die Ruhe tut gut nach dem strapaziösen Tag. Morgen soll es noch heißer werden.

Tag 54, Donnerstag, 26.7., Charost – Neuvy-Pailloux

Zwei Löwen speien unermüdlich Wasser in einen Brunnen, als ich am Nachmittag an einem Platz in Issoudun sitze. Das Geplätscher lässt die elektronisch angezeigten 34 Grad leichter ertragen.

Ich bin vor allem durch Felder gelaufen, überall wurde gepflügt. Hitze und fehlender Schatten haben mich nicht groß gestört, der Weg fiel mir leicht. Doch jetzt brennen die Füße, das Gewicht des Rucksacks möchte ich auch nicht mehr spüren.

Dreizehn Kilometer habe ich hinter mir, noch einmal knapp ebenso viele vor mir. Gibt es eine Busverbindung nach Neuvy-Pailloux, meinem Tagesziel? Einen Zug gibt es, allerdings erst um Viertel nach fünf, erfahre ich in der Touristeninformation. Meinen Rucksack kann ich dort abstellen.

Zeit zum Bummeln! Im Gegensatz zu Charost wirkt das Städtchen Issoudun freundlich und einladend. Das ehemalige Hôtel Dieu[1] liegt in einem Park und beherbergt ein Museum. Bei kostenfreiem Eintritt und gut gekühlt eignet es sich vortrefflich als Pausenfüller. Zu sehen gibt es allerlei zur

---

[1] ursprünglich eine Pilgerherberge, später Hospital und Hospiz

Ortsgeschichte und Objekte aus Ozeanien, gestiftet von einem aus Issoudun gebürtigen Missionar.

Dann ein Kurzbesuch in der Kirche St. Cyr: Eine junge, in weiße Schleier gehüllte Frau tanzt allein im Altarraum zu sphärischer Musik vom CD-Player.

Später bringt mich die Regionalbahn in wenigen Minuten nach Neuvy-Pailloux. Knapp zwei Kilometer muss ich noch bis zum Landgasthof laufen, wo mich ein winziges Zimmerchen erwartet. Die Adresse habe ich wie die der anderen Unterkünfte im Itinéraire gefunden und telefonisch reserviert.

Im gut besuchten Restaurant wird um halb acht das Abendessen serviert. Der Inhaber ist Träger eines markanten Spitzbauchs sowie etlicher Auszeichnungen, die er mit seinen Kochkünsten erworben hat und die jetzt die Wände schmücken. Ich wähle ein Fischgericht. Ein munteres Fliegenvölkchen, das die üppige Käseplatte auf der Anrichte besucht, veranlasst mich, auf das Dessert zu verzichten. Nachts gewittert es kräftig.

Tag 55, Freitag, 27.7., Neuvy- Pailloux – Châteauroux

Beim Frühstück fließt aus dem Milchkännchen Molke in den Kaffee, in der Gewitterluft ist die Milch geronnen. Mir gerinnt die gute Morgenlaune, als man mir die Rechnung präsentiert: Knapp 100 € kosten Übernachtung, Frühstück und Abendessen, gemessen am bescheidenen Kämmerchen ohne Schrank, den Fliegen auf dem Käse und der ungenießbaren Milch ein stolzer Preis. Dass ich aufgrund der Mängel nicht reklamiere, ärgert mich anschließend. Dann ärgere ich mich darüber, dass ich mich ärgere.

Mittags raste ich an einer Kapelle. Innen liegt ein Text zum Thema Vergebung aus, passend zu meinem noch nicht ganz verschwundenen Groll wegen der überzogenen Rechnung und meinem ausgebliebenen Widerspruch. Anderen nichts nachtragen, sich selbst vergeben: ein lebenslanges Thema. Und immer wieder schwierig, auch in trivialen Situationen.

Der Rest der Strecke ist vorwiegend öde: Straßen, Autolärm, eine große Militäranlage. Regenwolken ziehen auf. In Déols kehre ich in eine Bar-Tabac[1] ein. Männer mit alkoholgeröteten Gesichtern verbringen hier den Nachmittag, ärmlich wirkende Frauen unterschiedlichen Alters kaufen Zigaretten.

Weiter über Asphalt bis ins Zentrum von Châteauroux und immer noch weiter über eine Ausfallstraße bis zu meinem einfachen Hotel garni. Ich habe Hunger, aber keine Lust, noch einmal den ganzen Weg bis zur Stadtmitte zu laufen. Gibt es ein Café oder Restaurant in der Nähe? Leider nein.

So lande ich widerwillig bei McDonalds, am Freitagabend Treffpunkt der jungen Leute des Vorortviertels. Großer Andrang, gesteigerte Energie und Lautstärke in Erwartung des Wochenendes. Berge von Verpackungsmüll türmen sich auf den Tischen. In diesem Umfeld verspeise ich einen Fisch-Wrap. Er sättigt kaum, im Hotel greife ich zur restlichen Notration Studentenfutter. Mein letzter Wandertag in diesem Jahr ist glanzlos.

Nach 22 Uhr trifft unter erheblichem Krach eine Gruppe von Erwachsenen und Kindern ein. Niederländische Sprachfetzen, aufgeregte Rufe, wiederholtes Türknallen dringen ungedämpft durch die extrem dünnen Wände. Weil ich mich nicht im Nachtgewand auf dem Flur präsentieren möchte, stelle ich den Fernseher auf volle Lautstärke, um mich bemerkbar zu machen. Gerade läuft die Eröffnungsfeier der Olympiade in London. Vielleicht wirkt der Grundsatz »Gleiches wird durch Gleiches geheilt« oder die Energien meiner Nachbarn sind einfach erschöpft: Jedenfalls beruhigt sich die Lage.

Samstag, 28.7., Châteauroux/Chartres (Extratour)

Die holländische Gruppe treffe ich beim Frühstück. Alle wirken sympathisch, machen keinen Lärm und ich bin ausgeschlafen: Die Welt ist in Ordnung.

---

[1] Café/Ausschank mit staatlicher Konzession zum Verkauf von Tabakwaren

Der Bus Richtung Zentrum ist wie der gesamte öffentliche Personennahverkehr der Stadt kostenlos. Ein Fernbus bringt mich über Tours nach Chartres.

Unterwegs gehen mir Bilder der Stationen und Begegnungen und Erfahrungen der vergangenen Tage durch den Kopf: Die tapfere und kreative Giselle mit ihren drei Kindern, ihr gutes Brot und ihre ausgefallenen Handtaschen. Mme Colette in Tränen und Trauerkleidung, ihr Leid und ihre Hoffnungslosigkeit. Die freundliche Familie aus Chartres. »Meine« erste Pilgerherberge. Die junge Frau in der Kathedrale von Bourges und der arme Lazarus. Rosa Seidentapete im Prinzessinnenschlafgemach. Schlimme Streckenabschnitte mit Asphalt, Abgasen, donnernden LKW. Die malerisch vielbogigen Loirebrücken in La Charité.

Nicht zum ersten Mal frage ich mich, ob mir das Unterwegssein lieber ist als das Verweilen im heimischen Nest, das Aufbrechen lieber als das Ankommen. Als ich heute Morgen den Rucksack packte, lief in »Télématin« ein Bericht über Kerouacs »On the Road«, ein Buch, das ich als ganz junge Frau geliebt habe.

Sonntag, 29.7., Chartres (Extratour)

Morgens eine Messe in der wunderbaren Kathedrale. Doch mehrmals gähnt der Priester herzhaft während der heiligen Handlung. Langeweile statt Geistes-Gegenwart.

Den Nachmittag verbringe ich bei der Familie, die mir in den ersten Tagen mehrmals begegnet ist. Unsere Gespräche sind anregend, herzlich, freundschaftlich – das Gegenteil von Langeweile.

Abends geben zwei Violinisten ein Konzert in der Kathedrale. Ein Stück von Corelli wird mit den Worten angekündigt: »Das Thema bedeutet für uns das Leben, die Variationen bedeuten den Heiligen Geist – der unerwartet, voller Überraschungen das Leben verändert.« Ein Satz, den ich im Gedächtnis behalte.

Am nächsten Tag geht es per Bahn über Paris heimwärts.

2013: CHÂTEAUROUX – PÉRIGUEUX

*Gefahr am Abgrund, die Provinz und die Fremden, endlich eine Her-
berge mit Mitpilgern, Oradour –Gräuel und Schande, Limousin-Rinder und der gegenwärtige Moment, ein magischer Abend*

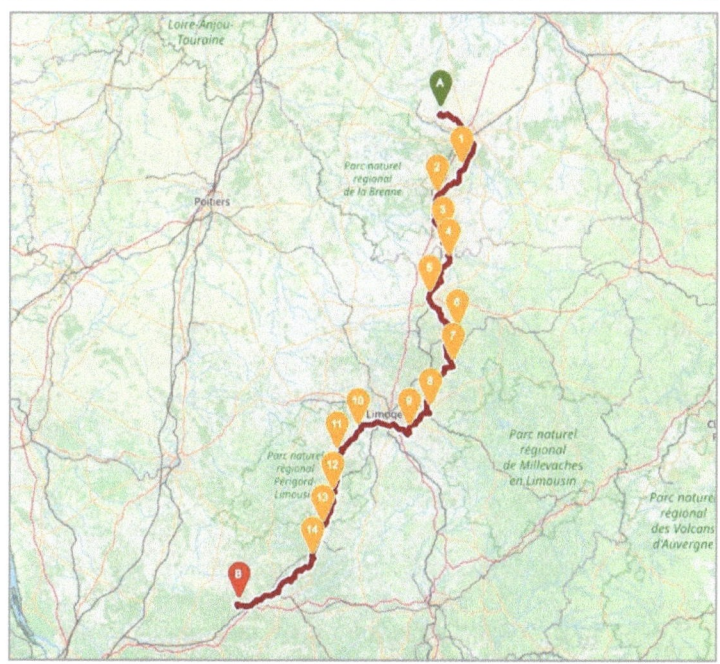

Tag 56, Mittwoch, 7.8., Châteauroux – Velles

Kräftiges Regenrauschen weckt mich heute Nacht gegen halb
drei. Trotz der Sorge um eine halbwegs trockene erste Pilgeretappe finde ich bald wieder in den Schlaf, denn ich bin hundemüde. In der Nacht zuvor habe ich nach einer Familienfeier
keine vier Stunden geschlafen, bin tagsüber mit dem Zug über
Essen – Frankfurt – Paris nach Châteauroux gereist und vom
Bahnhof noch etwa 40 Minuten bis zum Hotel direkt am Pilgerweg gelaufen.

Der Morgen zeigt sich überwiegend bedeckt, frisch und angenehm. Anfangs verläuft der Weg schnurgerade durch einen Staatsforst. Nach der Regennacht tagen immer noch zahlreiche gut besuchte Schneckenversammlungen. Eine kurze Straßenetappe, dann wird es ländlich: Felder, Hecken, Wäldchen und vereinzelte Anwesen erinnern mich ans Münsterland.

Im Dörfchen Velles finde ich dank freundlicher Auskünfte meine Bleibe, Straßennamen gibt es gar nicht. Eine ältere Frau öffnet mir die Tür. Ihr Haus nebst Hühnerstall ist von einem riesigen Obst- und Gemüsegarten umgeben. Ich erledige gleich eine kleine Wäsche und hänge sie im Garten auf. Derweil erntet meine Gastgeberin violette Stangenbohnen, die wir dann gemeinsam auf der schattigen Terrasse pulen.

Gemeinsam mit ihrem Lebensgefährten war sie bereits in Santiago und nimmt seitdem Pilger auf. Sie bietet mir den Kirchenschlüssel an, nur noch alle vier Wochen gibt es sonntags eine Messe im Dorf. Der Kirchenraum riecht etwas feucht-muffig. Ein Fenster zeigt St. Jacques, doch an zentraler Stelle hinter dem Altar ist ein Bild des Heiligen Stephanus zu sehen. Noch immer ist mir seine Bedeutung für die Pilgerwege in Frankreich – zumindest für den Weg über Vézelay – rätselhaft.

Beim Abendessen lerne ich den sympathischen Lebensgefährten kennen. Wir essen die frisch geernteten Bohnen und sprechen über Bedeutung und Verfall der Sprache und das Vordringen des Englischen auch in Frankreich. Gestern sind mir in Pariser Metrostationen rein amerikanische Filmplakate aufgefallen, vor einigen Jahren im Land der Académie Française noch undenkbar. Bonjour, brave new world! [1]

Tag 57, Donnerstag, 8.8., Velles – Argenton-sur-Creuse

Wieder ein nächtlicher Wolkenbruch, noch am Morgen klatscht der Regen geräuschvoll gegen das Fenster. Sofort beim

---

[1] Guten Tag, schöne neue Welt! (Brave new world: Titel von A. Huxleys Zukunftsroman)

Aufwachen – ohne Erinnerung an einen Traum – spukten mir Zeilen von Bob Dylan durch den Sinn:
»And though the rules of the road have been lodged
It's only people's games that you got to dodge
And it's allright, Ma, I can make it.« [1]
Vielleicht eine Nachwirkung des Gesprächs über die englische Sprache gestern? Die letzte Zeile ist jedenfalls ein gutes Motto.

Nicht lange, dann klart es auf. Abgeerntete Getreideäcker und Sonnenblumenfelder säumen den Weg. Hin und wieder zeigen sich Gehöfte, ganz kleine Siedlungen, verlassene Höfe, auch mehrere Schlösser, eine Mühle am rauschenden Bach. Ich begegne nur sehr wenigen Menschen. Doch als ich an einer Abzweigung zweifelnd stehen bleibe, kommt genau im rechten Moment ein Bauer mit seinem Traktor und weist mir mit einer Geste die richtige Richtung. Merci!

Schließlich erreiche ich bei inzwischen strahlendem Sonnenschein das hübsche Städtchen Argenton. Mein einfaches Hotel liegt ganz zentral, doch das Zimmer ist recht finster und die Klimaanlage lärmt. Ich schätze mich dennoch glücklich, ein Bett für die Nacht zu haben, denn nach mindestens zehn vergeblichen Telefonanfragen bei Unterkünften in Eguzon (Entfernung: 24 Kilometer), Gargilesse (13 Kilometer) und Cuzion (18 Kilometer) muss ich feststellen, dass ich für morgen keine Bleibe finde. Ein Hoffnungsschimmer bleibt: In einem weiteren Hotel in Eguzon ist bislang niemand ans Telefon gegangen.

Ich bummle durch die Stadt, spüre leider einen leichten Sonnenbrand im Gesicht, esse Ratatouille in einem kleinen Restaurant und versuche noch einmal telefonisch mein Glück – und bekomme tatsächlich das Hotelzimmer in Eguzon!

---

[1] Und wenn auch der Weg und die Regeln feststehen
Man muss den Spielchen der Leute nur aus dem Weg gehen
Und ist schon gut, Ma, ich glaub ich pack das.
(Übersetzung nach Carl Weissner)

Tag 58, Freitag, 9.8., Argenton-sur-Creuse - Eguzon

Um halb zehn abends liege ich schachmatt, aber gesund und unbeschadet in meinem Bett im Hotel de France in Eguzon.

Am Morgen, direkt nach dem Loswandern, warf ich noch einen Blick zurück auf das postkartenschöne Panorama von Argenton mit seinen Steinbrücken über die Creuse. Dann umgab mich, ähnlich wie gestern, bäuerlich geprägte Landschaft.

Der ländliche Frieden ließ mich noch nicht ahnen, dass gleich ein hochriskantes Abenteuer auf mich wartete.

Im Itinéraire hatte ich gelesen, dass es in einer Kurve von der kleinen Landstraße einen Weg nach rechts hinuntergehe, dann am Schild »Danger«[1] hinab zum Fluss und anschließend 300 Meter am Ufer entlang.

Das Schild »Danger« findet sich schnell, daneben windet sich ein steiler und äußerst schmaler Pfad hinab zum Wasser.

Trotz eines mahnenden Bauchgefühls steige ich hinunter. Rechts fließt ein Bach, ein Zufluss zur Creuse, den ich auf glitschigen Trittsteinen überquere. Ich brauche dringend neue Wanderschuhe, das Profil ist schon gefährlich abgenutzt, merke ich.

Auf der anderen Bachseite führt der Pfad wieder steil aufwärts auf einen Hang, der auf einer Seite zu der felsigen Schlucht abfällt, in die sich der Bach jenseits der Trittsteine hinabstürzt. Ich wage den Aufstieg – noch immer benutze ich keine Stöcke – mit einem mulmigen Gefühl und dem Gedanken: »Um nichts in der Welt möchte ich hier zurückgehen müssen!«

Volle Konzentration richte ich auf mein Gleichgewicht – der Rucksack will mich nach hinten ziehen – und schaffe den Aufstieg. Puh, das war grenzwertig!

Der Pfad führt dann wieder abwärts in eine Flussaue, wo ich zu meiner Freude eine bejahrte, ziemlich morsche Bank

---

[1] Gefahr

entdecke – der perfekte Rastplatz nach der überstandenen Herausforderung.

Nach einem kleinen Picknick reserviere ich telefonisch eine Unterkunft bei einer englischsprachigen Dame für den nächsten Tag. Und jetzt weiter!

Nach nur wenigen Schritten dämmert mir, dass an dieser Stelle KEIN Weg am Fluss entlangführt. Es gibt einzig und allein den Rückweg. Ich habe mich in eine lebensgefährliche Situation manövriert, ohne Not, wider mein Bauchgefühl. Ich erinnere mich an die »Dreigabelung« auf der ersten Etappe vor sieben Jahren. Aber dieses Mal ist es riskanter: Ein falscher Tritt kann der letzte sein. Wenn ich auf den glitschigen Trittsteinen abrutsche, mein Rucksack mich hinabzieht, stürze ich in die Felsenschlucht. Dort wird mich so bald niemand finden.

Unter höchster Anspannung setze ich Fuß vor Fuß, verlagere das Gewicht – so gut es geht – nach vorn. Haltsuchend klammere ich mich an dornige Zweige, die im Ernstfall abreißen würden. Nur nicht nach unten schauen! Ich erbitte die Hilfe der himmlischen Mächte – es geht! Geschafft! Auf dem steilen Pfad steige ich wieder hoch und lande beim Schild »Danger«: Gefahr überwunden – tausendmal danke!

Habe ich die Angaben im Pilgerführer falsch verstanden? Ich lese noch einmal nach: Tatsächlich empfiehlt der Text alternativ zur Landstraße genau diesen gefährlichen Weg – »außer im Winter und bei Hochwasser«. Vielleicht waren die 300 Meter entlang des Flusses seinerzeit gangbar – jetzt sind sie es eindeutig nicht!

Ich gelobe, zukünftig IMMER mein Bauchgefühl zu respektieren und auf Tollkühnheit zu verzichten.

Unendlich erleichtert und mit neuem Mut erreiche ich Gargilesse, einen beliebten Ferienort. George Sand[1] besaß hier ein Haus. In einem Café, das ihren Namen trägt, stärke ich mich nach dem riskanten Abenteuer. Für mein Gefühl könnte der

---

[1] frz. Schriftstellerin (1804-1876)

Weg heute hier enden – aber die zweite Hälfte habe ich noch vor mir.

Auf einem verwunschenen Heckenpfad träume ich vor mich hin, meine plötzlich, eine Markierung übersehen zu haben und fehlzugehen. Ich kehre um, finde die Markierung, alles stimmt, Zeit und Energie sind verschwendet. Weiter. Es reicht mir für heute, aber das letzte Viertel muss ich noch schaffen.

Dann erneute Fragen: Gibt es hier gar keine Markierung? Das müsste doch längst …? Der Pfad endet an einem Feld. Also zurück, Markierung finden, dann die Straße entlang. Ich kann nicht mehr, habe kein Wasser mehr, alles tut weh: Füße, Beine, Rücken …

Da – der Kirchturm von Eguzon! Direkt am Marktplatz finde ich das kleine Hotel de France. Ich wanke die Treppe hoch, dusche, esse draußen auf dem Bauernmarkt ein Omelett und falle anschließend ins Bett. Für heute reicht es WIRKLICH.

Tag 59, Samstag, 10.8., Eguzon – La Chapelle-Baloue

Zur Mittagszeit spielt jemand in einem Weiler Klavier. Während ich ein einsames Serpentinensträßchen hinunter zum Flüsschen Sédelle laufe, höre ich noch immer die Musik, die sich mit dem Plätschern des Bächleins entlang der Straße mischt. Ein Augenschmaus – um die Häuser herum üppige Hortensiensträucher in den schönsten Farbschattierungen: puderrosa – blassblau – tiefblau – violett – lila!

Am Ortseingang von Crozant liegen die Ruinen einer gewaltigen Festung, seit gallischen Zeiten eine wichtige Verteidigungsanlage für den Südwesten. Dort lasse ich den Pilgerausweis stempeln und begegne zum ersten Mal in diesem Jahr einer Pilgerin. Sie wird morgen auch in La Souterraine übernachten.

Wie eine trutzige Burg wirkt das mittelalterliche Örtchen Chapelle-Baloue oben auf einem Hügel. Die kleine Kirche ist geöffnet, die Fenster werfen farbige Schatten auf den Steinboden.

Meine Wirtin empfängt mich mit den Worten: »Please speak English with me!« Schon am Telefon habe ich gehört, dass sie gebürtige Britin ist.

Später beklagt sie, dass hier in der idyllischen Provinz »Fremde« ausgegrenzt werden, dazu zählen auch ortsfremde Franzosen wie ihr Ehemann aus der Normandie. Sie werden nicht gegrüßt, konsequent geschnitten, so ihre Erfahrung. Andererseits gibt es in der Gegend eine starke britische Community. Sie zeigt mir zwei englischsprachige Zeitungen bzw. Anzeigenblätter mit zahlreichen Angeboten, von englischen Gottesdiensten über Tai-Chi bis zu Gardening-Clubs.

Abends serviert mir meine Gastgeberin im sonnigen Garten ein four-course menu[1] in bester britischer Tradition: Eier in Mayonnaise, Lasagne mit Pommes und Salat ohne Dressing, lokaler Brie – beim Eis passe ich.

Im Haus dudelt pausenlos englische Popmusik. Ein ganzes Gîte[2] steht mir zur Verfügung: Küche, Bad, zwei Schlafzimmer, Wohnzimmer mit Fernseher (mit nur einem einzigen englischen Programm) und ein Regal mit englischen Büchern, z.B. »Cannibalism and evil cults«[3] - thanks a lot, not my cup of tea![4] Sie bittet mich, doch nach Herzenslust Lesestoff mitzunehmen, doch nichts brauche ich zurzeit weniger als einen Bücherstapel im Rucksack.

Tag 60, Sonntag, 11.8., La Chapelle-Baloue – La Souterraine

Nachtschlaf in himmlischer Ruhe, Müsli zum Sonntagsfrühstück, gute Wünsche zum Abschied.

Vor der Bäckerei an der Kirche begegne ich einigen älteren Dorfbewohnern. Kaum einer erwidert meinen Gruß. Vielleicht

---

[1] Viergangmenü
[2] Ländliche Ferienwohnung
[3] Kannibalismus und Kulte des Bösen
[4] Vielen Dank, nicht mein Fall

ist die hiesige Bevölkerung tatsächlich nicht sehr offen gegenüber Fremden.

Unter einem makellosen Augusthimmel zeigt sich das ländliche Frankreich von seiner Sommersonntagsseite: Wiesen, Äcker, Hecken, Grünen und Blühen am Wegesrand, glucksende Bächlein, einsame Höfe, Weiler, ein Schloss. Hin und wieder Hähnekrähen, Hundegebell, sonst Stille. Außer zwei Traktorfahrern begegne ich niemandem.

Das Städtchen La Souterraine liegt auf verschiedenen Ebenen, die durch Treppen verbunden sind. In der gotischen Kirche Notre Dame liegt Informationsmaterial für Jakobspilger aus. Leider ist kein einziges Café oder eine Bar geöffnet. Also kein Sonntagnachmittagskaffee, tant pis.

Meine Unterkunft, eine private Pilgerherberge, liegt im Zentrum, aus dem Fenster klingt Klaviermusik. Der Hausherr, ein Engländer, öffnet. Man spricht Englisch. Überall im Haus liegen Stapel von »Home and Garden«, vermutlich war die Zeitschrift Leitbild für die stilvoll ländliche Ausgestaltung der Räume. Kurioserweise stehen im ausgedehnten Korridor am Ende der langen Treppe zwei Betten und eine antike Badewanne.

Mein Zimmer ist schlicht und schön: alte Möbel, ein Spiegel im goldfarbenen Rahmen, auf dem Tisch ein Glas mit einer Rose. Eine Leiter an der Wand dient mit ein paar Bügeln als Kleiderständer.

Ich erledige die große Wäsche: alles, was ich nicht am Leib trage, wird gewaschen und im sonnigen Garten aufgehängt.

Dort wird um acht das Abendessen serviert, im Unterschied zu gestern nicht nach britischer, sondern nach französischer Art, und das ist gut so. Es gibt warmen Ziegenkäse mit Tomatenconfit und Feldsalat, Hähnchen und zum Dessert Panna Cotta. Die wenigen übrigen Gäste sind nicht als Pilger, sondern als Touristen unterwegs.

Tag 61, Montag, 12.8., La Souterraine – Bénévent-L'Abbaye

Gegen zehn Uhr ist es schon 28 Grad heiß. Drei Pilger überholen mich, zwei Männer und eine Frau mit einem Hund.

Auf dem schattigen Kirchplatz eines Dörfchens treffe ich das Grüppchen wieder, ein weiterer Pilger kommt dazu. Die drei, eine Frau mit ihrem Lebensgefährten und ihrem erwachsenen Sohn, sind aus Belgien, der Mann aus Nancy. Wir laufen weiter, jede und jeder im eigenen Tempo. Irgendwann treffe ich Gilles, den Franzosen, wieder, wir gehen ein Stück gemeinsam. Er war auf unterschiedlichen Wegen schon zweimal in Santiago.

Beide haben wir Plätze in der kleinen Herberge von Bénévent reserviert und treffen dort zwei weitere Pilger an: Hubert aus Paris ist zum zweiten Mal unterwegs nach Lourdes, Lucy aus La Réunion hat auch bereits Pilgererfahrung in Frankreich. Wir werden in zwei Doppelstockbetten nächtigen, netterweise bekomme ich ein Bett unten.

Im Supermarkt bekannte Gesichter: die beiden Belgier. Wo sind Frau und Hund? Mit dem Taxi zum Tierarzt gefahren, der Hund hat sich beim Sprung in einen Teich an einer Glasscherbe verletzt und wird den Weg nicht mehr laufen können. Morgen werden alle nach Belgien zurückkehren. Mir tun Hund und Menschen leid, so viel Vorfreude, Vorbereitung, Aufbruch - und dann ein Schnitt.

Ich bin gespannt auf die Nacht – meine erste Nacht in einer RICHTIGEN Pilgerherberge mit Gemeinschaftsschlafraum. Schnarcher? Unruhegeister? Alles halb so schlimm! Mitternacht höre ich noch schlagen, dann schlafe ich tief und fest bis um sieben.

Tag 62, Dienstag, 13.8., Bénévent-l'Abbaye –Châtelus-le-Marcheix

Wegen der beengten Räumlichkeiten wird draußen gefrühstückt, es ist noch ziemlich frisch.

Ich mache mich als letzte auf den Weg und schaue mir noch die romanische Kirche an. Ein Informationsblatt weist auf architektonische Besonderheiten hin: Keltische Spuren zeigen sich an den Kapitellen, die Proportion des Goldenen Schnitts findet sich überall in der Kirche. Zwei Büchlein über die keltisch-christlichen Wurzeln des Bauwerks und druidische Traditionen in den Dombauhütten sind erhältlich. Interessant! Doch der Rucksack sagt nein.

Mittags eine lange Steigung – hört das überhaupt nicht mehr auf? Dann auf einem einsamen Waldweg wieder bergab. Als ich auf ein Sträßchen stoße, bin ich unsicher. Rechts oder links? Ich habe den Weg des Itinéraire etwas abgekürzt und kann mich daher nicht an der Beschreibung orientieren. Rechts erscheinen in einiger Entfernung zwei Menschen – Engel des Weges? Als sie näherkommen, erkenne ich Lucy und Hubert. Hubert hat seinen blauen Schlafsack, der außen am Rucksack befestigt war, verloren. Nein, leider habe auch ich keinen Schlafsack gefunden! Er sieht traurig aus, es geht mir ans Herz. Ohne Schlafsack kann er nicht in Pilgerherbergen übernachten. Hier auf dem Land wird es kaum möglich sein, Ersatz zu beschaffen.

Also nach links, ich bin auf dem richtigen Weg: Immer wieder hängen Hinweise zur »Ferme Auberge«[1], meinem Ziel, an den Bäumen. Um Punkt fünf bin ich da. Die Bäuerin zeigt mir mein Domizil, eine ganze Ferienwohnung.

Draußen krähen Hähne um die Wette, im Gegensatz zu mir scheinen sie keine Müdigkeit zu kennen. Meine Beine tun weh, ich strecke mich aus und stelle den Wecker zum Abendessen.

Gilles ist auch hier untergekommen, wir essen zusammen. Hausgemachte Pastete, Huhn mit einer leckeren Sauce, Kartoffelgratin und Fruchtsalat werden aufgetischt.

Unser Gespräch gestaltet sich recht zäh. Gilles antwortet wortreich und ausführlich auf Fragen z.B. nach Nancy, nach der Lehrerausbildung in Frankreich (seinem

---

[1] Zimmer auf dem Bauernhof, wörtl.: Bauernhof-Herberge

Tätigkeitsbereich), nach dem Camino in Spanien, stellt aber keine Gegenfragen. Ein Interview möchte ich aber nicht führen. Zeit für ein »bonne nuit!«

Tag 63, Mittwoch, 14.8., Châtelus-le-Marcheix – St.-Léonard-de-Noblat

Vormittags auf einem Waldweg ein Schild an einem Baum: »A travers bois, champs, routes, vos pas sont dans ceux des pèlerins qui s'y sont succédés.«[1]

Dieser Gedanke ist mir unterwegs schon einige Male durch den Sinn gegangen. Wie viele tausende Pilger, Frauen und Männer, mögen im Laufe der Jahrhunderte diesen Weg gegangen sein? Mit welchen Fragen, Sorgen, Ängsten, Anliegen, Bitten? Ich bin sicher, dass die Pilgerwege wie imprägniert sind von den unsichtbaren seelischen und geistigen Spuren der Menschen, die hier unterwegs waren.

Heute ist ein unbeschwerter Tag ohne Irr- oder Umwege. Nachmittags komme ich an einem kleinen Dorfgasthaus vorbei. Es gibt Kaffee, ich nehme gleich zwei. Gute Gelegenheiten wollen genutzt werden. Ein Pilger schneit herein, etwa in meinem Alter, wir gehen anschließend sechs oder sieben Kilometer gemeinsam. Er ist nicht mehr berufstätig und viel auf Pilgerwegen unterwegs. In Santiago de Compostela war er schon zweimal, jetzt will er wieder weiter bis Spanien und dort über den Camino del Norte gehen.

Durch die Gespräche merke ich gar nicht, dass wir zwar durch wellige grüne Natur laufen, aber immerzu auf Asphalt, zum Glück fast ohne Autos. Die Sonne brennt, an einer schattigen Stelle mache ich Pause, Marc zieht weiter.

Um halb fünf komme ich im mittelalterlichen St.-Léonard-de-Noblat an. In den Straßencafés rund um die gewaltige Kirche mit dem Grab des heiligen Leonhard sitzen viele britische,

---

[1] Ob durch Wälder, Felder, über Wege - ihr tretet ihr in die Fußstapfen der Pilger, die vor euch dort gegangen sind.

niederländische und französische Senioren. Die Region ist sehr beliebt als Zweit- oder Altersruhesitz, im Kiosk werden mindestens so viele Zeitungen aus England und Holland wie aus Frankreich angeboten.

In einem uralten Haus finde ich die private Herberge von Eve. Sie wohnt im Nachbarhaus. Wohnküche, Schlafraum und Bad bieten Platz für mehrere Pilger, aber ich bin allein.

Etliche Bücher und schöne Bildbände über den Jakobsweg liegen aus. Nach der Dusche blättere und lese ich ein bisschen, besonders gut gefällt mir ein Buch mit Fotos und Texten über den Weg von Vézelay bis St.-Jean-Pied-de-Port. Der Verfasser heißt genau wie meine Gastgeberin.

Bei einem kleinen Stadtrundgang treffe ich Lucy aus La Réunion, sie ist mit Hubert, Gilles und Marc in der städtischen Herberge untergekommen.

Als ich in einer Crêperie zu Abend esse, läuft Marc vorbei. Zuerst erkennt er mich, ohne Hut und Rucksack, gar nicht. Wir schwatzen noch ein bisschen, ich freue mich. Die Erfahrung, bekannte Gesichter unterwegs wiederzusehen, habe ich auf den bisherigen einsamen Wegen selten machen können.

Tag 64, Donnerstag, 15.8., St.-Léonard-de-Noblat – Limoges

Frühstück gibt es in Eves Wohnzimmer. Sie ist bis Santiago de Compostela gepilgert und hat zusammen mit ihrem Sohn die Texte in dem wunderschönen Bildband verfasst.

Weiß sie etwas über den Zusammenhang von Stephanus/Étienne, dem ersten christlichen Märtyrer, und dem Weg von Vézelay? Kathedralen in Metz, Toul, Auxerre, Bourges, Limoges, Périgueux sind nach ihm benannt und nicht nach Jakobus/ St. Jacques. Sie hat sich diese Frage auch schon gestellt, aber noch keine Antwort gefunden.

Bei 28 Grad wandere ich los. Sommer, Sonne, das schöne Limousin mit seinen grünen Hügeln und weiten Tälern, mit mehr oder weniger gut erhaltenen Schlösschen, mit stattlichen

Limousin-Rindern auf den Weiden, mit blauen Bergzügen am Horizont – das Laufen ist reine Freude.

Vor Limoges gibt es eine Bäckerei mit Café. Eiskalter Käsekuchen und Kaffee: Genau diese Stärkung brauche ich für den letzten Streckenabschnitt. Der ist alles andere als schön: Erst führt er entlang der Route Nationale, dann durch ein Industriegebiet.

Vom Fluss aus nähere ich mich dem Zentrum von Limoges. Heute am Feiertag, Mariä Himmelfahrt, sind viele Spaziergänger längs der Vienne unterwegs. Die mittelalterliche Steinbrücke führt in die Altstadt, wo ich ein Hotelzimmer reserviert habe, gleich für drei Übernachtungen. Zwei volle Tage zum Ausruhen und Besichtigen habe ich mir vorgenommen. In einer Pilgerherberge kann man immer nur eine Nacht bleiben. Ein bisschen bedaure ich meine Entscheidung jetzt schon, denn ich werde meine frisch kennengelernten Mitpilger aus den Augen verlieren. 1200 Kilometer bin ich fast immer allein gelaufen, die soziale Seite des Pilgerns muss ich mir erst erschließen.

Mein sechseckiges Zimmer ist nicht frisch renoviert, hat aber einen gewissen Charme mit blassgelben und taubenblauen Wänden und altertümlichem Mobiliar. Leider nicht zu überhören: Vor dem Fenster liegen eine Hauptverkehrsstraße und eine Ampelkreuzung. Ohrstöpsel helfen hoffentlich. Für einen abendlichen Stadtgang fehlt mir die rechte Energie. Ich mache es mir auf dem Bett gemütlich und sehe fern: »La cage aux folles«[1], ein alter Film, ganz witzig. »Der Weg ist das Leben, aber nicht das ganze Leben«, stand gestern an einem Baum. Genau.

Tage 65/66, Freitag/Samstag, 16./17.8., Limoges

Ein Schreckensblitz durchfährt mich, als ich morgens beim Blick aus dem Fenster einen Richtungsanzeiger entdecke: »Oradour-sur-Glane«. Das Massaker ist hier in der Nähe

---

[1] Ein Käfig voller Narren

geschehen! Ich erinnere mich an das Grauen und auch die Scham, die ich als Teenager empfand, als ich zum ersten Mal davon hörte.

Die Waffen-SS hat im Sommer 1944 in der Kirche von Oradour über vierhundert Frauen und Kinder bei lebendigem Leib verbrannt. Mehr als zweihundert Männer und Jugendliche wurden beschossen und anschließend, ob noch lebend oder tot, verbrannt. In der Bundesrepublik wurde niemand strafrechtlich zur Verantwortung gezogen. In der DDR wurde in den Achtzigerjahren einer der Täter zu einer lebenslangen Haftstrafe verurteilt und nach der Wiedervereinigung krankheitshalber entlassen.

Dass viele Straßenschilder in Limoges an die Namen und Lebensdaten französischer Widerstandskämpfer erinnern, erstaunt nicht.

Für heute habe ich mir vorgenommen, Limoges zu erkunden. Und so streife ich durch die Stadt, verweile in der lichten gotischen Kathedrale St. Étienne, bestaune die leuchtenden Glasmalereien in der zweiten großen gotischen Kirche, St-Michel-des-Lions. Im Kunstmuseum schaue ich einige Bilder von Renoir an, der in Limoges geboren wurde.

Aber nichts berührt mich WIRKLICH innerlich, seit sich heute früh der Name Oradour in mein Bewusstsein gegraben hat. Nicht ununterbrochen, aber immer wieder kreisen meine Gedanken um das monströse Verbrechen. Nicht in ferner Vergangenheit, nur sieben Jahre vor meiner Geburt ist es geschehen. Als Vergleich zu dieser zeitlichen Dimension kommt mir in den Sinn: Sieben Jahre bin ich jetzt auf dem Pilgerweg unterwegs. Kinder, Jugendliche, alte Menschen, Frauen, Männer wurden verbrannt. In einer Kirche in Westeuropa. Von jungen Männern zwischen zwanzig und dreißig. Aus Deutschland.[1]

---

[1] Knapp drei Wochen später, am 4.9.2013, wird mit Joachim Gauck zum 1. Mal (!) ein deutscher Bundespräsident Oradour besuchen, eine Rede halten und gemeinsam mit dem französischen Präsidenten Hollande der Gräueltaten vor fast 70 (!) Jahren gedenken.

Über allen Eindrücken dieses Sommertages liegt ein feiner dunkler Schleier.

Die Stille der terrassenförmig angelegten bischöflichen Gärten nahe der Kathedrale tut mir gut.

Am Abend findet ein öffentliches Konzert statt, die Bühne ist vor der Nordfassade der Kathedrale aufgebaut. Die Musiker proben bereits, arabische Klänge durchziehen den Sommerabend.

Zur selben Zeit ist in Teilen der arabischen Welt der Teufel los. Die Abendnachrichten im Fernsehen berichten über Sprengstoffanschläge in Syrien, über hunderte Tote bei der Räumung von zwei Protestlagern in Kairo, über Gewaltakte gegen koptische Christen, fünfzig Kirchen sind in Brand gesetzt worden.

Als Teenager hatte ich die Illusion, dass nach den Gräueln von Auschwitz, von Oradour, von Hiroshima – von jenen in den Reichen Stalins und Maos wusste ich damals kaum etwas – die Menschheit zukünftig solche unfasslichen Zivilisationsbrüche nicht mehr zulassen würde. Sehr naiv und weit gefehlt. Dona nobis pacem[1].

Am Samstag informiere ich mich im Bahnhof über die Details meiner Heimreise in der nächsten Woche, nehme an einer Stadtführung teil, mische mich abends eine Zeitlang unter die Konzertbesucher vor der großen Bühne an der Kathedrale. Heute spielt eine Gruppe aus Benin – rhythmisch, laut, lebendig.

Ich stehe ein bisschen neben mir. Die Stadt hat mich durcheinandergebracht, mich aus meinem Zentrum verschoben. Das dunkle Thema Oradour. Tourismus, Besichtigungsprogramm, Zeit totschlagen. Der Wandel von der Pilgerin zur Touristin bekommt mir nicht. Es war ein Fehler, zwei volle Stadttage einzulegen. Ich werde Limoges ohne Abschiedsschmerz verlassen.

---

[1] Gib uns Frieden

Tag 67, Sonntag, 18.8., Limoges – St-Martin-le-Vieux/Bord

Als ich morgens im Hotel bezahle, erzählt die grazile dunkelhaarige Angestellte, Typ: Balletttänzerin, dass sie allein mit dem Fahrrad von Limoges nach Santiago de Compostela gefahren ist, jeden Tag hundert Kilometer. Jetzt will sie den ganzen Pilgerweg ab Vezelay fahren und hat bereits mehrere Teilstrecken hinter sich. Bonne Route![1]

Fast zwei Stunden brauche ich, um die Außenbezirke von Limoges endgültig hinter mir zu lassen. Bis dahin begegnen mir noch etliche Jogger, dann sehe ich den ganzen Tag keinen Menschen mehr.

Auf einer Weide grasen Limousin-Rinder. Trotz ihrer massigen Leiber bewegen sie sich fließend-elegant, dabei schimmert ihr rötliches Fell wie Seide. Die Ausblicke in die wellige Landschaft mit Weiden, Feldern, Hecken und Wäldchen unter einem Himmel in feinstem Blau und einigen weißfedrigen Wolken sind oft so schön, dass ich – hätte ich einen Fotoapparat – wohl alle zwei Meter stehenbliebe, um den Moment festzuhalten. Und würde doch Unmögliches versuchen, denn der gegenwärtige Moment ist nur JETZT. Nicht konservierbar.

Am Nachmittag liege ich am Wegesrand im Gras. Kräuter duften, Wind rauscht in den Blättern und kühlt die sonnenheiße Haut. Zuweilen brummt ein Insekt, Halme kitzeln, in der Ferne krächzen Krähen. Sommerglück. »Wo nehm' ich, wenn es Winter ist, die Blumen, und wo den Sonnenschein, und Schatten der Erde?«[2]

Noch ein halber Kilometer, dann erreiche ich meine heutige Unterkunft. In einem alten, geschmackvoll renovierten Landhaus empfängt Madame mich mit einem Glas Orangensaft. Um acht soll es Abendessen geben, noch zwei Stunden Zeit, ich setze mich in den Garten. Es wird dann halb neun. Im riesigen Wohnraum mit Treppe und Galerie versammeln wir uns um

---

[1] Guten Weg, gute Fahrt!

[2] F. Hölderlin, Hälfte des Lebens

den großen Tisch. Außer mir ist noch ein jüngeres Paar zu Gast. Die Vorspeise wird serviert: Tomaten mit Basilikum und Ziegenkäse. Vor dem unkonventionellen Hauptgericht, Ratatouille mit Würstchen, kommt Madame ausführlich ins Erzählen: Frauenerwerbstätigkeit früher und heute, eigene Erfahrungen usw. usw. Die drei Kinder sind hungrig, müde und beginnen zu quengeln. Ich bin auch hungrig und müde und schaffe es mit viel Disziplin, nicht zu quengeln. Nach der Cremespeise ist es schon reichlich spät. Genug für heute.

Tag 68, Montag, 19.8., St-Martin-le-Vieux/Bord – Pageas

Vormittags komme ich an ein einsam gelegenes Haus, dessen langer Gitterzaun ganz und gar von wundervollen Rosen überrankt ist. Etliche welken schon, aber viele blühen noch üppig gelb, weiß, pink, rot, elfenbeinfarbig, zartrosa, ich kann mich nicht sattsehen! Duften sie auch? Hopp, über einen kleinen Straßengraben: Und wie sie duften! Danke, liebe Rosen! Kurz darauf die erste Eberesche mit roten Beeren in diesem Jahr - Zeichen des alternden Sommers, ein Hauch von Melancholie weht durchs Gemüt. An einem Brombeerstrauch sind schon einige Beeren schwarz, süß-herb schmecken sie.

Erst halb zwei, ich habe nur noch sechs Kilometer vor mir. Der Weg ist heute sehr kurz, zu kurz für meinen Geschmack. Weil ich die vom Pilgerführer vorgeschlagene Strecke ab Limoges mit über dreißig Kilometern zu lang fand, habe ich die Etappen anders eingeteilt. Gibt es eine Unterkunft? Das ist der entscheidende Faktor bei der Planung.

Zum Schluss verschaffe ich mir doch noch drei zusätzliche Kilometer über Asphalt, weil ich die Karte im Pilgerführer nicht genau genug studiert habe. Meine Unterkunft liegt nicht im Ort Pageas, sondern ein Stück abseits.

Ein Ehepaar aus Lille, etwa in meinem Alter, hat als Altersruhesitz ein ehrwürdiges Landhaus renoviert und vermietet an Feriengäste und Pilger. Häkeldeckchen und Nippes brauche ich nicht unbedingt fürs Wohlbefinden, aber die herzliche Atmosphäre tut gut.

Ein holländisches Paar trifft ein, sie sind touristisch unterwegs. Madame serviert uns im Garten ein leckeres Omelett mit Steinpilzen und Salat. Wir sprechen über Bücher, niederländische Schriftsteller, Gott und die Welt.

Am Ende des Tages denke ich daran, dass mir noch vier Tage auf dem Weg bleiben. Der uralte Gruß der Jakobspilger heißt ULTREIA: immer weiter! Im nächsten Jahr möchte ich bis Santiago gehen.

Tag 69, Dienstag, 20.8., Pageas - La Coquille

Die nette gesprächige Madame leistet mir beim Frühstück im Wintergarten Gesellschaft. Sie erzählt von den Menschen hier: Im Zentralmassiv, zu dem das Limousin gehört, war das Leben traditionell durch Kargheit geprägt. Kastanien waren eine wichtige Lebensgrundlage für die Bevölkerung. Das Mehl diente als Grundnahrungsmittel, das Holz wurde als Bauholz verwendet. Die Bauern verbrachten die Wintermonate im Wald als Holzfäller und Schnitter. Das harte Leben und die Armut haben den hiesigen Menschenschlag in den Worten meiner Gastgeberin »verschlossen und geizig« gemacht. Als Nordfranzösin findet sie schwer Zugang: »Tu n'es pas d'ici!«[1] hört sie von ihren Nachbarn. Bonne chance[2], Madame!

Irgendwann heute verlasse ich das Limousin und komme ins Périgord, ins Département Dordogne.

In La Coquille habe ich einen Platz in der städtischen Herberge bekommen: Küche mit Essplatz, Bad und ein Schlafraum mit drei Doppelstockbetten, alles sauber und gepflegt. Für vierzehn Tage kümmert sich die Hospitalière Marie aus Perigueux um die Pilger.

---

[1] Du bist nicht von hier!

[2] Alles Gute

Ich bin die erste und entscheide mich natürlich für ein Bett unten. Es werden noch sechs Pilger erwartet. Marie bereitet das Essen vor. Gegen acht treffen sechs erschöpfte junge Männer aus Luxemburg ein, nach mehr als dreißig Kilometern mit schwerem Gepäck und Blasen an den Füßen. Sie wollen nach dem Essen noch in die Pizzeria gehen, vermutlich brauchen sie nach den Mühen des Tages noch eine Zusatzportion.

Um zehn gehe ich ins Bett. Marie ist sauer, weil die Jungs noch nicht zurück sind. Als sie gegen elf kommen, werde ich nur ganz kurz wach, sie verhalten sich äußerst rücksichtsvoll und leise. Einer muss aus Platzgründen in der Küche schlafen.

Tag 70, Mittwoch, 21.8., La Coquille – Thiviers

Meine Zimmergenossen schlafen noch tief und fest, als ich aufwache. Nur der junge Mann in der Küche steht auch bereits auf, denn Marie deckt den Tisch.

Nach dem Frühstück organisiert sie für mich telefonisch eine private Unterkunft in Périgueux, wo meine diesjährige Etappe in zwei Tagen enden wird. Merci!

Mein Weg geht wieder durch eine ländliche Idylle mit weiten Ausblicken. Jäh zerreißt ein Tiefflieger die Stille, offenbar auf einem militärischen Übungsflug. Und gleich darauf noch einmal. Kälbchen springen aufgeschreckt über die Weide. Was wird den Tieren durch solch infernalischen Lärm angetan, den sie im Unterschied zu uns nicht zuordnen können? Stellt man sich in Militärkreisen eine solche Frage überhaupt?

Um kurz nach zwei sind es noch etwa drei Kilometer bis zu meinem Ziel Thiviers. Wieder 30 Grad, allmählich nervt die Hitze. Ich verschrumpele zusehends.

Die Pilgerherberge ist ein Bungalow für sechs Personen und liegt auf einem Campingplatz am Rande des Städtchens an einem kleinen See. Ich melde mich an, stelle den Rucksack ab, mache mich frisch und erkunde das Städtchen.

Unterwegs gab es heute keine Einkaufsmöglichkeit. Im Touristenbüro nennt man mir vier Restaurants. Das erste ist abends geschlossen, das zweite völlig ausgebucht, das dritte bietet hauptsächlich Kebab an – nicht mein Fall, das vierte ist ein auf Hamburger und Sandwiches spezialisiertes Café. Dort bestelle ich schließlich ein Panini mit Käse, Vitaminhaltigeres ist nicht im Angebot.

Zurück zum Campingplatz. Die sechs Luxemburger Jungs sitzen schon am See und angeln, sie haben ein Fässchen deutsches Bier organisiert. Wir plaudern, ich bewundere mal wieder die Luxemburger Vielsprachigkeit. Ein Musiker aus der Mongolei spielt auf einer Art Horn, der Klang erinnert entfernt an den eines Didgeridoos.

Im Pilgerbungalow ist große Versammlung. Außer mir werden drei junge Leute aus Paris dort nächtigen, sie kochen gerade in der winzigen Küche für acht Personen, fünf von ihnen zelten. Die Luxemburger reden lange und laut und singen vor dem Fenster, sie schlafen draußen. Dank der Ohrstöpsel schlafe ich trotzdem ein. Dass es eine wunderbare Vollmondnacht ist, bestaune ich, als ich irgendwann nachts über den Campingplatz zur Toilette gehe.

Tag 71, Donnerstag, 22.8., Thiviers – Sorges

Meine Zimmernachbarn sind schon um sechs fast geräuschlos aufgebrochen. Das Frühstück bestreite ich aus meinen Vorräten, es fällt bescheiden aus: Nescafé, ein zwei Tage altes Croissant aus dem Rucksack und ein Stück Käse.

Schon am Morgen ist es wieder heiß. Nichts wie raus aus der Stadt, ins Grüne: »Perigord vert«, grünes Périgord, ist die traditionelle Bezeichnung für diese Gegend.

Entlang der wieder einmal schnurgeraden alten Heerstraße Route Napoléon über Asphalt zu laufen, ist langweilig und ermüdend. Einmal höre ich Kinderstimmen von einem einsamen Bauernhof. Kinder sehe ich unterwegs so gut wie nie.

Um halb zwei komme ich nach Négrondes. Laut Pilgerführer gibt es hier immerhin einen Bahnhof, ein Hotel und ein Restaurant. Bekommt man hier auch einen Kaffee? Leider nein.

Ein Tabaklädchen am Hotel sollte den angegebenen Geschäftszeiten zufolge geöffnet sein, ist aber geschlossen. Alles ist geschlossen, auch die Kirche. Häuser stehen zum Verkauf.

Die Nachmittagssonne strahlt, doch das Licht hat nicht mehr die Intensität des Mittsommers. Es scheint sich zu verdünnen, begibt sich auf den Rückzug. Der Sommer bereitet seinen Abschied vor, so wie auch ich mich innerlich auf das Ende des diesjährigen Weges vorbereite.

Gegen drei komme ich im Trüffelstädtchen Sorges an. Im Supermarkt kaufe ich einen Liter Milch, hocke mich draußen auf die Stufen und trinke den ganzen Tetrapack innerhalb von Minuten leer, so durstig bin ich. Währenddessen kommt eine Frau auf den Supermarkt zu, Inbild der zeitlos schicken Französin: schulterlange Haare, ein Stirnband, ein schmales, knielanges hellblaues Sommerkleid, eine Strohtasche, hübsche Sandalen. Wir grüßen uns kurz mit einem »bonjour«.

Bis die Pilgerherberge gegenüber der Kirche um 17 Uhr öffnet, mache ich eine Stippvisite im örtlichen Trüffelmuseum. Sorges gilt als »Hauptstadt des Trüffels«. Vor mehr als hundert Jahren hat man hier mit der Kultivierung des Edelpilzes begonnen. Seitdem ist er ein wichtiger Wirtschaftsfaktor für die Region.

Um kurz vor fünf treffe ich vor der Herberge zwei wartende Pilger an. Die Hospitalière öffnet uns die Tür – es ist die schicke Dame vom Supermarkt! Florence heißt sie, ist Lehrerin in Burgund und für vierzehn Tage hier eingesprungen, weil jemand ausgefallen war.

Später kommt noch ein Pilger, Nicolas aus Paris. Florence bereitet das Abendessen, wir decken den Tisch draußen auf dem Platz zwischen der Herberge und der romanischen Kirche, die in der beginnenden Dämmerung durch Strahler ins rechte Licht gesetzt wird.

Vor dieser Kulisse versammeln wir uns zum Essen. Jetzt im letzten Augustdrittel wird es bereits merklich früher dunkel, zusätzlich zum beleuchteten Kirchengebäude erhellt Kerzenschein unsere Tafel. Beim Dessert schlägt Florence vor:

»Erzählt doch mal, warum ihr den Jakobsweg geht!«

»Kennst du nicht die Regel, niemals einen Pilger nach seinem Motiv zu fragen?«, kontert sofort jemand aus der Runde. Kurze Pause. Und dann beginnt das Erzählen. Die Regel spielt an diesem Abend keine Rolle mehr.

»Religiös bin ich nicht. Aber was hat es mit der vielzitierten ›Spiritualität des Weges‹ auf sich? Was bedeutet Spiritualität? Welche Erfahrungen sind damit gemeint? Das sind Fragen, die mich beschäftigen. Und natürlich die Geschichte, die Kulturgeschichte, die Baudenkmäler, das alles interessiert mich«, beginnt Jules, 70. »Über ein Pilgerforum habe ich Jacqueline kennengelernt.«

Jacqueline, 65, schließt an: »Für mich und mein Leben hat Religion durchaus eine Bedeutung, das habe ich nie in Frage gestellt. Ich bin Katholikin, bin auch schon nach Rom gepilgert. Bis vor ein paar Jahren hatte ich eine leitende Position in einem großen Unternehmen, eine Herausforderung für Herz, Verstand, Kreativität. Es war meine Lebensaufgabe, ich habe sie geliebt. Wegen Umstrukturierungen hat man sie mir genommen, ich wurde ›freigestellt‹. Seitdem suche ich die Antwort: Warum? Warum ich? Und was nun? Ich suche auf den Pilgerwegen. Jules und ich sind schon einige Male zusammen gepilgert.«

»Religion ist nicht mein Thema, für mich geht es um den Beruf. Anders als bei dir ist aber nicht der Verlust des Arbeitsplatzes das Problem, sondern mich treibt die Frage nach dem Sinn meiner beruflichen Tätigkeit um. Ich bin jetzt 54 und arbeite als Informatiker in einer großen Einrichtung. Will ich mich jahraus, jahrein weiter mit Zahlen und Daten beschäftigen? Will ich weiter in Paris leben? Was will ich – was muss ich in meinem Leben verändern?«

So weit Nicolas. Vor einigen Jahren ist er durch eine Begegnung, die er als »Zufall« bezeichnet und nicht näher erläutert, zum Thema Pilgern gekommen.

Die Nächste ist Florence: »Selbsterfahrung als Motiv - das gilt auch für mich. Wie will ich – wie kann ich in Zukunft leben? Ich bin Ende 50, meine Ehe wurde geschieden, Kinder sind nicht da. Mein Leben lang habe ich mich abhängig gefühlt – von meinen Eltern, von meinem Exmann. Mein Pilgerthema: Autonomie üben und erfahren, Freiheit finden. Deshalb möchte ich den Weg allein gehen und habe mich in diesen Sommerferien Richtung Spanien aufgemacht. Unterwegs kam ein Anruf von der Jakobsgesellschaft: Könnte ich als Vertretung in die Herberge von Sorges kommen? Sofort? Spontan habe ich zugesagt und bereue es nicht. Jeden Tag neue Begegnungen mit den unterschiedlichsten Menschen, oft intensive Gespräche – das tut mir enorm gut. Ein Pilgerweg ohne zu pilgern, ohne Rucksack und Blasen an den Füßen!«

Als Florence von ihrer spontanen Entscheidung spricht, fällt mir die Violinistin in Chartres und ihr Satz über den Heiligen Geist ein, »der unerwartet, voller Überraschungen das Leben verändert«.

»Warum gehst du den Jakobsweg?« Die Reihe ist an mir. Schwierig, diese Frage mit wenigen Sätzen zu beantworten. Meine aktuelle Situation? Im nächsten Jahr werde ich meine Berufstätigkeit beenden. Wie geht es weiter? Die neue Lebensphase heißt Alter. Was will gestaltet werden, wenn die Strukturierung der Zeit durch das Außen entfällt? Den eigenen Weg finden. Nicht einfach! Auf dem Gebiet der Orientierungsschwäche und der Irrwege bin ich Expertin, das hat mir der Weg bisher deutlich gezeigt. Nichtsdestotrotz habe ich doch immer zum Ziel gefunden.

Paulo Coelhos Buch gab den allerersten Anstoß. Vom Kopf in die Füße, »in die Gänge«, auf die Erde zu kommen, innerlich und äußerlich in Bewegung zu geraten, unbekannte Wege zu beschreiten, abseits von allzu ausgetretenen Pfaden die Welt und mich besser kennenzulernen: Diese Vorstellungen wurden mir zu BEWEGgründen.

Inzwischen steht der runde Mond am Himmel, ganz voll war er gestern. Noch lange sitzen wir draußen und sprechen über unsere Erfahrungen.

Wieso verlässt man freiwillig die Komfortzone? Worin besteht der Reiz, den ganzen Tag, bei Hitze, im Regen einen Rucksack zu schleppen? Mit der Aussicht, vielleicht in einer winzigen Herberge mit bescheidenen Sanitäranlagen zu landen? Was gibt uns der Weg (mit südfranzösischem Zungenschlag: »löschmeng«)? Verändert er uns?

Die Antworten ähneln sich trotz aller Unterschiede zwischen uns fünf Menschen und unseren Motiven:

- Die Tage sind voller Entdeckerfreuden, wenn sich nach jeder Wegbiegung eine andere Perspektive, ein neuer Ausschnitt der Welt zeigt.
- Jenseits der Alltagsroutine das Tagesprogramm auf LAUFEN zu reduzieren, tut gut und ist heilsam.
- Wer es im Alltagsleben noch nicht erfahren hat, den lehrt es der Weg: Auch die öden, hässlichen, lauten Asphaltpisten haben Anteil am Weiterkommen.
- Wenn man durch eigene Kraft vorwärtskommt und alles, was man braucht, bei sich trägt, können Mut, Ausdauer und Vertrauen in die eigenen Ressourcen wachsen.
- In Wanderkleidung, nur mit dem Vornamen und ohne Titel sind alle Pilger gleich und frei von äußeren Rollenerwartungen und Ansprüchen.
- Interesse, Freundlichkeit, Hilfsbereitschaft überwiegen in Begegnungen mit unterschiedlichen Menschen unterwegs. Ohne langen Vorlauf entstehen immer wieder intensive Gespräche. Aber auch eine Hexe kann die Selbsterkenntnis fördern!
- Freiheit, Gleichheit, Geschwisterlichkeit werden auf dem Weg vielfach intensiver erfahren als im Alltag.
- Hilfe kommt, wenn sie wirklich nötig ist. Das haben wir alle auf dem Weg erlebt – unterschiedlich oft, unterschiedlich intensiv, manchmal rational nicht erklärbar. Die Engel des Weges überraschen in immer neuer Gestalt.

Nach einem Moment der Stille sagt jemand aus der Runde abschließend: »Das war ein magischer Abend!«

Als ich vor dem Lichtlöschen einige Notizen zu unseren Gesprächen mache, füge ich noch hinzu:

Vielleicht ermöglicht es der Pilgerweg, die Worte: »ICH bin der Weg, die Wahrheit und das Leben« immer mehr zu ergründen. Und vielleicht dem näherzukommen, der diese Worte ausspricht.

Tag 72, Freitag, 23.8., Sorges – Périgueux

Jacqueline und Jules stehen so leise auf, dass ich es im Halbschlaf kaum registriere. Ihr Frühstücksgespräch mit Florence ist aber nicht zu überhören, der Schlafraum im ersten Stock ist ohne Zwischentür durch eine Holztreppe mit der Wohnküche verbunden. Die beiden starten um sieben, noch in der Morgendämmerung. Nicolas und ich gehen um acht los, ein Stück gemeinsam, dann jeder in seinem Tempo auf einem schönen Weg durch ausgedehnte Wälder mit federndem Boden und guter Luft. Zum Schluss führt eine ansteigende und anstrengende Asphaltstraße über mehrere Kilometer nach Périgueux hinein.

Die Adresse, die ich von der Hospitalière in La Coquille bekommen habe, liegt im Zentrum. Jean Pierre öffnet mir, ein freundlicher Herr um die Achtzig. Seine Frau Yvette, nur wenig jünger als ihr Mann, gleichwohl mit jugendlichem Habitus, kommt bald dazu. Der Hausherr ist gesundheitlich eingeschränkt, von seinem Sessel aus dirigiert er die meiste Zeit klassische Musik aus dem Radio. Die beiden früheren Kinderzimmer der geräumigen Wohnung werden als Gästezimmer genutzt.

Während eines Stadtbummels wandle ich mich innerlich allmählich von der Pilgerin zur Touristin.

Samstag/Sonntag, 24./25.8., Périgueux (Tourismusprogramm)

Yvette empfiehlt mir einen Besuch in der Kathedrale St. Front. Samstagmittags gibt es dort ein Orgelkonzert. Et c'est parti![1]
Auf dem quirligen Markt werden die kulinarischen Schätze des Périgord angeboten. Trüffel gibt es in vielfältigen Zubereitungen: in Ölen, Cremes, Pasta usw. Frische schwarze Trüffel sind nur im Winter erhältlich.

Zur Mittagsstunde füllt sich die Kathedrale, ein gewaltiger Bau im byzantinischen Stil mit fünf Kuppeln. Yvette ist auch da. Nach dem »Elias« in Vézelay vor zwei Jahren und dem Violinkonzert in Chartres im vorigen Jahr erlebe ich zum dritten Mal ein musikalisches Finale des jährlichen Wegabschnitts, diesmal mit Pachelbels Kanon, Auszügen aus Händels Wassermusik und zwei Bach-Stücken, die ich noch nicht kannte. Merci!

Am Sonntag Abschiedstränenwetter, es regnet den ganzen Tag. Ich besuche das Museum Vesunna, benannt nach der antiken Vorläuferstadt von Périgueux. Das architektonisch ungewöhnliche Bauwerk steht über den Resten einer römischen Villa und bietet reichliches Anschauungsmaterial zur Frage: Wie haben die Menschen in der gallo-römischen Zivilisation gelebt? Heizung, Thermen, Konstruktion von Großbauten: Ich staune über den Stand der Technik und das handwerkliche Können vor rund 2000 Jahren.

Nicht weit vom Museum steht die ehemalige Kathedrale von Périgueux, die wieder einmal den Namen St. Etienne trägt.

Zurück zu Yvette und Jean Pierre. Zwei französische Pilgerinnen sind angekommen. Wir essen gemeinsam zu Abend, als Nachtisch gibt es ein köstliches Aprikosenclafoutis[2]. Das Rezept wird notiert!

---

[1] Los geht's

[2] gebackene Süßspeise aus Obst und dünnem Pfannkuchenteig

Am Montag fahre ich über Paris nach Hause und freue mich auf das nächste Jahr. Dann werde ich ohne zeitliche Beschränkung planen können.

2014: PÉRIGUEUX - LOGROÑO

Reichlich Kilos im Rucksack, ein prekäres Quartier, Fußweh und klösterliche Stille, bizarre Macho-Szenen, Pyrenäenquerung im goldenen September, ein Film und viele Follower, noch mehr Fußweh, Disneyland und Wanzen, Ende Gelände

Mit einem schönen Fest ging meine jahrzehntelange Berufstätigkeit zu Ende. Für deutlich mehr als die Hälfte meines Lebens hatte die Arbeit inhaltlich und zeitlich eine große Bedeutung, jetzt ist diese Phase vollendet, Zeit für Neues. Ich bin gespannt auf die nächsten Jahre, die Zukunft, die neu gewonnene Freiheit. In diesem Jahr möchte ich endlich den Weg bis Santiago ohne Unterbrechung vollenden.

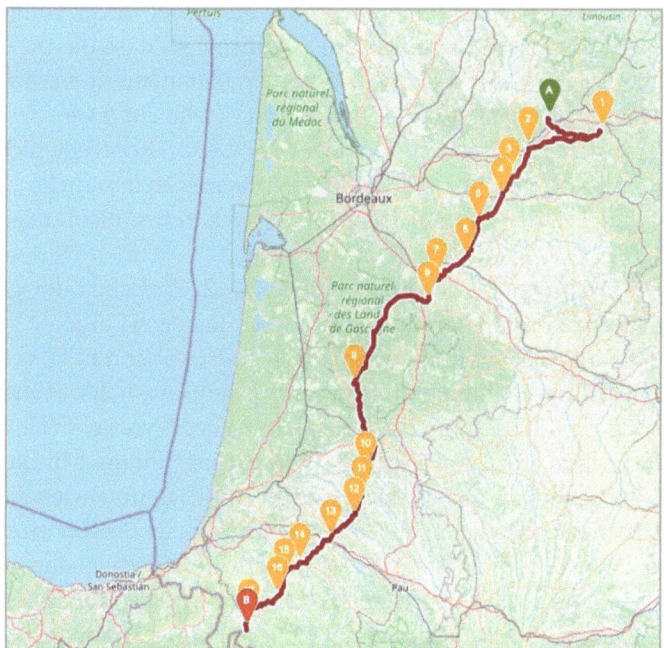

Périgueux – Logroño, Teil 1 (bis Huntto)

141

Mittwoch, 20.8., Herdecke/Périgueux

Die Anreise heute war nichts für schwache Nerven. Es galt, drei kritische Situationen zu meistern. Wegen der großen Entfernung, etwa 1150 Kilometer, hatte ich mich für einen Flug entschieden. Die irische Niedrigpreislinie fliegt von Dortmund nach London und von London nach Bergerac, knapp 50 Kilometer südlich von Périgueux.

Die erste Hürde erwartete mich gleich am Flughafen Dortmund. Da ich zwei verschiedene Flüge gebucht hatte, hätte ich in London mein Gepäck am Band erwarten und anschließend neu aufgeben müssen. Wegen der knappen Zeitspanne zwischen den beiden Flügen kam das nicht in Frage. Also schickte ich vorab einen Teil meines Rucksackinhalts, auch meine neuen Treckingstöcke, per Postpaket an das kleine Hotel, in dem ich in Périgueux übernachten werde. Den nicht vollgepackten Rucksack zurrte ich mit Schnüren, so dass die maximal zulässige Länge bei etwas gutem Willen nicht überschritten wurde, bei sehr strenger Beurteilung vielleicht doch.

Und siehe da: Die nette Dame an der Gepäckkontrolle pickt nur einige offensichtlich überdimensionierte Gepäckstücke anderer Reisender heraus. Mein Rucksack wird nicht beanstandet.

Die Anspannung steigt bei Hürde Nr. 2. Zwischen der geplanten Ankunft in London und dem Abflug nach Bergerac liegen theoretisch 65 Minuten, praktisch sind es aber nur 35, weil der Boardingschalter laut Information schon eine halbe Stunde vor Abflug schließt. Auch das noch: Der Flieger startet in Dortmund schon mit zehn Minuten Verspätung! Einige Minuten kann er aufholen. In Stansted/London renne ich unter den Absperrbändern hindurch auf kürzestem Weg zur Passkontrolle – noch hat sich keine Schlange gebildet – und anschließend gefühlt kilometerweit durch riesige Shoppingareale, durch endlose Gänge, über Rolltreppen und Laufbänder. Den Boardingschalter erreiche ich, während vor dem Fenster die Passagiere schon einsteigen. Geschafft!

Die dritte Hürde erweist sich als die harmloseste: Bei pünktlicher Ankunft habe ich vierzig Minuten Zeit, um vom Flughafen ins Zentrum von Bergerac zu gelangen und den letzten Bus nach Périgueux zu erwischen. Das klappt problemlos: Rechtzeitig sitze ich im Wartehäuschen vor dem Bahnhof und blinzele in die südliche Sonne.

Überpünktlich kommt dann ein schicker Bus mit einer liebenswürdigen Fahrerin.

Immer wieder grüßt sie aus dem Busfenster Menschen in den Dörfchen an der Strecke, hält auch einmal für einen kurzen Schwatz, wartet vor einer öffentlichen Toilette, die ein Fahrgast gerade dringend benötigt, stoppt einmal ziemlich gewagt, als eine korpulente Frau knapp die Abfahrt verpasst und krebsrot vor Anstrengung dem Bus hinterherrennt. Dieses ganze Programm gibt es für nur zwei Euro!

Meine Unterkunft in Périgueux liegt direkt am Ufer der Isle, aus meinem Zimmer habe ich einen großartigen Blick auf die vielkupplige Kathedrale auf der anderen Flussseite. Mein Postpaket ist exakt heute Morgen eingetroffen. Alles fügt sich – ein gutes Omen für das, was vor mir liegt?

In der Altstadt findet heute ein »Marché nocturne« statt, ein abendlicher Markt mit Spezialitäten aus dem Périgord und mit Musikdarbietungen an verschiedenen Plätzen.

Die Besucher haben sich großenteils schick gemacht, da kann ich in meinem Microfaser-Outfit nicht mithalten. Am Ende dieses Tages mit den diversen Nervenproben merke ich, wie müde ich bin. Um zehn fallen mir die Augen zu, nachdem ich vom Fenster aus noch einmal die fantastisch beleuchtete Kathedrale bestaunt habe.

Tag 73, Donnerstag, 21.8., Périgueux – Marsaneix

Vor dem Frühstück ist Rucksackpacken angesagt. Was mache ich, wenn nicht alles hineinpasst? Ich habe zwar vor dem Paketversand einmal probehalber gepackt, aber zwischenzeitlich ist doch noch das eine oder andere »unverzichtbare« Teil dazugekommen. Was ist unterwegs wichtig? Was ist überflüssig? Inzwischen sollte ich über genug Erfahrungswissen verfügen. Da ich aber diesmal bis in den Oktober hinein unterwegs sein werde, wollte ich auch für kaltes Wetter vorsorgen.

Tatsächlich schaffe ich es, alles komplett in den Rucksack hineinzustopfen. Aber das Gewicht beträgt schätzungsweise zwölf Kilo. Bisher bin ich mit höchstens acht ausgekommen. Allerdings ist mein Rucksack neu und hat deutlich bessere Trageeigenschaften als der alte, der regelmäßig für Schmerzen zwischen den Schulterblättern sorgte. Daher hoffe ich, dass es doch gehen wird.

Für den ersten Tag habe ich mir eine Strecke von nur gut achtzehn Kilometern bis zu einem Örtchen namens Gravelle vorgenommen und dort eine Übernachtung in einem Privathaus reserviert. Als die Stadt endgültig hinter mir liegt, wird es einsam. Der Weg führt durch Wäldchen und offenes Land mit Einzelgehöften. Außer mir ist niemand unterwegs. Einmal springt mich ein Schäferhund an und schnappt nach dem Pilgerführer in meiner Hand. Auf den Zuruf der Bäuerin, die zum Glück draußen ist, reagiert er erst leicht zeitverzögert. Alles gut gegangen.

Einkehrmöglichkeiten oder Geschäfte gibt es nicht. Nach einer spartanischen Mittagspause mit Wasser und Studentenfutter hole ich zum ersten Mal die neuen Stöcke aus dem Rucksack und merke sofort, dass das Gehen leichter fällt.

Am Nachmittag muss ich feststellen, dass der Weg, den der Pilgerführer angibt, gesperrt ist. Zwei Schilder verkünden: »Jagd« und »Privateigentum«. Etwas später informiert ein weiteres Schild, dass die markierte Wegführung geändert wurde.

Nun beginnt ein Malheur. Weil die Beschreibung nicht mehr zutrifft, orientiere ich mich nur an den Markierungen, die ich aber bald aus den Augen verliere. Ich stoße auf eine größere Straße, habe aber keine Ahnung, ob es jetzt nach rechts oder links geht. Unsicher gehe ich noch einmal einige hundert Meter zurück. Zwei Damen stehen vor einem Auto. Wo bitte ist die

Kapelle von Beaulieu? Laut Pilgerführer sollte sie links am Weg liegen, ich bin aber noch nicht fündig geworden.

Die Damen weisen nach links und tatsächlich: Dort liegt sie! Und jetzt mache ich einen Fehler, den ich erst viel später als solchen erkenne. Ich kehre wieder um Richtung Straße, denn laut Pilgerführer gilt es, vier Kilometer entlang der Straße laufen. In diesem Moment realisiere ich nicht, dass durch die Kehrtwendung die Kapelle wieder rechts liegt, wo ich sie vorhin auf dem Weg weder gesucht noch gefunden habe. So laufe ich in die falsche Richtung, komme wieder zur großen Straße, biege links ab, wähne mich, da ich die Kapelle ja »richtig« geortet habe, jetzt wieder im Einklang mit dem Pilgerführer.

Auf der Straße gibt es reichlichen Verkehr, viele LKW. Ich laufe auf dem Seitenstreifen, schätze, dass ich um etwa 16 Uhr in Gravelle ankommen werde. Die Zeit verstreicht, meine Energie schwindet.

Hin und wieder weisen Richtungsschilder auf Örtchen hin, die ich auf dem Kartenausschnitt der heutigen Etappe nicht finde. Vergeblich versuche ich Autos anzuhalten.

Um halb sechs komme ich an eine Bushaltestelle. Ich wähle die Nummer meiner heutigen Gastgeberin – kein Netz. Na toll. Und jetzt?

Ein alter weißer Kleinwagen nähert sich. Ich winke heftig, der Wagen hält, der Fahrer ist ein junger Mann. Ich bitte ihn, mir auf der Karte zu zeigen, wo wir sind, aber der Kartenausschnitt im Itinéraire gibt das nicht her. Bis zu meinem Ziel sind es noch ca. zehn Kilometer, schätzt der junge Mann. Zu weit für mich heute, am ersten Tag, um diese Uhrzeit! Ich bin der Verzweiflung nahe. Könnte er mich vielleicht nach Gravelle fahren? Leider nein, er ist unterwegs zur Arbeit. Ob ich nicht zwecks Abholung anrufen kann? Ohne Netz unmöglich! Kein Problem – er hat ein Smartphone mit Anschluss an das einzig hier funktionierende Netz. C'est la campagne – wir sind auf dem Lande!

Das Smartphone gibt er nicht aus der Hand, aber er telefoniert netterweise mit meinen heutigen Wirtsleuten oder vielmehr mit dem Herrn des Hauses. Es dauert etwas länger: Zunächst soll er ausführlich unseren gegenwärtigen Standort beschreiben, dann erhält er die Zusage, dass ich in etwa einer Stunde vom Kirchplatz im nächsten Ort abgeholt werde. Ouf!

Der junge Mann bietet mir an, mich zu besagtem Treffpunkt zu fahren. Ich ziere mich nicht eine Sekunde und steige ein. Übermäßig wohlhabend wirkt er nicht und Benzin ist in Frankreich teuer, ich will ihm etwas Geld geben. Das weist er sehr entschieden zurück: Er könne ja auch irgendwann in eine ähnliche Situation kommen. Mille fois merci – tausend Dank an den heutigen Engel des Weges!

Im Ort entdecke ich ein Bistro und mobilisiere meine Lebensgeister mit einer mäßig leckeren Crêpe provençale. Dann hocke ich mich auf die sonnenbeschienenen Kirchenstufen, schreibe in mein Tagebüchlein und warte. Alles besser, als auf der verkehrsreichen Straße Richtung Nirgendwo zu laufen.

Ich möchte mich nicht ungeduldig zeigen, schließlich ist es ein großzügiges Angebot, mich abzuholen. Doch nach zwei Stunden rufe ich an. Madame weiß von nichts, ihr Mann sei krank (ich rate: dement), sie hat versucht, zurückzurufen, aber es habe sich niemand gemeldet. Nicht verwunderlich, der junge Mann ist bei der Arbeit – aber das kann sie nicht wissen. Jetzt ist es zu spät, Madame kann mich nicht mehr abholen, ich soll mir eine Unterkunft hier im Ort suchen.

Ich gehe wieder ins Bistro, schildere meine Situation und erfahre, dass es im Ort weder Übernachtungsmöglichkeiten gibt noch Bus oder Taxi. Doch der Wirt läuft zur Hochform auf, telefoniert mit einer ganzen Reihe von Bekannten, die mich vielleicht im ehemaligen Kinderzimmer beherbergen könnten, aber er hört nur Absagen. Schließlich, gegen 21 Uhr, kommt die erlösende Botschaft: »Es ist eine einfache, aber nette Familie, bei denen können Sie schlafen! Drei Kinder sind da, aber ein Kinderzimmer wird für Sie freigemacht!«

Juhu – die Engel machen Spätschicht.

Florian, so heißt der Wirt, begleitet mich hin. Ein schlichter Fertigbau, ein herzlicher Mittdreißiger öffnet und verabschiedet sich gleichzeitig, er muss zur Nachtschicht. Zwei Mädchen, ein Junge im mittleren Schulalter: fröhlich und sympathisch. Die Frau des Hauses ist krank, das hat Florian mir schon gesagt. Sie liegt mit Bettzeug auf dem Sofa im Wohnzimmer und sieht fern, offenbar eine Sendung des Genres »reich, schön und prominent«.

Die Sauberkeitssituation im ganzen Haus ist desolat, am schlimmsten in der Toilette. Die Kinder erklären, dass die Wasserspülung leider seit ein paar Tagen kaputt ist. Die älteste Tochter, vielleicht dreizehn Jahre alt, überlasst mir ihr Zimmer. Danke! Sie entfernt den Hund und das Laken von ihrem Bett, ich bin froh, denn ein großer Fleck hat bei mir spontan die Assoziation »Hundeinkontinenz« ausgelöst. Sie bringt ein frisches Laken, ich verkrieche mich in meinen Schlafsack – am Ende ist alles gut, jedenfalls besser als ohne Obdach.

Mit einem schlechten Orientierungssinn erlebt man einfach mehr!

Tag 74, Freitag, 22.8., Marsaneix - Mussidan

Heute früh habe ich mich von den beiden jüngeren Kindern verabschiedet, das ältere Mädchen war über Nacht verschwunden. Die Geschwister fragten mich, ob ich etwas über ihren Verbleib wüsste, aber ich musste leider passen. Die Mutter schlief noch im Wohnzimmer, nachts um eins hatte der Fernseher noch getönt. Auch wegen eines Nachtfalters und Mücken im Zimmer war die Nachtruhe nicht ganz ungestört.

Ich hinterlasse einen Herbergsobolus, steuere das Bistro an und frühstücke mit Kaffee und Toastbrot. Einige Männer aus dem Dorf trinken an der Theke ihren Espresso, Florian erzählt von der schwierigen Quartiersuche gestern. Prompt bietet mir einer der Männer an, mich bis St. Astier zu fahren. Danke, sehr gerne!

Laurent kommt ursprünglich aus Paris, lebt seit zwanzig Jahren hier und berichtet von den Schwierigkeiten, heimisch zu werden. Die Leute der Gegend seien sehr eigen, sie nennen ihn nach so langer Zeit immer noch den »Pariser«.

Unterwegs überholen wir einen Rucksackträger mit Hut und Stöcken, den ersten Mitpilger in diesem Jahr.

Kurz hinter St. Astier verabschiede ich mich von Laurent. Ich habe keine Ahnung, wie ich ohne seine Hilfe – ohne Bus, ohne Taxi, ohne Karte – zurück auf den Weg gekommen wäre.

Hoffentlich bietet der Tag heute weniger Abenteuer als der gestrige. Es läuft sich gut bei angenehm sommerlichen Temperaturen, leicht wellig auf und ab durch Wäldchen und Wiesen der Dordogne. Mir ist etwas wackelig zumute nach dem schwierigen Tag gestern und der durchbrochenen Nacht. Vielleicht eine Dosis Zucker als Dopingmittel? In Neuvic steuere ich eine Bäckerei an und bekomme zu meiner Überraschung ein Schokobrötchen als Pilgergeschenk, merci! Es gibt offenbar doch sehr sympathische Landbewohner!

Irgendwann schnüre ich am Wegesrand meine Schuhe neu, als jemand grüßt: »Bonjour, Madame!«

Es ist der Pilger, den ich schon vom Auto aus gesehen habe. Ein Stück gehen wir gemeinsam. Franz ist ein Handwerksmeister aus dem Rheinland, frischgebackener Ruheständler und geht, wie ich auch, den Weg ab der Haustür in Etappen. Ohne Englisch und Französisch schlägt er sich in Frankreich sprachlich wacker durch, Respekt!

In der Pilgerherberge von Mussidan bin ich der einzige Gast, einen Hospitalier oder eine Hospitalière gibt es nicht. Alles, was Pilger brauchen, ist da – sogar für ein Frühstück ist gesorgt.

Am Abend möchte ich in der Stadt etwas essen, finde aber nur geschlossene Restaurants. Die Stadt mit Leerstand und aufgegebenen Geschäften wirkt auf mich deprimierend, ohne Zukunft, wie die DDR vor der Wende. An einem Hotel-Restaurant hängt außen eine appetitanregende Speisekarte, aber gleichfalls das Schild »A vendre« – zu verkaufen. Die Tür ist offen, ich trete ein. Ein tieftraurig wirkender Mann in den Dreißigern steht an der Theke, es ist der Inhaber. Zu essen gibt es nichts: »la faillite« – Bankrott. Wir kommen in ein Gespräch über die wirtschaftliche Situation in Frankreich, er ist ohne Hoffnung. Die Situation geht mir ans Herz.

Da schneit Franz aus dem Rheinland herein, wir werden an das einzige geöffnete Restaurant der Stadt verwiesen und steuern die Terrasse an. Ich biete an, die Speisekarte zu übersetzen. Das lehnt er ab und trifft seine Wahl, indem er mit dem Finger über der Karte kreist und dann auf ein beliebiges Gericht tippt. Mut und Offenheit für neue Erfahrungen – ich bin beeindruckt! Viele englische Gespräche um uns herum. Mein Mitpilger erzählt vom Kölschen Klüngel in der Baubranche, in der er tätig war. Ich merke, wie müde ich bin.

Obwohl es in der Herberge, einem Altbau, etwas unheimlich im Treppenhaus knackt und klappert, finde ich bald in den Schlaf.

Tag 75, Samstag, 23.8., Mussidan – Monfaucon

Drei Uhr nachts, nach ein paar Stunden Tiefschlaf wache ich im Landhaus »La Cabane« auf. Draußen übt sich schon ein Gockel im Krähen. Das Abendessen mit leckerem Salat aus dem Garten, frischem Brot mit Enten-Rillettes, Kartoffel-Zucchini-Püree (Madame notiert mir das Rezept!) und gebratenem Entenconfit, Käse und Erdbeeren war üppig, vielleicht zu üppig für eine ungestörte Nachtruhe. Zusätzlich schlafstörend sind die Insektenstiche, die ich mir unterwegs eingefangen habe: Einige dicke Beulen verhalten sich ganz still, aber ein paar kleine Stellen jucken frech und anhaltend.

»La Cabane« gehört einem älteren Ehepaar, das aus Auxerre hierher aufs Land gezogen ist. Auf dem großen Grundstück blüht spätsommerliche Blumenpracht, wachsen allerlei Gemüsesorten, leben Hühner, Katzen und das charmante Hundemädchen Ita.

Der Weg war unspektakulär, viel Asphalt, aber auch Kies und Sand unter den Füßen. Mittagspause mit Wasser und Studentenfutter. Begegnet bin ich niemandem.

Die Stöcke sind ein Segen, sie stützen mich und geben mir Halt, die Bewegung der Arme tut mir gut.

Trotzdem war das Laufen heute mühsam, das Gewicht des Rucksacks macht mir zunehmend zu schaffen. Ich war heilfroh, um fünf nachmittags hier anzukommen.

Beim Essen erzähle ich von den betrüblichen Eindrücken in Mussidan, vom traurigen Hotelbesitzer. In der Vergangenheit, so berichten meine Gastgeber, war Mussidan eine florierende Stadt mit mehreren Schuh- und Kerzenfabriken, die jetzt alle geschlossen sind.

»Eine tote Stadt!«, so bringt es Monsieur auf den Punkt.

Auch von ihm und seiner Frau höre ich, dass es für »Zugereiste« kein leichtes Unterfangen ist, sich in der tiefen Provinz zu beheimaten.

Tag 76, Sonntag, 24.8., Monfaucon – Port-Sainte-Foy

Ein sonniger Sommersonntag in der Dordogne, das Leben fühlt sich leicht und froh an, sogar mit Rucksack. Nach einem steilen Aufstieg auf einen Weinberg gibt mir ein fantastischer Rundblick einmal mehr das Gefühl: Die Welt ist ein unendlich kostbares Geschenk.

Vor Port-Sainte-Foy geht es abschüssig und steinig hinab, ohne Stöcke hätte ich den Abstieg wohl nicht geschafft. An der Dordogne, schon im Stadtgebiet, treffe ich einen Pilger. Wir kommen ins Erzählen, die Herberge öffnet erst um vier. Er ist um die Dreißig und nennt sich Patrick le Magnifique – Patrick, der Großartige. Er war schon in Santiago und geht jetzt den Weg in umgekehrter Richtung. Weil das wegen fehlender Markierungen schwierig ist, weicht er meistens auf Straßen aus, öde und anstrengend. Er möchte auf dem Weg Klarheit gewinnen: Soll er mit seiner Freundin in Deutschland zusammenziehen? Oder sich für seine Freundin in Belgien entscheiden? Oder in ein Kloster eintreten? In den folgenden Tagen entdecke ich mehrmals in den Gästebüchern von Herbergen, die er schon besucht hat, den schwungvollen Namenszug: »Patrick le Magnifique«, immer unter einem kurzen poetischen Text.

In der Herberge sind wir zu fünft. Gleichzeitig mit Patrick und mir kommen zwei Belgierinnen an, später trifft noch Marcel ein, ein älterer Franzose, der ununterbrochen mit recht hoher, enervierender Stimme redet. Die nette Hospitalière will ihn zusammen mit uns drei Frauen in einem Raum unterbringen. Wir schlagen einmütig vor, dass er zu Patrick zieht. Die Dauerbetextung wäre schwer erträglich gewesen. Da Patrick selbst gern und viel redet, ergibt sich hoffentlich ein ausgewogenes Verhältnis. Und es scheint gut zu gehen: Am Abend kochen und essen die beiden Herren zusammen in der Herberge. Für Magalie, Leonie und mich gibt es Omelett im Bistro.

Tag 77, Montag, 25.8., Port-Sainte-Foy – Pellegrue

Am Morgen starten wir zu unterschiedlichen Zeiten, ich gehe zuletzt.

Als der Weg hoch in die Weinberge steigt, steht am Wegrand ein Schild mit einem Zitat von Paulo Coelho: »Das Außergewöhnliche findet man auf den Wegen der gewöhnlichen Leute.« Aber wer sind »gewöhnliche Leute«? Ist nicht jeder Mensch außergewöhnlich, niemandem gleich? Paulo Coelho hat mir ohne Zweifel vor Jahren mit seinem Buch über den Jakobsweg einen wichtigen Impuls gegeben. Danach habe ich noch zwei oder drei seiner Bücher ganz oder zum Teil gelesen, aber nie wirkliche Substanz, Seelennahrung oder spirituelle Wegweisung gefunden. Das ist selbstverständlich meine ganz persönliche Erfahrung – sehr viele Menschen in aller Welt werden ganz andere Erlebnisse haben.

Auf und ab durch die schönen Weinberge, doch immer über Teerbelag: meine armen Füße! Und leider hat sich schon wieder ein Sonnenbrand am Arm und im Gesicht eingestellt, natürlich immer links, denn es geht ja stetig nach Südwesten. Ich passe immer noch nicht gut genug auf mich auf. Heute wiegt der Rucksack wieder schwer. Es darf auch mal gejammert werden.

Noch drei Kilometer, noch ein letzter Anstieg, dann bin ich in Pellegrue. Die Herberge liegt oben im Gebäude der Touristeninformation, die ist heute, am Montag, geschlossen. Den Code für die Tür bekomme ich in der Mairie, im Bürgermeisteramt. Andere Pilger sind nicht da. Ich suche zuerst treppauf, treppab nach Dusche und Toilette, bis ich schließlich hinter der Küche fündig werde. Die Dusche – welche Wohltat! Den unbekannten Erfindern sei gedankt!

Ein kleiner Einkauf für das Abendessen und ein Anruf, um eine Unterkunft für morgen zu reservieren – das ist mein ganzes Abendprogramm. Für einen Besuch in der Bar gegenüber bin ich zu müde. Um neun mache ich das Licht aus und die Augen zu. Das tut gut.

Tag 78, Dienstag, 26.8., Pellegrue – Saint-Hilaire de la Noaille

Den ganzen Tag hat es geregnet, jetzt am Spätnachmittag schüttet es. Ich hocke unter dem Dach eines ländlichen Anwesens, umgeben von gepflegtem Rasen und stattlichen Blumenkübeln.

Auf dem alten Holztisch neben mir sind Zwiebeln zum Trocknen ausgebreitet. Wannen, Körbe und allerlei Gerätschaften sind ringsum verteilt.

Kurz vor dem Tagesziel St. Hilaire habe ich die heutige Gastgeberin angerufen und erfahren, dass sie noch unterwegs ist. Ich solle vor dem Haus warten, vor dem Regen geschützt.

Der Weg heute war zumeist flach und leicht zu gehen. Der Regen hat die Wein- und Sonnenblumenfelder in eine Skala von Grautönen verwandelt. Mein Mittagsbrot habe ich stehend unter dem mächtigen Torbogen der ehemaligen Benediktinerabtei Saint-Ferme verspeist. Das Positive am nassen Wetter: Es tut meiner sonnengeschädigten Haut gut. Pilger habe ich nicht getroffen.

Das Warten hat ein Ende: Bernadette, die Hausherrin, fährt mit dem Auto vor. Sie hat die beiden Belgierinnen und Agnès, eine französische Pilgerin, aus dem Regen abgeholt. Wir werden in einem Teil des geräumigen Gutshauses untergebracht. Mein »Zimmer« liegt auf einer Galerie oberhalb eines großen Wohnraums, Vorhänge ersetzen fehlende Wände. Jenseits der Vorhänge ein Sofa, ein Billardtisch und ein Holzgeländer, das den Blick ins untere Stockwerk auf Kamin, Ledersofa und Rotweinvorrat freigibt. Alles in allem eine urig-wunderliche Atmosphäre. Meine Mitpilgerinnen sind ebenfalls angetan von ihren Quartieren und ich lerne eine mindestens rustikale Redewendung: »On est tombé le cul dans le beurre!«[1]

Beim gemeinsamen Abendessen erzählt Agnès, dass sie heute die Kilometermarke 3000 überschritten hat. Glückwunsch! Seit April ist sie von Orléans nach Santiago de Compostela gelaufen und geht nun, genau wie Patrick, den Weg zurück, singend und betend. Sie ist etwas speziell, früher hat sie geglaubt, sie sei eine Heilige. Auch um in dieser Frage Klarheit zu gewinnen, hat sie sich für den Pilgerweg entschieden. Sie erwähnt eine tränenreiche Beichte in Santiago de Compostela – wir fragen nicht weiter nach.

Schon ist es neun Uhr, Schlafenszeit für müde Pilgerinnen. Ich ziehe mich hinter die Vorhänge zurück, unten im Wohnraum läuft der Fernseher. Der Erfinder der Ohrstöpsel sei einmal mehr gepriesen!

Tag 79, Mittwoch, 27.8., Saint-Hilaire de la Noaille – Abbaye Sainte-Marie du Rivet

Erst allmählich enthüllt heute früh die Sonne die Welt aus Nebelschleiern. Es herbstelt.

Bernadette erklärt mir eine Abkürzung durch Wiesen und Weinberge, so kann ich einen oder zwei Kilometer einsparen. Merci, Bernadette!

---

[1] Wir haben es gut angetroffen - wörtl.: Wir sind mit dem Hintern in die Butter gefallen!

Heute lasse ich die Dordogne hinter mir, La Réole zählt sich schon zur Gascogne. Ein hübsches belebtes Städtchen, der richtige Ort für eine kleine Pause. Durch den Kreuzgang einer ehemaligen Benediktinerabtei und dann hinab über viele, viele Stufen geht es zur Garonne. Von der weitgespannten Brücke bietet sich noch einmal ein eindrücklicher Blick auf die mächtige Abtei hoch über dem Fluss.

Die Sonne hat inzwischen vollends den morgendlichen Herbstvorstoß abgewehrt und bestrahlt kräftig meine lädierte linke Seite. Auf der anderen Garonneseite finde ich eine Apotheke. Ich möchte die gute Strahlensalbe kaufen, die mir vor drei Jahren die liebe Madame in Gondrecourt spendiert hat. Leider habe ich den Namen vergessen. Der Apotheker rät mir stattdessen zu einer »After-Sun-Creme«. Mittlerweile hat die englische Sprachinvasion auch Frankreich erreicht. Er schenkt mir ein Fläschchen Lavendelöl, das soll ich tropfenweise mit der Creme mischen.

Weiter geht es über Asphalt, unter der heißen Sonne, immer wieder mit Fluglärm. Die französische Luftwaffe übt fleißig. Ich habe Durst, haushalte mit meinem Wasservorrat, finde den Rucksack schwer, den Weg langweilig, den Asphalt ätzend.

Am Nachmittag beginnt mein rechter Fuß zu schmerzen. Seit drei Tagen laufe ich viel über schmale Departement-Straßen, deren Oberfläche zwecks seitlichen Wasserabflusses deutlich gewölbt ist. Da ich am linken Rand laufe, setzt mein rechter Fuß bei jedem Schritt schräg auf. Anfangs nehme ich das Schmerzsignal nicht ernst, laufe weiter, will ankommen. Doch der Schmerz wird immer stärker. Ohne die Stöcke könnte ich keinen Schritt mehr machen.

Endlich taucht die Klostermauer auf, ich bin am Ziel. In der ehemaligen Benediktinerabtei Rivet leben heute Trappistinnen. Schwester Thérèse empfängt mich freundlich und zeigt mir mein Zimmer. Durchs Fenster schaue ich auf eine Grünfläche mit schattenspendenden Bäumen, klassische Musik erklingt. Schwester Thérèse erklärt, dass Schüler des Konservatoriums von Bordeaux hier eine Übungswoche verbringen.

Schuhe ausziehen: ein Akt der Befreiung! Um halb sieben gibt es Abendessen. Da die Schwestern und die jungen Musiker jeweils separat essen, sind wir nur zu fünft im Speiseraum. Eine schmale aparte Frau mit dunklem Haar erinnert mich spontan an Audrey Tatou und »Die fabelhafte Welt der Amélie«. Der beleibte ältere Herr, der uns bestens gelaunt mit Witzchen zu den Themen Religion und Kirche unterhält, ist der Seelsorger des Klosters. Eine hochbetagte Dame und der Klostergärtner, ein magerer Mann mittleren Alters, komplettieren die Runde.

Die alte Dame steht kurz vor ihrem 100. Geburtstag und verbringt ihren Lebensabend in diesem Kloster, weil ihre Tochter hier Ordensschwester ist. Sie ist leider sehr schwerhörig, so muss Monsieur l'Abbé seine Witze zwei- oder dreimal lautstark wiederholen:

»Wer war das glücklichste Paar der Welt?«

»Pardon?«

»Wer war das glücklichste Paar der Welt? – Adam und Eva, weil es keine Schwiegermutter gab!«

»Wie bitte?«

Und da capo.

Unter Schmerzen hinke ich zur Komplet, dem gemeinsamen Abendgebet der Klostergemeinschaft. Ein Gespräch mit Madeleine, der dunkelhaarigen Frau aus der »Welt der Amélie« schließt sich an. Sie wohnt in Bazas, etwa zwölf Kilometer weiter auf dem Pilgerweg, und kommt immer wieder für einige stille Tage in die Abtei.

Spontan bietet sie mir an, mich morgen Nachmittag mit nach Bazas zu nehmen. Dort kann ich einen Arzt aufsuchen – dazu rät sie mir dringend – und bei ihr übernachten. Der Engel heute heißt Madeleine!

Nach diesem Tagesausklang schlafe ich wunderbar in klösterlicher Stille.

Tag 80, Donnerstag, 28.8., Abbaye Sainte-Marie du Rivet – Bazas

Als ich leicht verspätet und daher allein beim Frühstück sitze, kommt ein Mann auf einen Kaffee in den Speiseraum. Eine kleine Unterhaltung entspinnt sich, der kranke Fuß kommt zur Sprache. Er empfiehlt mir Fußbäder mit grobem Salz, erst so heiß, dass ich es kaum ertrage, dann kalt.

Die nötigen Utensilien bekomme ich von Schwester Thérèse. Die Prozedur bewirkt tatsächlich eine gewisse Linderung. Ich kann ohne Stöcke laufen, wenn auch im Hinkemodus.

Ich wasche ausgiebig Wäsche, bei herrlichem Spätsommerwetter trocknet alles im Nu. Die Auszeit heute tut so gut. Und die Erfahrung, immer aufs Neue: Helfende Engel sind an meiner Seite.

Madeleine setzt sich zu mir. Sie ist Protestantin, kommt ursprünglich aus Béziers. Wir reden über Gott und die Welt. Über unsere protestantischen Wurzeln. Über die Geschichte ihrer Geburtsstadt. Vor vielen Jahren bin ich auf den Spuren der Katharer durch Südfrankreich gereist und war auch in der »Ketzerhochburg« Béziers.

Zu Beginn des 13. Jahrhunderts veranlasste ein päpstlicher Legat und späterer Erzbischof dort ein ungeheuerliches Massaker, durch das tausende Menschen ermordet wurden, viele wurden in einer Kirche eingeschlossen verbrannt.

Beim Mittagessen sind wir nur zu dritt: Madeleine, die betagte Mme Gisèle und ich. Es gibt Rohkost, Braten und Reis, Käse, Obst und auch, wie gestern Abend, Rotwein. Ich frage mich protestantisch nüchtern: Trinken die Schwestern auch zweimal täglich zu den Mahlzeiten Wein?

Nach dem Essen bringt Schwester Thérèse ein Buch für Madeleine zum Ausleihen: Es ist »Das denkende Herz«, das Tagebuch von Etty Hillesum, der holländischen Jüdin, die 29-jährig in Auschwitz ermordet wurde. Ich bin erst vor wenigen Wochen auf sie aufmerksam geworden, als ich zu Besuch bei einer Freundin in Ettys Tagebuch blätterte. Ein Satz fuhr wie ein Blitz in mein Bewusstsein. Ich schrieb ihn auf: »In mir gibt es einen ganz tiefen Brunnen. Und darin ist Gott. Manchmal ist er für mich erreichbar. Aber oft liegen Steine und Geröll auf dem Brunnen, und dann ist Gott begraben. Dann muss er wieder ausgegraben werden.«

Am späten Nachmittag fahre ich mit Madeleine nach Bazas, direkt zur Praxis ihres Arztes. Die Diagnose lautet: Knochen-hautentzündung, verursacht durch die Fehlstellung beim Lau-fen. Mit einem Rezept und dem eindringlichen Rat, eine Wo-che zu pausieren, verabschiedet mich der Arzt. Ich frage nach der Rechnung und bekomme zur Antwort: Pilger werden kos-tenlos behandelt. Merci, docteur!

In der Apotheke erhalte ich ein Medikament gegen Entzün-dung und ein Kühlkissen.

Direkt im Ortskern, nahe der Mairie und zugleich verwun-schen im Grünen liegt das Haus von Madeleine und ihrem Mann. Es stammt aus dem 17.Jahrhundert und ist urig-gemüt-lich und voller Bilder. Madeleine ist Restauratorin, auch ihr Mann hat beruflich mit Bildern zu tun.

Zum Abendessen gibt es Salat und Gemüse frisch aus dem Garten. Wir sprechen über Reisen, Madeleine erzählt von Spa-nien, Marokko, dem Senegal. Gegen elf Uhr leuchten Auto-scheinwerfer im Nachtdunkel auf. Madeleines Mann hat den elfjährigen Sohn von einer mehrtägigen Kanutour abgeholt, der Junge ist völlig erschöpft. Ich ziehe mich zurück. Nachts gewittert es, der Regen klatscht aufs Dach, mein großes Bett ist urgemütlich.

Tag 81, Freitag, 29.8., Bazas – Mont-de-Marsan

Weiterlaufen mit dem kranken Fuß kann ich nicht. Daher ent-schließe ich mich, den Zug bis Mont-de-Marsan zu nehmen.

Nach dem Frühstück zeigt mir Madeleine ihre Werkstatt mit vielen Bildern aus verschiedenen Epochen und Stilrichtungen. Zurzeit bearbeitet sie zwei Holzskulpturen, die Maria und den Erzengel Michael darstellen. Dann bringt sie mich zum Bahn-hof. Während der Autofahrt sprechen wir über unsere

Erfahrungen mit Krebs, mit Depression, mit innerer Entwicklung. Wir kennen uns kaum zwei Tage und reden miteinander wie Menschen, die sich seit Jahrzehnten vertraut sind. Danke, Madeleine, für diese Begegnung mit dir!

Der Zug fährt bis Bordeaux, ich schließe den Rucksack im Bahnhof ein, die Tram bringt mich ins Zentrum. Auf Schaufenster und Läden habe ich keine Lust, auf Museen auch nicht, auf Anhieb erschließt sich die Stadt mir nicht. So bleibe ich nicht lange und laufe die Promenade entlang der Garonne zurück zum Bahnhof. Ich bin froh, die Stöcke zur Unterstützung zu haben. Mein Fuß macht kaum Probleme.

Die Bahnstrecke nach Mont-de-Marsan verläuft durch die flache Kiefernwald- und Heidelandschaft der Region Les Landes. Zu Fuß wäre ich ab Bazas wohl drei Tage unterwegs gewesen. Diese Zeitspanne von drei Tagen will ich jetzt als Pause nutzen, damit die Entzündung ausheilen kann. Der Arzt hat zwar zu einer ganzen Woche Auszeit geraten, aber so lange irgendwo untätig auszuharren, kann ich mir nicht vorstellen.

Tage 82/83, Samstag/Sonntag, 30./31.8., Mont-de-Marsan

Sonntagabend, mein faules Wochenende geht zu Ende. Mont-de-Marsan ist mit knapp 30.000 Einwohnern der größte Ort weit und breit.

Ich habe für zwei Nächte ein kleines Hotel genommen, weil in Pilgerherbergen nur eine Übernachtung möglich ist. Durch die Stadt bummeln, die Füße hochlegen und vom Bett aus fernsehen (eine gruselige Dokumentation über Fracking in den USA), zwischendurch den Fuß kühlen, Zeitung lesen und viel schlafen, das war mein Programm.

Heute Vormittag habe ich den Rucksack geschultert und bin in die Herberge übergesiedelt, die zentrumsnah im Gebäude eines ehemaligen öffentlichen Bades liegt. Einen Garten mit Sitzplätzen gibt es auch.

Am Nachmittag trifft ein französisches Pilgerpaar ein, Marie-France und Pierre, ein dominanter Dauerplauderer Zum

Glück kommt der Hospitalier Michel dazu, er wohnt im Ort. Mit ausgeprägt südwestfranzösischem Akzent erzählt er von Wegen und Nebenwegen und von Herbergen in Spanien. Natürlich, erklärt er mir, hätte ich mit meinem Fußproblem auch länger als eine Nacht in der Herberge statt im Hotel unterkommen können! Später kommen noch vier Süddeutsche an, ein älteres Ehepaar, Martin und Angelika, mit Tochter und Schwiegersohn. Michel zaubert ein siebtes Bett hervor. Martin hat heute Geburtstag. Er hat wie ich den Weg 2006 begonnen.

Tag 84, Montag, 1.9., Mont-de-Marsan – St. Sever

Mit Ohrstöpseln habe ich gut geschlafen. Angelika ist katastrophaler Stimmung, sie schweigt mit finsterer Miene, erwidert keinen Morgengruß. Ihr Mann erzählt, dass sie wegen des schnarchenden Bettnachbarn Pierre zwei Nächte nicht schlafen konnte. Ohrstöpsel sind ihr aber unangenehm. Heute steht für die vier die Entscheidung an: Ruhetag oder Abbruch und Heimreise. Wegen eines Fußproblems von Angelika haben schon einmal alle vier einen Weg abgebrochen. Ich danke meinem Schicksal, dass ich allein und ohne toxische Begleitung unterwegs bin.

Heidelandschaft, Sandwege, Waldstücke, viel Farn: Ich bin in der dünn besiedelten Region Les Landes. Weil ich den rechten Fuß nicht gleich strapazieren will, setze ich mich schon früh zu einem Mittagspicknick auf eine Steinplatte. Schnellen Schritts nähert sich ein Pilger, wir schwatzen kurz, Roland hat dasselbe Tagesziel wie ich.

Die weitere Wegstrecke hält mal wieder einen Pilgermoraltest bereit. Eine verkehrsreiche Straße, harter Untergrund. Heiß ist es auch, in der letzten Stunde geht es bergauf. Dann die Herberge – es wurde auch Zeit! Information an der Tür: Den Zugangscode gibt es in der Touristeninformation. Na toll!

Von dort zurück, finde ich schließlich eine gut ausgestattete, makellos saubere Herberge vor. Die Wanderschuhe von Marie-France, Pierre und Roland stehen schon da. Es gibt zwei

Schlafräume, so dass ich getrennt von Pierre, dem Schnarcher, nächtigen kann. Roland fragt nach meinem Fuß, er ist Arzt, und rät mir, wegen des Anti-Entzündungsmedikaments viel zu trinken.

Die Hoffnung auf eine ungetrübte Nachtruhe erfüllt sich leider nicht ganz: Dolores, eine sehr sympathische Katalanin und leider starke Schnarcherin, gesellt sich noch zu uns.

Tag 85, Dienstag, 2.9., St.-Sever – Hagetmau

Es ist acht Uhr abends und immer noch hochsommerlich heiß. Zu fünft haben wir uns in derselben Besetzung wie gestern in der Herberge von Hagetmau eingefunden. Dolores gibt mir den Tipp, die Pyrenäenüberquerung mit Rücksicht auf die Füße durch eine Zwischenübernachtung zu unterteilen. Ich rufe an, die Herberge in Orisson ist für die nächsten vier Wochen komplett ausgebucht, aber in Huntto klappt eine Reservierung für den 9. September, genau in einer Woche.

Trotz der Hitze war der Weg heute ganz angenehm zu laufen, immer wieder über Wiesen- und Sandpfade, an einem Bächlein entlang.

Ich war guter Dinge, oft nur mit Laufen beschäftigt, nicht mit Gedanken. Zwischendurch Aufwachmomente: »Jetzt habe ich ja gar nichts gedacht!« Aber auch Momente, in denen ich den zu schweren Rucksack, die schmerzenden Schultern, die müden Füße spürte.

Eine knappe Stunde vor dem Ziel steht am Wegrand das Steinkreuz von Lissandre. Ein herzergreifend primitiv-kindlicher gekreuzigter Christus schaut mit riesigen erstaunten Augen in diese Welt.

Tag 86, Mittwoch, 3.9., Hagetmau – Beyries

Wegen der Hitze habe ich mir heute eine sehr kurze Etappe vorgenommen, nur zwölf Kilometer. Dolores hat leider wieder

Schnarchrekorde aufgestellt. Ich habe versucht, mich in Gelassenheit zu üben, ganz bei mir zu bleiben. In Kombination mit den Ohrstöpseln hat es mehr oder weniger geklappt.

Heute laufe ich durch Maisfelder, Maisfelder und wieder Maisfelder. Mais wird in Spanien und auch im diesseitigen Grenzgebiet seit der Eroberung Lateinamerikas im 16. Jahrhundert angebaut, nicht erst seit der Nachkriegszeit wie in Deutschland, erzählte Roland.

Er hat heute eine längere Etappe vor sich, unwahrscheinlich, dass wir uns noch einmal begegnen. Von den Menschen, die für ein oder zwei Tage Weggefährten und Gesprächspartner waren, Abschied zu nehmen, erinnert jedes Mal unmissverständlich daran, dass alles Erleben endlich ist.

Unterwegs treten die Pyrenäen ins Blickfeld, zwar noch weit entfernt, aber schon deutlich und respekteinflößend. Um kurz nach zwölf bin ich am heutigen Etappenziel. Beyries hat kaum hundert Einwohner. Neben der Mairie mit hübschem Geranienschmuck liegt der Mehrzwecksaal der Gemeinde, der zugleich als Herberge dient. Dolores ist schon da und stellt mir unser heutiges Domizil vor: Im Saal stehen sieben Feldbetten, in einer kleinen Küche sind reichlich Vorräte vorhanden: Kaffee, Tee, Kakao, diverse Konserven ... Im Kühlschrank warten Milch, Käse, Wurst. Alles ist blitzsauber. Eine Dusche gibt es natürlich auch. Kurioserweise hängt der Brausekopf zwischen zwei Urinalen an der Wand.

Die liebenswürdige Bürgermeisterin kommt zum Stempeln der Pilgerausweise vorbei und gibt uns einige Hinweise auf die Geschichte der Region, altes Protestantenland. Unsere morgige Herberge in Orthez liegt in einem Haus, das einstmals Jeanne d'Albret gehörte, der Mutter von Heinrich IV. Außerdem fragt Madame le Maire, die Bürgermeisterin, uns nach eventuellen Sonderwünschen. Danke für so viel Empathie und Fürsorge!

Nachmittags blättere ich an einem Schattenplatz in Büchern über die Jakobswege. Dolores hat das kühle Kircheninnere gewählt, um zu schreiben. Später schnippeln wir Tomaten, Zucchini, Auberginen und Paprika. Sie bereitet ein Gemüsegericht, ich einen Salat. Dabei erzählen wir von unseren Lebensweisen. Sie arbeitet als Ökonomin im Bereich Wirtschaftsförderung im Baskenland. Ihr intensives Interesse gilt den Templern. Mit deren Beitrag zur Wirtschaftsgeschichte hat sie sich auch wissenschaftlich befasst. Auf dem Pilgerweg sucht sie in Kirchen und Krypten nach Templerspuren.

Unterdessen trifft noch ein junger Belgier ein, der dreißig Kilometer bei dreißig Grad hinter sich hat. Am späten Abend sitzen wir zu dritt im Mondlicht unter einem wunderbaren Sternenhimmel vor der Tür und nehmen Fußbäder mit grobem Salz. Nach der morgendlichen Betrübnis über die Endlichkeit hat dieser Tag reichlich Wohlfühlmomente beschert, danke!

Tag 87, Donnerstag, 4.9., Beyries – Orthez

Die Hitze hat nachgelassen, zweimal schauert es sogar. Mein Fußproblem meldet sich zurück, ich muss oft pausieren, nach der Pause ist das Loslaufen umso schmerzhafter. Nur mit Hilfe der Stöcke schleppe ich mich vorwärts. Für die sechzehn Kilometer bis Orthez brauche ich nicht vier, sondern sieben Stunden.

Die Pilgerherberge liegt im zweiten Stock des historischen Gebäudes, das einst der Königin von Navarra, Jeanne d'Albret, gehörte. Ich ziehe mich am Geländer die gewundene Steintreppe hoch und finde eine freundliche Herberge mit Platz für sechs Pilger.

Ein kleines Museum liegt gleich nebenan. Themen sind die Persönlichkeiten und die regionale Geschichte der Reformation. Protestantismus bedeutet hier Calvinismus.

Mich berühren die Ausstellungsobjekte aus der Zeit nach dem Verbot der protestantischen Glaubensrichtung unter Ludwig XIV, einem Urenkel von Jeanne d'Albret. Winzige Bibeln wurden von Frauen, die heimliche »Scheunengottesdienste« besuchten, in Haarknoten versteckt. Wurden sie entdeckt, folgte lebenslange Kerkerhaft. Männer wurden zur Zwangsarbeit auf den königlichen Galeeren verurteilt. Listen mit

Namen, Alter, Beruf und körperlicher Verfassung der Unglücklichen liegen aus.

Wie würde ich mich in einer vergleichbaren Gefährdungssituation verhalten? Hätte ich genug Mut und Kraft, zu meinen Überzeugungen zu stehen? Vor einer ehrlichen Antwort fürchte ich mich.

In der Herberge ist ein weiterer Pilger eingetroffen, Christian aus dem Anjou. Beim gemeinsamen Abendessen in einem kleinen Restaurant erzählt er mit leuchtenden Augen von seinen Erfahrungen auf dem Weg von Le Puy bis Santiago. Jetzt ist sein Ziel die rätselhafte Templerkirche in Eunate, etwa 70 Kilometer hinter der Pyrenäenüberquerung. »Un miracle!«[1], schwärmt er.

Wir hinken zurück zur Herberge. Auch er hat ein Fußproblem: Polyarthritis. Na dann gute Nacht!

Tag 88, Freitag, 5.9., Orthez

Um vier Uhr in der Früh wache ich mit Fußschmerzen auf. Eine Tagesetappe in diesem Zustand? Das kann nicht gutgehen. Ich werde einen Tag Pause einlegen.

Beim Frühstück mit Dolores und Christian entwickelt sich ein interessantes Gespräch, das von den Templern, dem Wissen und der Weisheit der Ägypter über die schwarzen Madonnen, den Goldenen Schnitt und Maria Magdalena bis zur Blütezeit der gotischen Kathedralenarchitektur mäandert. Die beiden wollten eigentlich schon längst unterwegs sein. Wieder ein Abschied, schade. Ach, die Endlichkeit!

Telefonisch kläre ich mit der Gemeinde ab, dass ich einen Tag länger bleiben kann, besorge in der Apotheke Arnikaglobuli und Schmerzgel und kaufe eine Zeitung.

Mittags höre ich kräftige Schritte auf der steinernen Treppe, ein Pilger tritt durch die Tür: stämmig, durchtrainiert, schätzungsweise Ende 30. Später höre ich, dass Mike aus Kanada 51

---

[1] Ein Wunder

Jahre alt ist. Er tritt unmittelbar forsch und laut auf, fragt nach meinem hochgelegten Fuß und gibt – noch bevor er die Wanderschuhe ausgezogen hat – ungefragt Instruktionen, wie der Schmerz durch eine bestimmte Yogaübung, durch eine veränderte Körperspannung, durch eine andere Schrittsetzung gelindert werden kann. Dann, er hat immer noch nicht geduscht, erzählt er vom Camino Francés, den er letztes Jahr schon gelaufen ist und hält einen kleinen Vortrag über die Entwicklungsbiologie der Bettwanzen, mit denen er bereits einige Begegnungen hatte.

Eigentlich möchte ich Zeitung lesen. Mike ist mir zu laut, zu aufdringlich, seine Monologe sind zu lang. Aber noch zögere ich, ihn zu stoppen: Aus Ängstlichkeit? Aus übertriebener Geduld? Aus falsch verstandener Höflichkeit? Dann kippt das Gespräch oder besser: der Monolog. Er beginnt auf Sozialismus und Feminismus zu schimpfen, die die Ursachen aller Übel der gegenwärtigen Weltsituation seien.

»Für Frauen gibt es nur drei Rollen: Tochter, Ehefrau und Mutter! Alles andere ist wider die Natur! Jungen sind Mädchen in allem überlegen!«

Erstaunlicherweise gelingt es mir, ruhig zu bleiben und sachlich zu kontern, nenne ein paar Fakten und Zahlen. Er redet sich in Rage und fällt mir ständig ins Wort. Die Luft brennt.

»Bist du bekennender Frauenfeind?«

Er antwortet nicht, rauscht ab in den Schlafraum, kommt wieder heraus und verkündet, er müsse jetzt unbedingt nach draußen. Von mir aus gerne. Frieden kehrt ein, ich lese Zeitung.

Nicht lange, dann kommt Mike mit einem großen Sack Kartoffeln, der beim Discounter günstiger war als eine kleinere Menge, zurück.

»Reicht der Vorrat wirklich bis Santiago?« Wir lachen beide, die Spannung ist vorerst weg.

Kurz darauf Schritte auf dem Kies im Innenhof, zwei junge Männer kommen. Mike begrüßt die beiden mit gewaltigem

Gelärme durchs offene Fenster: »You fucking assholes, what are you doing here, fucking bullshit?«

Machogehabe, übertriebener als in einer Comedyszene. Mike kennt die zwei bereits: Abram aus Belgien und Adrian aus Holland, beide auf Anhieb sympathisch.

Alle drei wollen morgen, so wird es mit großer Lautstärke ausgehandelt, gemeinsam eine Etappe von vierzig Kilometern gehen. Mike erzählt, dass er im letzten Jahr Etappen von sechzig Kilometern geschafft hat. Er schwört auf Bier als Energiespender, beim Discounter hat er sich mit Dosen eingedeckt.

Zu meiner Überraschung entschuldigt er sich für seine rauen Umgangsformen.

»Kein Problem! Ich habe Jahrzehnte meines Lebens der pubertierenden Jugend gewidmet. Wenn du mich schocken willst, musst du dir schon etwas anderes einfallen lassen!« Mit diesen Worten steige ich fußwehhalber etwas wackelig hinunter, im Innenhof gibt es einen schönen Sitzplatz. Ideal, um zu lesen und zu schreiben.

Abends gibt es noch zwei Zusammenstöße mit Mike. Er unterbricht mich, ich fordere ihn auf, das zu unterlassen. Er unterbricht weiter. Wie war Bob Dylans Empfehlung?

»It's only people's games that you got to dodge …«[1]

Ich verlasse die Situation und gehe wieder an meinen Leseplatz im Innenhof, später zum Abendessen in ein Restaurant. Am gemeinsamen Kartoffelessen in der Herberge reizt mich gar nichts. Zur Nervenstärkung wähle ich als Dessert Schokoladenkuchen.

Zurück in die Herberge. Sofort kracht es wieder. Ich mache aus meinem Herzen keine Mördergrube: »Mike, du bist bestimmt in der Vergangenheit von einer Frau oder von Frauen sehr verletzt worden. Aber solange du in deiner Aggressivität bleibst, kann die Wunde nicht heilen.«

---

[1] Siehe auch Tag 59: Man muss den Spielchen der Leute nur aus dem Weg gehen

Er reagiert betroffen: »Meine Mutter war eine Lügnerin, meine Schwester eine Betrügerin.«

Seine Offenheit überrascht mich, aber ich möchte mich nicht tiefer in das Thema hineinziehen lassen. Ich bedanke mich bei Mike, dass er mir nachmittags seinen Pilgerführer zum Blättern überlassen hat und sage gute Nacht.

Was sollte diese bizarre Episode? Ich habe das gute Gefühl, eine Prüfung bestanden zu haben. Meine Grenzen habe ich diesmal gut verteidigt. Und Mike? Hoffentlich löst dieser Tag mit seinen emotionalen Gewitterszenen auch für ihn etwas Positives aus. Ich wünsche ihm, dass er Frieden finden kann und nicht, mit Dosenbier gedopt, jeden Tag fünfzig Kilometer rennen muss. Wovor rennt er weg?

Tag 89, Samstag, 6.9., Orthez – Sauveterre-de-Béarn

Mike und Adrian hatten einen Schlafraum geteilt, Abram und ich den anderen. Ich stand erst nach sieben auf, weil ich keine Lust auf Mike hatte. Abram verabschiedete sich, dann waren alle drei auf und davon.

Jetzt bin auch ich unterwegs. Meine Füße sind noch nicht in Ordnung. Ich komme nur mühsam voran. Für die ersten vier Kilometer brauche ich zwei Stunden. Bei diesem Tempo wäre ich erst nach zwölf Stunden an meinem Tagesziel Sauveterre.

Zwischendurch geht mir immer wieder die seltsame Begegnung mit Mike durch den Sinn. So viel Unfrieden.

Aber im Unterschied zu Hexe und auch zu Monsieur Dauertexter aus Vézelay hat Mike keine wirklich negativen Gefühle in mir ausgelöst. Natürlich fand ich ihn unangenehm, laut und lästig und ich habe mich nach Möglichkeit entzogen. Aber ich habe auch den kleinen gekränkten, traurigen, hilflosen Mike in ihm gespürt. Ich wünsche ihm, dass er auf seinem Weg heilsame Erfahrungen machen kann!

Dann rücken wieder die Füße ins Bewusstsein. Schaffe ich die ganze Strecke? Über die meist asphaltierten Wege?

Gegen vierzehn Uhr erreiche ich Trescoïgt, eine kleine Ansiedlung, in der es laut Pilgerführer eine Beherbergungsmöglichkeit gibt. Sie entpuppt sich als ein repräsentables Anwesen inmitten ausgedehnter, baumbestandener Rasenflächen mit schattigen Sitzplätzen, Blumenkübeln, noch blühenden Oleanderbüschen.

Auf mein Klingeln geschieht lange Zeit nichts, es ist die Stunde der Siesta. Dann erscheint ein Spanier an der Tür, der Untermieter, so höre ich später. Er bedeutet mir, er verstehe kein Französisch, ich solle auf die »Donna« warten. Ich lasse mich auf einer Terrasse nieder und mache ebenfalls Siesta. Nach einer halben Stunde kommt ein Auto, es ist Madame, etwa in meinem Alter. Mit einem maisgelben Volantrock, reichlich Schmuck und einem leuchtend pinkfarbigen Lippenstift verkörpert sie den sommerlichen Zauber des Südens.

Ja, sie kann mir eine Unterkunft anbieten. Ich nehme meinen ganzen Mut zusammen. Könnte sie mich nach Sauveterre bringen? Eine ziemlich dreiste Frage, doch durch den Ruhetag in Orthez bin ich in Zeitnot. Wenn ich bei den geplanten Tagesetappen weiter in Verzug gerate, verliere ich die Reservierung für die Zwischenübernachtung in den Pyrenäen. Beim Zustand meiner Füße ist es ausgeschlossen, dass ich die Gebirgsüberquerung in einer einzigen Tagesetappe schaffe.

Erwartungsgemäß reagiert Madame nicht begeistert, sie kommt nämlich gerade aus Sauveterre. Vielleicht später gegen Abend, vorher will der Rasen gemäht werden. Sie bittet mich herein, bietet mir etwas zu trinken an, ruft das Touristenbüro in Sauveterre an und lässt sich Telefonnummern von Unterkünften geben. Ausgebucht, krankheitshalber nicht verfügbar, gar nicht erreichbar: Endlich, beim sechsten oder siebten Anruf, erklärt eine Frau, deren Gästebetten belegt sind, sich bereit, mich im Zimmer ihres verreisten Sohnes unterzubringen. Sie wird mich am Touristenbüro abholen.

Was bin ich für ein Glückspilz! Der Rasen muss warten, ab ins Auto und los. Madame – gute Fee, verkleideter Engel? – düst mit mir vierzehn Kilometer bis Sauveterre. Unterwegs erzählt sie, dass sie auch gern den Camino gehen würde. Ich rate ihr zu: Wo sonst trifft man so viele hilfreiche Feen und Engel? Tausend Dank, liebe Madame!

Die spontan eingesprungene Gastgeberin Stéphanie wartet schon am Treffpunkt, sie wohnt in einem Dorf in der Nähe. Sofort erkundigt sie sich nach meinen Füßen, Madame hatte wohl am Telefon davon gesprochen. Stéphanie ist energetische Therapeutin und arbeitet mit Massagen, Ölbädern, Edelsteinen. Sie ist auch schon vier Tagesetappen ab Roncesvalles auf dem Camino gelaufen. Mal wieder weich in die Butter gefallen!

Ihr Landhaus liegt mitten im Grünen. Meine erste Station ist der Behandlungsraum im Wintergarten, dort bekomme ich einen Verbenentee, ein Kräuterfußbad und anschließend eine – leider gar nicht schmerzfreie – Fußreflexzonenmassage mit Immortellenöl. Mit Stéphanies Mitarbeiterin und Mitbewohnerin entspinnt sich ein Gespräch über die heilende Wirkung der Dankbarkeit. Zur Dankbarkeit habe ich heute wahrlich allen Grund.

Zum Abendessen im Garten gibt es Omelett und frisch geerntete Äpfel, schlicht und gut. Die aktuelle Lage in Frankreich ist das Hauptgesprächsthema. Es klingt wenig Hoffnung, viel Bitterkeit mit, wenn vom Bankrott der politischen Klasse gesprochen wird, von desolaten Zuständen in der Armee, für die Stéphanies Sohn direkte Informationsquelle ist. Drei Monate hätten die Soldaten wegen eines »Computerfehlers« keinen Sold bekommen, ihre Schuhe müssten sie auf eigene Kosten beschaffen, da das bereitgestellte Material qualitativ mangelhaft sei. Es gäre untergründig in Frankreich, man halte sogar einen Militärputsch nicht für ausgeschlossen. Marine Le Pen sei eine echte Hoffnungsträgerin.

Mir wird ganz blümerant. Die Mischung aus echter Herzlichkeit, praktischer Mitmenschlichkeit, einem naturorientierten Lebensstil, alternativen Heilweisen und einer rechtsradikalen Einstellung passt nicht zu meinen Erfahrungen und – eindimensionalen? – Denkgewohnheiten. Ich bin müde und lasse es mit dem Fazit bewenden: Die Welt ist bunt und vielgestaltig und weiß zu überraschen.

Tag 90, Sonntag, 7.9., Sauveterre-de-Béarn – St. Palais

Der Sonntagmorgen zeigt sich herbstlich grau. Stéphanie begleitet mich bis zum Einstieg in den markierten Weg und rät mir eindringlich, den Rucksack zu erleichtern. Das werde ich gleich morgen umsetzen.

Der Weg beginnt ätzend als Straße ohne Seitenstreifen. Schon sind mehr Autos unterwegs, als ich es einem Sonntagmorgen auf dem Lande zugetraut hätte. Auf einem steilen Waldweg geht es weiter, langsam, die Füße rollen nicht gut ab. Ein Grenzstein zeigt auf Französisch und Baskisch an, dass hier das Béarn endet und Navarra, das Baskenland, beginnt.

Im ehemaligen Franziskanerkloster in St. Palais werde ich übernachten, eine Gruppe französischer Pilger ist schon da. Ich packe meinen Rucksack aus und sortiere Entbehrliches aus. Warum habe ich es überhaupt eingepackt? Müßige Frage, hilft jetzt auch nicht weiter.

Tag 91, Montag, 8.9., St. Palais – Ostabat – St-Jean-Pied-de-Port

Beim Aufstehen spüre ich wacklige Beine. Die Post ist in der Nähe und öffnet um neun. Ich packe ein Päckchen, knapp 1,5 Kilogramm schwer, und mache mich erleichtert auf den Weg. Die Gruppe aus der Herberge überholt mich, ich komme nur langsam voran. Ein steiler Anstieg, an einer Kapelle auf der Höhe ein atemberaubendes Panorama: die satt grüne Hügellandschaft mit verstreuten Gehöften vor dem Hintergrund der Pyrenäen.

Beim Abstieg gibt es immer wieder feuchte Stellen, in der Nacht habe ich es gewittern gehört. In quer zum Weg verlaufenden Betonrinnen wird Wasser den Berg hinabgeleitet. Jetzt verstehe ich, warum die belgischen Pilger vor einigen Jahren vor in Sturzbäche verwandelten Wegen warnten. Nach dem heißen und trockenen Wetter der letzten Wochen ist das aber aktuell kein Thema.

Ab der »Stele von Gibraltar«, wo drei der vier französischen Jakobswege zusammentreffen, sind merklich mehr Pilger unterwegs. In der Nähe picknickt die Gruppe aus dem Franziskanerkloster am Wegesrand, wir kommen in ein kurzes Gespräch. Seit sieben Jahren pilgern sie jedes Jahr eine Woche, diesmal bis Roncesvalles.

Schließlich erreiche ich den kleinen Ort Ostabat. Für die kurze Strecke von nur gut zehn Kilometern habe ich heute vier Stunden und 45 Minuten gebraucht, doppelt so viel wie gewöhnlich. Ich hoffe immer noch, dass meine Füße abschwellen und ausheilen, zumal der Rucksack jetzt leichter ist.

Neben der Kirche finde ich eine Haltestelle, ein Wink des Schicksals. Mit Rücksicht auf meine lädierten Füße und angesichts meines Schneckentempos beschließe ich, mit dem Bus zu fahren. Leider gibt es keinen Fahrplan. Ich frage einen Passanten: In eineinhalb Stunden fährt ein Bus Richtung St-Jean-Pied-de-Port, das passt. Ich bin grenzwertig geschafft – nach nur zehn Kilometern! Und, unglaubliches Glück, denn es ist Montag: Es gibt eine geöffnete Gastwirtschaft in Ostabat. Noch nie war eisgekühlter Orangensaft so köstlich! Das erste Glas stürze ich hinunter, das zweite genieße ich. Noch ein Glas Wasser, und mein Flüssigkeitshaushalt ist wieder im Lot. Nach und nach trudeln verschiedene Grüppchen ein. Auf dem am stärksten frequentierten Weg über Le Puy scheinen viel mehr Pilger in Gruppen zu pilgern als ich es auf meinem einsamen Weg über Vézelay erlebt habe.

In der gemütlichen Wirtschaft – viel dunkles Holz, Deckenbalken, ein großer Ofen, altes Mobiliar – liegt auf einem Tisch allerhand Literatur über das Baskenland aus. Ich blättere in einem Buch über die baskische Sprache. Ein französischer Satz mit dreizehn Wörtern wird der wörtlichen baskischen Übersetzung gegenübergestellt: Die Reihenfolge der baskischen

Wörter ist exakt umgekehrt. Dolores, die perfekt baskisch spricht, erzählte, dass das Baskische mit keiner anderen bekannten Sprache verwandt ist, die Ursprünge liegen im Dunkeln. Die Wirtsfamilie spricht untereinander Baskisch, mit den Gästen Französisch.

Rechtzeitig gehe ich zur Bushaltestelle, das Dorfzentrum scheint am Nachmittag wie ausgestorben. Von einem Bus ist weit und breit nichts zu sehen. Nach einer Viertelstunde kehre ich zurück in die Wirtschaft. Die Wirtin erklärt mir, dass die Haltestelle schon vor einem guten Jahr an die Straße, einen Kilometer außerhalb des Dorfes, verlegt wurde. Aus einer Schublade holt sie einen Fahrplan: Zur mir genannten Zeit ist der letzte Bus für heute abgefahren. Was jetzt?

Die Entgeisterung ist mir wohl ins Gesicht geschrieben. Die Wirtin verspricht, eine Lösung zu finden. Obwohl die Gaststube gerade wieder gut mit durstigen Pilgern gefüllt ist, fragt sie in der Nachbarschaft und wird im zweiten Anlauf fündig: Eine Frau, die in einem Büro nebenan arbeitet, kann mich um 17 Uhr auf ihrem Heimweg nach St-Jean-Pied-de-Port mitnehmen. Ouf, wieder mal gut gegangen! Mein stets wandlungsfreudiger Engel zeigt sich diesmal als baskische Wirtsfrau und als Büroangestellte vom Fuße der Pyrenäen.

Ein Gebäude mit der Jahreszahl 1582 ist meine Herberge im mittelalterlichen, touristisch trubeligen St-Jean. Die Schlafräume liegen im zweiten Stock, ich hinke die ehrwürdige Holztreppe hinauf. Weil im ersten Schlafraum nur noch obere Betten frei sind, wähle ich den zweiten, der noch ganz leer ist. Im Laufe des Abends füllt er sich, schließlich sind wir zwölf: elf Männer aus Irland, Spanien, Albanien und ich. Da ich gehört habe, dass es in Galizien ständig regnet, kaufe ich mir in einem der zahlreichen Pilgerbedarfsläden ein gutes Regencape mit Rucksackausbuchtung. Ich ahne nicht, dass ich es bis Santiago kein einziges Mal auspacken werde.

Zum Abendessen in der Herberge sind rund zwanzig Pilger aus fünf Kontinenten um den großen Tisch versammelt, jede und jeder stellt sich kurz vor. Der Herbergsleiter entscheidet, dass Englisch gesprochen wird, weil es von allen verstanden wird außer von der Französin Catherine, die mir gegenübersitzt und einen etwas verlorenen Eindruck macht. Wir wechseln zwischendurch immer wieder ein paar Sätze auf Französisch.

Ein Ire stellt sich als »foot doctor« vor, das passt gut. Er erzählt, dass Angela Merkel vor zwei Wochen gemeinsam mit dem spanischen Regierungschef ein Stück auf dem Jakobsweg gelaufen ist.

Unser Wirt gibt uns noch einige Tipps für die Pyrenäenetappe: Man soll nicht zu schnell gehen, alle fünfzehn Minuten einen Schluck trinken, gut atmen. Um 22 Uhr ist Nachtruhe, vorher begutachtet der »foot doctor« meine Füße, hat aber außer »Eibuproffin« leider keine weiteren Ratschläge parat.

Tag 92, Dienstag, 9.9., St-Jean-Pied-de-Port – Huntto

Um sechs Uhr beginnt das Rumoren, die Männer machen sich in Eile für den Aufbruch fertig. Intensive Energie flirrt durch den Raum. Alle sind erst gestern per Flug und Zug angereist und heute geht es gleich über den Ibañeta-Pass. Mein altes Anglercape vom Discounter schenke ich einem Iren, der gar keinen Regenschutz hat.

Ich habe nur eine kurze Strecke vor mir und kann in aller Ruhe frühstücken. Catherine hat Angst, den Weg über den Pass nicht zu schaffen. Weil sie deshalb einen Personentransport bis Orisson nutzt, plagt sie sich mit einem schlechten Gewissen. Der Herbergsleiter und ich versuchen, sie zu überzeugen, dass »Weg« auch bedeutet, sich von zwanghaften Vorstellungen zu lösen, z.B. von der Ansicht, jeden einzelnen Meter zu Fuß gehen zu müssen. »Die einzig wirkliche Freude im Leben ist es, dem Gefängnis zu entkommen, das du dir selbst gebaut hast«, dieser Satz von Thomas Merton[1] hing eine Zeitlang an meiner Küchenwand.

Um acht verlasse ich die Herberge. Im hellgrau-nebligen Dunst strömen schon Pilger in Scharen den Berg hinauf. Meinen Füßen geht es ganz gut, ich kann abrollen, fühle mich beschwingt. Der Weg beginnt gleich mit einem steilen Anstieg. Ich zähle lautlos von eins bis zwanzig, immer wieder von vorn, das hilft mir, mich nicht auf die Anstrengung zu fixieren.

Nach einer halben Stunde tritt die Sonne aus den Wolken. Über dem Tal unten liegt noch ein weißes Nebelmeer, aus dem dunkle Gipfel ragen. Wie Gischt erscheinen sich lösende Nebelschwaden, darüber das Morgenlicht. Ein anbetungswürdiger Anblick.

Schon nach eineinhalb Stunden komme ich völlig durchgeschwitzt in Huntto an. Ich ziehe mich um und lasse mich auf der Terrasse nieder, in den Räumen wird noch geputzt.

Gegen Mittag steigen immer noch keuchende und rotgesichtige Pilger an der Herberge vorbei den Berg hoch, ich hoffe, sie müssen nur bis Orisson.

Mit einem süddeutschen Ehepaar teile ich ein Dreierzimmer, nebenan logiert ein junges Paar aus Israel. Es ist ein perfekter fauler Ferientag, von der Terrasse aus schaue ich in die sattgrüne Landschaft, in den blauen Himmel. Grillen summen, ab und zu zieht eine Schafherde vorbei.

Abends stärken wir uns in jetzt großer Runde mit einem reichhaltigen Pilgermenu für die morgigen Herausforderungen.

---

[1] US-amerikanischer Trappistenmönch, Schriftsteller, Mystiker, 1915–1968

Périgueux – Logroño, Teil 2 (ab Huntto)

Tag 93, Mittwoch, 10.9., Huntto - Roncesvalles

Unterhalb der Jungfrau von Biakorri, einer Marienstatue auf einem Felsen, sitze ich gegen elf auf einem Stein und mache Pause. Das majestätische Gebirge im klaren Septemberlicht – der Tag könnte nicht schöner sein!

Der steilste Streckenabschnitt ist fast geschafft, insgesamt sind es heute fast 1000 Höhenmeter. Ich bleibe bei meiner Zählmethode: eins bis zwanzig. Schnell bin ich nicht, viele überholen mich.

Nächste Pause am Steinkreuz von Thibaut. Etwa zwanzig Pilger lagern unter der Mittagssonne. Aus einem Imbisswagen werden Getränke, gekochte Eier, Brebis (Schafskäse), Bananen verkauft. Gute Idee und zweifellos ein lohnendes Geschäft. Die Menge der Pilger ist für mich gewöhnungsbedürftig nach den einsamen französischen Wegen.

Noch eine gute halbe Stunde, dann habe ich den Rolandsbrunnen und die spanische Grenze erreicht. Ein Glücksgefühl durchrieselt mich. Ich habe es geschafft, zu Fuß bis Spanien zu laufen! Das hätte ich mir vor zwanzig Jahren – zwanzig Jahre jünger! – kaum zugetraut.

Für die restlichen zehn Kilometer rechne ich angesichts meines Zustandes drei Stunden. Tatsächlich wird es dann sehr beschwerlich. Alle ziehen an mir vorbei. Einmal werde ich angesprochen, es ist ersichtlich, dass ich mit Schmerzen laufe.

Der Abstieg ist zu Beginn fast halsbrecherisch steil, grenzwertig fordernd für die Knie. Später sanftere Waldwege, die aber nicht enden wollen. Irgendwann gehe ich gemeinsam mit einem Mann aus Norddeutschland. Er hat Hüftprobleme, wir sind ähnlich langsam.

Endlich taucht Roncesvalles auf. Die Herberge, ein riesiger Gebäudekomplex rund um die alte Klosteranlage, bietet Platz für rund 180 Pilger. Neuankömmlinge werden von den holländischen Hospitaleros freundlich dirigiert: Stempel, bezahlen, Schlafplatz. Obwohl wir später als die große Masse eintreffen, bekommen mein norddeutscher Weggenosse und ich zum Glück noch untere Betten im historischen Schlafsaal. Meine Füße hätten vermutlich gestreikt beim Versuch, ein Stockbett zu erklimmen.

Während des Pilgeressens im Restaurant sitze ich an einem großen Tisch neben einem Deutschen, der einen Rucksack von siebzehn Kilo mit sich schleppt. Unvorstellbar! Es wird nicht über marode Füße, Knie, Hüftgelenke, nicht über steile Steigungen und mörderische Abstiege, nicht über die grandiose Pyrenäenlandschaft gesprochen, sondern kurioserweise über Staatsverschuldung und den Euro. Mein Nachbar prophezeit den Zusammenbruch des globalen Finanzsystems binnen fünf Jahren.

Diese Perspektive berührt meine Seele am Ende dieses besonderen Tages nicht wirklich. Meine Füße wollen ruhen, um neun liege ich im Bett. Gedämpftes Licht, gedämpfte Gespräche. Leider ist mein Bettnachbar – in unserem desolaten Zustand haben wir uns unterwegs gar nicht mit Namen, sondern nur mit unseren Zipperlein vorgestellt – Intervallschnarcher.

Er atmet zeitweise ganz ruhig, dann kommen einige kräftige Schnarcher. Ich versuche, den Sitz der Ohrstöpsel zu optimieren und mich innerlich meditativ abzuschotten. Um halb eins schaue ich das letzte Mal auf die Uhr.

Ich bin über den Berg, aber noch lange nicht am Ziel.

Tag 94, Donnerstag, 11.9., Roncesvalles/Zubiri

Gegen sechs in der Frühe wird rundherum gekramt und gepackt, die ersten starten schon. Mein erster Eindruck nach dem Aufstehen: Die Fußgelenke schmerzen bei jedem Schritt. Ich kann nur humpeln und bewege mich auf diese Weise zum Restaurant gegenüber.

Auf der Terrasse komme ich mit einem australischen Paar ins Gespräch. Die Frau hat siebenmal den amerikanischen Film »The Way« gesehen, Auslöser für ihren Pilgerweg. Sie rät mir dringend, meine Füße zu schonen. Ihre Freundin hat auf dem Camino ihre Knie so ruiniert, dass sie nach einer Operation wohl dauerhaft hinken wird. Das überzeugt mich, heute erneut einen Ruhetag einzulegen. Im Restaurant rührt sich nichts, es scheint noch geschlossen zu sein. Die Australier schicken ihr Gepäck mit einem Autotransport vor und laufen los, ich gehe in das Restaurant schräg gegenüber.

Auf der Terrasse sitzt Simone aus Deutschland, die gestern noch später ankam als ich, vor ihrem Frühstück. Auch sie hat im Schnarchersaal nur wenige Stunden geschlafen. Sie ringt mit einer Entscheidung: Soll sie den Bus nach St.-Jean nehmen, um dann heimzufahren? Oder aber den Camino fortsetzen? Sie ist äußerst genervt von den pilgernden Massen und dem überwiegend englischen Dauergeschwätz auf ihrer ersten Etappe gestern: »Hi, how are you? Do you like the Camino? I think it's really amazing!«

Auch ich hole mir ein Frühstück an der Theke. Wir kommen in ein intensives Gespräch: Warum machen sich so viele Menschen aus allen Erdteilen auf den Weg, gerade jetzt, wo die Welt an so vielen Ecken brennt? Ist es nur pure egoistische

Selbstverwirklichung, wie Simone meint? Oder doch ein spirituelles Projekt mit dem Ziel, auf dem Weg Frieden mit sich und anderen zu suchen? Als Gegenentwurf zum globalen destruktiven Getöse in dieser Zeit? Ich tendiere zu einer Mischung von beidem, mit individuell unterschiedlich großen Anteilen.

Der Wirt kommt heraus. Mangels ausreichender Spanischkenntnisse frage ich in einem innovativen Gemisch aus Französisch und Portugiesisch: »Gibt es einen Bus Richtung Zubiri?«

Ja, den gibt es in fünf Minuten, er wartet bereits auf dem Parkplatz gegenüber! Dank an Kairos, den Gott des richtigen Moments! Ich ergreife Rucksack und Stöcke, wünsche Simone die richtige Entscheidung und eile zum Bus, so wie es meine geschwollenen, unbeweglichen Fußgelenke zulassen. Geschafft! Es dauert eine ganze Weile, bis wir Buspassagiere den Strom der Pilger, unter denen ich viele Gesichter vom Weg gestern und aus dem Schlafsaal erkenne, hinter uns gelassen haben.

Mein Busnachbar, ein eleganter älterer Herr, erzählt mir in fließendem Französisch von der Rolandsschlacht.[1] Er bedauert, dass die offizielle Geschichte einseitig der »Großen« gedenkt und – in diesem Fall – nicht der tapferen Basken, die Sieger der Rolandsschlacht waren. Immerhin war ihre Stadt geplündert und zerstört worden.

Gegen halb elf bin ich schon in Zubiri. Schräg gegenüber der Haltestelle sehe ich eine Herberge, ab jetzt heißt es »albergue«. Öffnungszeit ist um eins, ich reserviere telefonisch[2].

---

[1] Mangels Erfolgsaussichten für seinen Feldzug trat Karl der Große 778 mit seinen Truppen den Rückzug aus Spanien an und zerstörte vor der Pyrenäenüberquerung die baskische Stadt Pamplona, die keine Kriegspartei war. Im Gegenzug überfielen baskische Truppen die Nachhut Karls auf dem Pass und töteten alle Franken, darunter auch Karls Neffen Roland.

[2] Während die französischen Herbergen, ob öffentlich oder privat, generell eine telefonische Reservierung erwarten, kann man in Spanien nur in privaten Herbergen reservieren.

Der nächste Bus fährt erst morgen, mit wartenden Fahrgästen ist heute nicht mehr zu rechnen. So mache ich es mir im überdachten, ergo schattigen Bushäuschen gemütlich, ziehe die Wanderschuhe aus, strecke mich auf der Holzbank aus, döse und schreibe ins Tagebüchlein.

Die Herberge hat Platz für zehn Pilger. Nachmittags um drei höre ich, dass alle Betten im Ort vergeben sind. Die Massen strömen immer noch. Angeblich soll die Turnhalle zum Übernachten geöffnet werden.

Bei einer kleinen Ortsbegehung bemerke ich eine Apotheke, in meinem Zustand immer einen Besuch wert. Die Apothekerin ist eine liebenswürdige, blitzgescheite Frau. Vor zwanzig Jahren ist sie mit ihrem Vater den Camino, so heißt in Spanien der Weg nach Compostela, gegangen. Außer Ibuprofen empfiehlt sie ein Fußbad im eiskalten Fluss direkt um die Ecke. Umgehend befolge ich ihren Rat.

Beim Abendessen in der Herberge sind wir zu zehnt, amerikanische Pilger stellen die Mehrheit. Hat man genug Musik dabei für die Meseta, die wenig besiedelte Hochebene zwischen Burgos und León? Das ist eine zentrale Frage beim Tischgespräch. Ich denke etwas wehmütig an die Herbergen in Frankreich. Morgen werde ich nochmal den Bus nehmen.

Tag 95, Freitag, 12.9., Zubiri/Pamplona

An der Bushaltestelle finden sich einige Kurzbekanntschaften von der Pyrenäenetappe ein: ein junger Mann aus Ungarn mit seinen Eltern, eine Französin und ein älterer Spanier. Die Ungarn werden den Weg in Pamplona beenden, die Mutter ist zu erschöpft.

Nach einer guten halben Stunde bin ich schon am Ziel, viel zu früh für die Herberge. In der Kathedrale von Pamplona gibt es eine interessante Dauerausstellung: »Occidens«. Laut Einführungstext bezeichnet Occidens/Abendland keinen geographischen, sondern einen geistigen Bereich: nämlich die Reichweite des Menschenbildes, das auf Freiheit, Solidarität und

Menschenwürde beruht. Mit nicht übermäßig zahlreichen, aber erlesenen Exponaten wird die Entstehung des Abendlandes aus dem griechischen, dem römischen, dem jüdischen und dem germanischen Kulturimpuls heraus veranschaulicht.

Vor dem letzten Ausstellungsstück stehe ich ratlos mit der Frage: Was soll das? Ein monochrom rosafarbiger Raum mit einigen Möbelstücken aus Plastik, mit inhaltsleeren Bildern und einem Spiegel an der Wand, mit einer Bank, bedeckt von grünem Plastikrasen: Auch ästhetisch eine Zumutung nach den edlen Ausstellungsobjekten. Dann entdecke ich einen kleinen Text: Der rosa Raum steht für die Welt der Gegenwart, eine Welt des schönen Scheins, der Beliebigkeit, der Fassade ohne Inhalt. Ein nachhaltiger Eindruck!

Ich hinke zur Herberge Casa Paderborn. Ja, es gibt noch einen Platz für mich. Mit Pascale aus Kanada und zwei Deutschen, die ich schon am Rolandsbrunnen getroffen habe, teile ich einen Schlafraum. Ein nachmittäglicher Stadtbummel: Pamplona wirkt altmodisch-heiter und döst bei 27 Grad, noch ist es die Stunde der Siesta.

Tag 96, Samstag, 13.9., Pamplona – Zariquiegui

Die Stadt liegt noch im Schlaf, als ich um halb acht losstampfe. Abrollen kann ich die geschwollenen Füße nicht. Fortlaufend überholen mich Pilger. Manche sprechen mich an: Was ist los? Ich bin unsicher: Ist es wirklich eine gute Idee, heute zu laufen oder sollte ich besser noch pausieren? Zu einer Entscheidung kann ich mich noch nicht durchringen. Also laufe ich erst einmal weiter. Das letzte Stück ist steil und steinig, doch um Punkt zwölf bin ich am Ziel. Es waren nur zwölf Kilometer heute, mehr hätte ich nicht geschafft.

Die Herberge ist recht neu, der Schlafraum hat acht Betten. Mein Bettnachbar Kirian ist Nordire, er wohnt in Belfast in der Cyprus Avenue.

»And I'm caught one more time up on Cyprus Avenue ...«[1]
Kennt er Van Morrison? Den Namen hat er mal gehört, aber
mehr auch nicht. Nicht zu fassen!!

Auf dem Camino möchte sich Kirian über seine künftige
Aufgabe klar werden. Er ist Arzt und ganz frisch im Ruhestand. Weil seine Frau ihn nur für einen begrenzten Zeitraum
missen möchte, hat er mit täglich gut dreißig Kilometern einen
strammen Zeitplan.

Wie Kirian gehört auch Kenzo aus Japan zu meiner Generation, er hat sein Leben lang vom Camino geträumt. Sein wun-
derschöner Pilgerausweis, ausgestellt von der Jakobsgesellschaft in Tokio, ist im Stil mittelalterlicher Buchmalerei gestaltet. Ein holländisches Paar, ein Koreaner, Laurie aus Kanada
und Elisa aus Italien sind die übrigen Gefährten dieser Nacht.

Tag 97, Sonntag, 14.9., Zariquiegui – Obanos

Am Sonntagmorgen zeigt sich der Himmel rosa und zartblau.
Der Aufstieg auf den Alto del Perdón klappt leichter als ver-
mutet, um kurz nach neun bin ich oben. Auf der Höhe stehen
Metallskulpturen im Wind: ein langer Zug von Pilgern aus verschiedenen Zeiten.

Die wackeligen Steine auf dem steilen Abstieg sind die reine
Folter für meine Fußgelenke und Bänder. Alle Pilger, nicht nur
die jungen, sportlichen, ziehen an mir vorbei. Tollkühne oder
auch tolldreiste Radfahrer rasen den Berg hinunter, spitze
Steine spritzen unter den Reifen weg und fliegen den Fußpil-
gern vor die Beine. Nach einer Stunde wird es endlich flacher.

In der Mittagshitze biege ich vom Camino ab und erreiche
über einen kleinen Umweg die einsam gelegene achteckige
Kirche von Eunate, von der ich in Orthez hörte, sie sei »un miracle«. Meine deshalb hochgespannte Erwartungshaltung trifft
auf etwas ernüchternde erste Eindrücke: innen Plastikblumen,
elektrische Kerzen, geistliche Konservenmusik.

---

[1] Beginn des Songtexts »Cyprus Avenue« von Van Morrison

Dennoch strahlt der Raum Kraft und Würde aus. Alabaster-fenster erzeugen eine diffuse Lichtstimmung. Eine kleine, in aller Einfachheit eindrucksvolle Statue im Altarraum: Eine aufrecht sitzende gekrönte Maria zeigt der Welt das ebenfalls gekrönte Kind. Schade, meine vom Alto del Perdon gekränkten Fußgelenke hindern mich daran, mich intensiver auf diesen Ort und seine Geheimnisse einzulassen.

Noch zweieinhalb glutheiße Kilometer bis Obanos. Im Ort steuere ich als erstes eine Bar an und stürze zwei Gläser eiskalten Saft hinunter. Kenzo kommt herein. Er ist schon in der Herberge eingekehrt und begleitet mich hin. Abends gibt es ein Pilgeressen im Restaurant, in dem am Sonntagabend auch viele Einheimische essen. Wir sitzen mit gut zwanzig Pilgern an drei großen Tischen. Meine Tischnachbarn kommen aus den Niederlanden, aus Großbritannien, aus den USA. Verkehrssprache ist Englisch. Außer Kenzo und mir sind alle mit ihren Smartphones beschäftigt: What's the weather forecast? Dann werden Fotos vom Essen nach Hause gepostet. Meine Stimmung trübt sich etwas ein.

Tag 98, Montag, 15.9., Obanos – Lorca

Beim Frühstück verkündet ein Ire mit dröhnender Stimme die Preise für den Rucksacktransport und seine nächste Herberge, er schwadroniert ohne Unterlass. Ich möchte bitte heute kein Wort Englisch mehr hören!

Mit dem Glockenschlag acht Uhr starte ich als letzte, der Himmel reißt auf. Toleranz zu entwickeln und zu üben angesichts der Allgegenwart von Smartphones und der Selbstverständlichkeit des Englischen auf dem Camino, das scheint meine aktuelle Aufgabe zu sein.

Um neun Uhr in Puente la Reina: Die Stadt erwacht, eine Bäckerei ist schon geöffnet. Ich überquere die berühmte steinerne »Brücke der Königin«. In meinem gedrosselten Tempo geht es nach Cirauqui, einem mittelalterlich verwinkelten Dorf, danach ein Stück über eine Römerstraße. Nur mit Hilfe der Stöcke schleppe ich meine lädierten Füße über die groben, unebenen Pflastersteine. Ich treffe eine Kanadierin, mit hängender Zunge erreichen wir Lorca. Die erste Herberge ist schon voll, in der zweiten klappt es. Kenzo ist auch da, ich bekomme das letzte Bett unten. Ein Glückspilzmoment!

Tag 99, Dienstag, 16.9., Lorca – Los Arcos

Der Himmel ist wolkenverhangen, die Berge verstecken sich im Nebel. Die Tür der einsam gelegenen Ermita San Miguel, einer Kapelle aus dem 11. Jahrhundert, steht offen und lässt Licht in den fensterlosen Raum fallen. Innen nur ein schlichtes Holzkreuz über dem steinernen Altar, Steinbänke an den beiden Längsseiten und ein Steintisch vor den Altarstufen. Er ist bedeckt mit Steinchen und Zetteln, Bitten von Pilgern. Ich lege ein Zettelchen dazu. Ein Ort, der zum Verweilen einlädt.

Meine Füße schmerzen. Am Weinbrunnen des Klosters Irache mache ich Pause. Das nächste Wegstück über Sand-, dann Waldboden tut den Füßen gut. Irgendwann holt mich ein freundlicher junger Mann ein. Wir halten einen kurzen Plausch, er heißt Santiago. Ich ermuntere ihn, in seinem sportlichen Tempo weiterzulaufen.

Das letzte Stück zieht sich den Berg hoch. Fast am Ende taucht Sally, eine junge Australierin, an meiner Seite auf. Gemeinsam erreichen wir den Ort Villamayor de Monjardin. Beide haben wir telefonisch einen Platz in der Herberge reserviert. Sally zückt als erste ihren Pilgerausweis. Sie bekommt den letzten Platz. Ich berufe mich auf meine telefonische Reservierung. Nichts zu machen, ich hätte bis 14 Uhr da sein müssen. Davon war allerdings nie die Rede. Sally bietet mir ihren Platz an. Danke, aber den möchte ich ihr nicht wegnehmen. Aber was soll ich tun? Just in diesem Moment kommt Santiago die Treppenstufen von der höher gelegenen zweiten Herberge herab, auch dort ist alles belegt. Aber ein deutsches Paar habe ein Taxi nach Los Arcos bestellt, ich könne vielleicht mitfahren. Ich humple die Treppe hinauf, finde die beiden, Julia und

Benjamin, neben ihren Rucksäcken in Warteposition. Und schon kommt das Taxi, ein ziemlich neuer weißer Benz mit getönten Scheiben. Santiago will die dreizehn Kilometer noch laufen, auch sein Rucksack soll nicht mit dem Taxi transportiert werden. »Das gehört zum Weg, ›sometimes you have to suffer!‹« Wir sollen nach Möglichkeit einen Platz für ihn reservieren, Benjamin fotografiert zu diesem Zweck den Pilgerausweis. Und los geht's.

Der Taxifahrer prophezeit, dass auch in Los Arcos alles voll sei. Seine Frau habe eine private Herberge, da sei vielleicht noch etwas möglich. Der genannte Preis ist überdurchschnittlich. Ich bin froh über die Aussicht auf einen Schlafplatz und akzeptiere. Benjamin und Julia bleiben reserviert gegenüber dem profitorientierten Angebot. Der Fahrer telefoniert mit seiner Frau, sie hat noch zwei Plätze. Noch im Taxi lese ich in meinem Unterkunftsverzeichnis über diese Herberge: »Ungepflegt, nicht zu empfehlen.«

Wir sind da. Vor dem Haus stehen zwei rauchende Frauen und führen eine Auseinandersetzung. Die ältere ist blondgefärbt und trägt reichlich Modeschmuck, ihr knappes grünes Strandkleid enthüllt unvorteilhaft ihre ausladende Figur. Die zweite, etwa Mitte zwanzig, ist dunkelhaarig, schmal und drahtig. Es sind Frau und Tochter des Taxifahrers.

Julia und Benjamin werden weiterlaufen und suchen. Ich bleibe, der zweite Platz wird für Santiago freigehalten, er bestätigt telefonisch.

Ich bekomme ein oberes Bett in einem vollgestopften Zimmer. Drei Stockbetten und eine Einzelliege nehmen fast die gesamte Fläche ein, so dass so gut wie keine Abstellmöglichkeiten für die Rucksäcke bleiben. Auf einem Schränkchen im Flur steht eine große Sprühdose zur Insektenbekämpfung. Soweit ich die spanische Aufschrift entschlüsseln kann, wird vor Gesundheitsgefahren gewarnt. Wohlgefühle kommen nicht auf.

Die Bars und Straßencafés im Städtchen sind gut besucht, ein freier Platz ist schwer zu bekommen. Im Pilgertrubel entdecke ich Laurie aus Kanada und einige andere bekannte Gesichter.

Heute läuft einiges nicht rund: die Fußprobleme, die fehlgeschlagene Reservierung, die unterdurchschnittliche Herberge. Aber auch: die Begegnung mit dem sympathischen Santiago, durch dessen Vermittlung ich heute Nacht überhaupt ein Dach über dem Kopf habe.

Tag 100, Mittwoch, 17.9., Los Arcos/Logroño

Ich fühle mich völlig zerschlagen, in der Nacht habe ich kaum geschlafen. Mein oberes Bett hatte kein seitliches Schutzbrett, ich hatte Angst hinunterzufallen. In dem engen Zimmer wurde kräftig geschnarcht. Und das Schlimmste: Ich habe mir Bettwanzen eingefangen! Anfänglich harmlos gerötete Stiche, die ich Mücken zugeschrieben habe, haben sich in dicke Blasen verwandelt und jucken höllisch.

Alles in allem: HEUTE NACHT HABE ICH ENTSCHIEDEN, DEN WEG ABZUBRECHEN!

Schon spätestens nach den Pyrenäen hätte ich aufhören sollen. Den Rat des Arztes aus Bazas habe ich nicht befolgt und die sieben erforderlichen Ruhetage nach eigenem Ermessen auf drei verkürzt.

Die Gefahr bleibender Gelenkschäden, vor denen die Australierin warnte, habe ich zur Kenntnis, aber nicht wirklich ernst genommen.

An zwei von den sechs Tagen seit Roncesvalles bin ich mit dem Bus gefahren.

An vier Tagen bin ich insgesamt nur lächerliche 56 km gelaufen, mit Schmerzen und unter großem Zeitaufwand.

Stroh zu Gold spinnen: ein altbekanntes Thema. Unter unzureichenden Voraussetzungen wollte ich zwanghaft ein unrealistisches Ziel erreichen. Aus Leichtsinn, aus Realitätsverkennung, aus Hybris habe ich meine Grenzen nicht respektiert, meine körperliche Unversehrtheit verletzt. Meine

morgendliche Gefühlslage ist eine Mischung aus Enttäuschung und Bitterkeit mit Klarheit und Erleichterung.

Frühstück gibt es in der Küche. Der schlecht gelaunte Taxifahrer erwidert mein »Buenos dias« nicht, Santiago grüßt
freundlich. Er kommt vom stillen asturischen Weg, der in Puente la Reina auf den Camino Francés[1] stößt, und fasst seine
Eindrücke vom Leben und Treiben der Pilger hier in einem Begriff zusammen: »Disneyland«. Dann eilt er fort, er hat nur wenige Tage Zeit und will bis Burgos kommen. Buen camino!

Um kurz vor neun stehe ich an der Bushaltestelle. Acht bis
zehn Menschen, fast alle mit Rucksack, warten ebenfalls. Mit
Jessica aus Kalifornien komme ich ins Gespräch. Auch sie hat
dreimal »The Way« gesehen. Das Verhalten einiger ihrer
Landsleute auf dem Camino sieht sie durchaus kritisch. Sie
möchte einen stillen Weg gehen, um mit sich selbst in Kontakt
zu kommen.

»The way provides us«, sagt sie, der Weg sorgt für uns. Lädierte Füße, Wanzen, Disneyland. Hat der Weg mit diesen drei
Signalen dafür gesorgt, dass ich die richtige Entscheidung
treffe? Meint sie das?

Der Bus passiert Torre del Rio und Viana, Orte, die ich nun
nicht mehr sehen werde, schade.

In Logroño steuere ich als erstes eine Apotheke an. Beim
Blick auf meine Arme weiß die Apothekerin sofort Bescheid,
vor mir war heute schon ein gepiesackter Pilger da. Ich bekomme eine Kortisonsalbe und ein Mittel gegen den Juckreiz.

In der Touristeninformation reserviert man mir ein Zimmer
in einem schönen Altbau direkt an der Kathedrale. Danke!
Nach der verkorksten Nacht habe ich eine Dusche und eine
Mütze voll Schlaf nötig.

Später treffe ich in einem Straßencafé Julia und Benjamin.
Sie haben heute dreißig Kilometer hinter sich und sind

---

[1] »französischer Weg«, der meistfrequentierte spanische Jakobsweg von Roncesvalles nach Santiago de Compostela, in dem die vier französischen Wege
vereint sind

geschafft. Ihr Ziel ist Burgos. Benjamin bedauert, dass ich den Weg nicht wie geplant zu Ende gehen kann. Doch ich bin jetzt mit meiner Entscheidung einig.

Die Camino-erfahrene Julia gibt mir den dringenden Rat, nicht nur sämtliche Textilien heiß zu waschen, sondern auch bei der Heimkehr den Rucksack in einem Plastiksack für einige Zeit außerhalb der Wohnung, z.B. im Keller, abzustellen. Die Wanzen bzw. deren Eier könnten auch in den Rucksacknähten oder in Hohlräumen der Reißverschlüsse versteckt sein.

Donnerstag, 18.9., Logroño (»Ende Gelände«)

Logroño ist die Hauptstadt der berühmten Weinregion Rioja. Die Altstadt wirkt gemütlich-altmodisch mit ihren winzigen Fachgeschäften für Hüte oder Nachtwäsche, wie es sie in Deutschland schon seit fünfzig Jahren nicht mehr gibt.

In einer Bar direkt neben meiner Unterkunft frühstücke ich an der Theke so wie viele Einheimische auf ihrem Weg zur Arbeit. Mein Thekennachbar wählt zu dieser Tageszeit als Getränk zum Boccadillo (belegtes Brötchen) ein Glas Rioja. Die leeren Gläser, die auf den Abwasch warten, zeigen, dass er nicht der Einzige ist, der es so hält.

Nachmittags wasche ich in einem Waschsalon meine sämtlichen Textilien bei 60 Grad. Nach einer ersten Runde ziehe ich mich in der Toilette um, es folgt die zweite Runde. Ich hoffe inständig, dass kein einziger Blutsauger, sollte er sich noch versteckt halten, die Prozedur überlebt.

Meine Arme sehen schlimm aus. Dicke Blasen, zum Teil aufgeplatzt. Der Anblick ist unzumutbar, daher trage ich bei 27 Grad ein langärmeliges T-Shirt.

Bevor ich mich auf die Heimreise mache, möchte ich Burgos mit seiner hochberühmten Kathedrale sehen. Wer weiß, ob ich jemals wieder in diesen Teil Spaniens kommen werde.

Freitag/ Samstag, 19./20.9., Burgos (Tourismusprogramm)

Burgos ist zwei Busstunden entfernt. Wegen eines Stadtfestes mit Straßentheater und Veranstaltungen ist die Stadt gut besucht, die Zimmersuche schwierig, aber schließlich erfolgreich.

Die Kathedrale ist gewaltig, überwältigend, in ihrer räumlichen Struktur nicht unmittelbar erfassbar – das erzeugt bei mir ein Gefühl der Unklarheit. Die Überfülle an Kunsthandwerk, Kunstwerken, Schätzen überfordert mich.

Inmitten aller Pracht findet am Samstagvormittag ein Hochzeitsgottesdienst statt. Natürlich sind alle Teilnehmer festlich aufgeputzt, Kinder laufen umher, Erwachsene kauen Kaugummi und schwatzen während der Eucharistie.

In einem Straßencafé vor der Kathedrale setzt sich Martha aus Indianapolis zu mir an den Tisch. Obwohl sie schon um halb zwölf in der Stadt ankam, hat sie erst in der vierten Herberge einen Platz gefunden. Sie klagt über das Gerenne um die Herbergsbetten, dasselbe Tempo wie im Alltag. Ich bin froh, dass ich ausgestiegen bin.

Mit dem Bus nach Bilbao, mit dem Flieger nach Düsseldorf, mit dem Zug nach Hause. Mein Camino ist zu Ende.

2014/15: Intermezzo

Wanzenpanik, nie wieder Camino, die Botschaft des Labyrinths

Zu Hause begrüßt mich zu meiner Überraschung ein Trio aus meinem Freundeskreis mit Blumen und Kuchen. Im Trubel vergesse ich, meinen Rucksack unmittelbar in den Keller zu bringen.

In den nächsten Tagen lerne ich eine ganz neue Seite an mir kennen: Ich entwickle eine Wanzenphobie. Trotz der 60°-Wäsche befürchte ich, dass ich unbemerkt in Rucksackfalten, in Reißverschlussritzen die winzigen Kreaturen der Finsternis eingeschleppt haben könnte. Ich umwickle mein Bett mit doppelseitigem Klebeband, wasche täglich die Bettwäsche und bekomme trotzdem rote juckende Flecken auf der Haut. Einstichstellen sind aber nicht sichtbar.

Ich rufe einen Schädlingsbekämpfer an, ein Termin ist erst drei Tage später möglich. Diese Frist erlebe ich in großer Anspannung, schlafe schlecht, fürchte mich vor dem Lichtlöschen, fühle mich im Dunkeln von den Blutsaugern umzingelt.

Dann erscheint der rettende Engel. Er schaut sich die vermeintlich neuen Wanzenbisse an, inspiziert die Wohnung und gibt Entwarnung: von Wanzen keine Spur. Ob irgendein Insekt oder allein die durch Wanzenerfahrung und abgebrochenen Camino gequälte Seele die roten Flecken verursacht hat, bleibt offen. Und der Engel nimmt nicht einmal ein Honorar für Anfahrt und Beratung! Eine effektive Wanzenbekämpfung durch eine Erhitzung der Wohnung auf mindestens 50° hätte einen vierstelligen Betrag gekostet. Nach diesem Gespräch verschwinden meine Zwangsvorstellungen vollständig. Sie tauchen auch nicht wieder auf, als ich auf späteren Pilgerwegen noch zweimal unangenehme Wanzenbegegnungen habe.

Wann immer ich in den folgenden Wochen vom Camino Francés erzähle, werden in meiner Erinnerung vor allem die negativen Eindrücke lebendig: Massenauftrieb – Disneyland – Wettlauf um die Herbergsplätze ab der Morgendämmerung –

die ständige Beschäftigung mit dem »modernen Rosenkranz«[1], dem Smartphone – die Verwandlung des spanischen Pilgerwegs in eine »English speaking area«.

Mein Fazit: Nie wieder Camino!

Anfang 2015 entdecke ich eher zufällig in der Stadtbibliothek ein interessantes Buch über Labyrinthe[2].

Der Autor beschreibt eine wichtige Erfahrung beim Gang durch ein Labyrinth: Wenn man sich schon kurz vor dem Ziel glaubt, wird man noch einmal in weitem Bogen bis zum äußeren Rand geführt – um schließlich sehr bald das Zentrum zu erreichen.

Ein zündender Funke springt über! Ich vollziehe eine Kehrtwendung und beschließe, mich vom äußeren Rand aus noch einmal auf den Weg zu machen.

---

[1] Formulierung von Byung-Chul Han, Philosoph

[2] Uwe Wolff, Reise ins Labyrinth

2015: Logroño - Santiago de Compostela

Dienstag, 5.5., Bilbao/Logroño (Reisetag)

Mit dem Bus aus Bilbao komme ich mittags in Logroño an und logiere in der Pension vom letzten Herbst. Am Spätnachmittag, als die Stadt aus der Siesta erwacht, bummele ich durch Altstadtgassen hinunter zur Ebrobrücke, besuche die Kathedrale. Der barocke Hauptaltar schimmert in Goldtönen, doch die geschnitzten Szenen sind kaum zu erkennen, so dunkel ist es.

Beim Schritt nach draußen ins helle Sonnenlicht bin ich geblendet, blinzele, werde sofort von einem Bettler mittleren Alters angesprochen. »A comer«, etwas zu essen braucht er, das verstehe ich mit meinen bescheidenen Spanischkenntnissen. Ich reagiere spontan unwillig, empfinde die Kontaktaufnahme überfallartig und schüttele den Kopf. Er sieht mich mit einem traurig-verzweifelten Blick an, der mir durch und durch geht, wendet sich ab und verschwindet unter den Menschen in der Fußgängerzone Calle Portales.

Ich brauche ein paar Augenblicke, um die Situation für mich zu klären. Gewohnheitsmäßig reagiere ich auf Bettelei an Kirchentüren mit Antipathie. Dieses »Geschäftsmodell«, das manipulativ auf das schlechte Gewissen wegen mangelnder Nächstenliebe abzielt, empfinde ich als moralisch fragwürdig. »Alten Bekannten«, die ich seit Jahr und Tag vor dem Parkhaus antreffe, gebe ich oft etwas, weil sie meine freie Entscheidung in keiner Weise beeinflussen. Andererseits: Die Sozialleistungen in Deutschland und Spanien sind unterschiedlich. Ich bin in einer vergleichsweise privilegierten Situation, ich kann reisen, habe keine Probleme mit meiner Grundversorgung. Der Satz aus dem Evangelium: »Was ihr für einen meiner geringsten Brüder getan habt, das habt ihr mir getan[1]«, kommt mir in den Sinn, vor meinem inneren Auge erscheint der verzweifelte Blick des Mannes.

---

[1] Mt 25, 35/40

191

Ich schäme mich. Ich lege einen Betrag aus meinem Geldbeutel griffbereit in die Hosentasche und gehe intensiv Ausschau haltend die belebte Calle Portales auf und ab. Das fällt auf, eine Frau spricht mich an: »Suchen Sie vielleicht ein Restaurant, das schon geöffnet ist?«

Nach einer ganzen Weile und etlichem Hin und Her finde ich tatsächlich den Bettler und drücke ihm das Geld in die Hand. Für ein Gespräch reicht mein Spanisch nicht. Er verzieht kaum eine Miene, stapft zielstrebig zu einer Bank, auf der zwei oder drei Personen sitzen. Sie weisen ihn ab.

Er hat mich für eine halbe Stunde mit mir selbst konfrontiert. Habe ich mir recht billig ein erleichtertes Gewissen erkauft? Bin ich auf die Masche mit dem schlechten Gewissen wegen der christlichen Nächstenliebe hereingefallen? Habe ich dem Mann die nächste Alkoholration finanziert? Oder war es ein Akt echter Willensfreiheit? Eine eindeutige Antwort finde ich nicht.

LOGROÑO BIS BURGOS: ›WEG DER FREUDE‹

Heile Füße, Rosen und Weinfelder, ein Farbenmeer, Catherine und Pater Bert, Caminogespräch im Kleintransporter

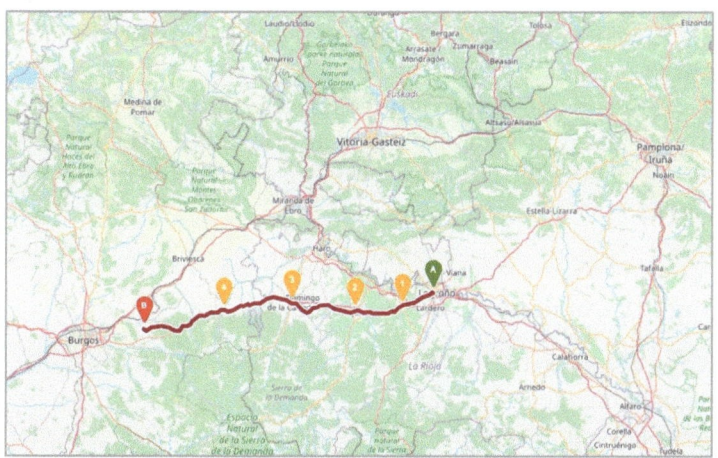

Tag 101, Mittwoch, 6.5., Logroño – Navarrete

Durch eine Grünanlage verlasse ich Logroño. Viele Jogger und Walker sind unterwegs, fast alle wünschen »Buen Camino!«

Ich laufe zügig, anders als im letzten Jahr werde ich nicht dauernd überholt. Das lebendige Freiheitsgefühl, das mich durch Frankreich begleitet hat und das im letzten Jahr von den Fußproblemen verdrängt wurde, ist wieder da.

Vor einem alten Haus stehen zwei Rosenbüsche in voller Blüte, dunkelrot duftend, schon jetzt Anfang Mai!

Für den ersten Tag habe ich mir eine Etappe von nur zwölf Kilometern vorgenommen. Schon bald taucht der Kirchturm von Navarrete auf. Vorbei an den steinernen Resten eines mittelalterlichen Pilgerhospizes komme ich in den Ortskern und folge dem ersten Hinweisschild auf eine Herberge. Ich bin die erste und kann im Schlafsaal unter sechzehn Betten wählen. Nach und nach trudeln weitere Pilger ein. Mit Marie und

Janine, zwei Krankenschwestern aus Lille, verbringe ich den Nachmittag. Wir schauen die Kirche mit dem blumengeschmückten Barockaltar an, es ist der Marienmonat Mai. Der Kirchplatz mit einem Brunnen, mit Platanen und Steinbänken ist ein guter Ort, um zu reden, zu schreiben oder um einfach die Augen zu schließen und sich von der Sonne bescheinen zu lassen.

Abends gibt es ein schlichtes Pilgermenü in der Herberge. Im Schlafsaal sind wir elf. Der erste Schnarcher erinnert mich an die Ohrstöpsel, dann kehrt Frieden ein. Ein guter erster Pilgertag.

Tag 102, Donnerstag, 7.5., Navarrete – Najera

Kurz vor sieben wird die Deckenbeleuchtung eingeschaltet, Signal für allgemeines Gewusel. Mir ist es zu hektisch, ich beschließe, erst aufzustehen, wenn alle weg sind. Das geht sehr schnell. Im Frühstücksraum sitzen zwei ältere amerikanische Ehepaare bei Kaffee und Toast. Sie waren nicht im Schlafsaal, es gibt auch Extrazimmer. Ich bekomme gleich ein Smartphone-Video von der Strecke bis Pamplona, mit Musik unterlegt, vorgeführt. Videos auf nüchternen Magen sind meine Sache nicht.

Um halb neun lasse ich Navarrete hinter mir. Etliche Pilger sind unterwegs, aber nicht so viele wie im letzten September. Es gibt durchaus Wegabschnitte, wo weder vor mir noch hinter mir Menschen mit Rucksack zu sehen sind. Nach einer hässlichen Strecke seitlich der Autobahn laufe ich durch Weinfelder bis nach Najera.

Schon um kurz vor eins wartet eine kleine Schlange vor der Herberge, einem schönen alten Haus am Fluss. Das abendliche Pilgermenü wird in einem nahen Restaurant angeboten. Meine Tischnachbarin ist Maria aus Barcelona, einige Jahre älter als ich. Sie geht den Weg zum dritten Mal, startet täglich um fünf in der Frühe, lässt allerdings ihren Rucksack transportieren.

Sie teilt mir eine »Regel« für den Camino Francés mit: Von den Pyrenäen bis Logroño ist es der Weg der Füße, von Logroño bis Burgos der Weg der Freude, von Burgos bis Galizien der Weg des Geistes und von Galizien bis Compostela der Weg des Herzens. Den Weg der Füße habe ich schon hinter mir, es war vor allem der Weg der Fußschmerzen. Und die folgenden Abschnitte? A ver – wir werden sehen!

Tag 103, Freitag, 8.5., Najera – Santo Domingo de la Calzada

Heute vor siebzig Jahren wurde der Zweite Weltkrieg beendet. Ich bin dankbar, dass ich bisher im Unterschied zur Generation meiner Eltern und Großeltern und wohl der allermeisten noch früheren Generationen keinen Krieg erleben musste.

Nach einer friedlichen Nacht in einem Schlafraum mit Menschen unterschiedlicher Nationalität starte ich gegen acht. Schnell wird es warm. Irgendwann geht es von der Region Rioja in die Region Castilla y León. Ich begegne drei laut singenden Pilgern mittleren Alters, dann einer Spanierin, mit der ich eine Weile gemeinsam gehe. Sie erzählt von der aktuellen Situation im Land, der Immobilienkrise, der Jugendarbeitslosigkeit, der Podemos-Bewegung[1]. Unter Franco hat sie einige Monate im Gefängnis gesessen.

Wir passieren den Ort Ciriñuela. Außerhalb des alten Ortskerns ist ein neues Viertel gebaut worden: Golfplatz, Appartementblocks, seltsame Einfamilienhäuser in Fachwerkoptik mit geschlossenen Rollläden. Menschenleer, steril, schaurig.

Dann Landschaft pur. Ein Farbenmeer breitet sich in getreidefeldgrünen, rapsblütengelben, ackerrotbraunen Wellen unter einem tiefblauen Himmel und schneeweißen Wolken. In der Ferne taucht Santo Domingo de la Calzada auf und verschwindet wieder, als der Weg sich in die nächste Wellensohle senkt. Nur der stolze Kirchturm reckt sich über den Kamm.

---

[1] linkspopulistische Partei seit 2014

In der Herberge der Zisterzienserinnen treffe ich Maria aus Barcelona an der Rezeption. Sie hat mich schon angemeldet. Gracias! Im Schlafraum stehen fünf Betten dicht an dicht, kein Platz für Schrank oder Stuhl. Alle Habe muss unter dem Bett verschwinden. Auch die sanitäre Ausstattung – eine Dusche und eine Toilette für mehrere Mehrbettzimmer – ist eine klare Absage an den Luxus. Dagegen lädt der Innenhof mit einem Feigenbaum, einem kleinen Rasenstück, Tischen und Stühlen müde Pilger zur Siesta ein. Und auch einen Wäscheständer gibt es!

Natürlich steht ein Besuch der Kathedrale in Santo Domingo an. Gibt es tatsächlich lebende Hühner in der Kirche? Ja, tatsächlich! Zur Erinnerung an das »Hühnerwunder«[1] residieren zwei weiße Hennen in einem Käfig im südlichen Seitenschiff. Sie gackern, aber recht dezent.

Noch größere Verwunderung als über die Hühner in der Kirche empfinde ich in einer Ausstellung »sakraler Kunst«, die in Seitenräumen der Kathedrale zu sehen ist. Unter anderem werden verschiedene Stationen des Passionsgeschehens – Jesus vor Pilatus, vor Herodes, der Kreuzweg, die Kreuzigung – mit knallbunten Playmobilfiguren veranschaulicht. Christus als bunte Plastikfigur, geht das? Anything goes? Für mich geht es nicht.

Tag 104, Samstag, 9.5., Santo Domingo de la Calzada – Belorado

Sommerhitze. Ein Auto fährt langsam über den Pilgerweg. Ich frage mich, ob es vielleicht einen Notfall gibt – nein, der Fahrer verteilt anlässlich eines Jubiläums seiner Herberge

---

[1] Nach einer mittelalterlichen Legende wurde ein junger Pilger fälschlich wegen Diebstahls angeklagt, zum Tode verurteilt und gehängt. Er überlebte, da Santo Domingo ihn mit seinen Schultern stützte. »Er ist so tot wie die Brathühner auf meinem Teller!«, so reagierte der Richter auf die Nachricht – worauf diese sich gackernd emporschwangen.

kostenlose Mineralwasserflaschen. Die Werbeaktion wirkt auch bei mir, ich reserviere einen Platz und bereue es später nicht. Die Herberge gefällt mir, mit zwei Pilgern teile ich ein Sechserzimmer.

Bert, einer der beiden, ist ein kräftiger, gut gelaunter Ordensgeistlicher aus Amerika.

Die zweite Person sitzt auf dem Bett, als ich eintrete. Ein eher herber Frauentyp, blondes halblanges Haar, leicht geschminkt, weiblich sportliche Kleidung, etwas Schmuck. Als er/sie aufsteht, wird deutlich, dass die Körpergröße eher 1,90 als 1,80 beträgt. Ich nenne meinen Namen, frage:»Cómo te llamas?/Wie heißt du?«

Ein kurzer Moment des Zögerns, dann die leise Antwort mit männlicher Stimme:»Catherine«. Ich spüre, dass es noch keine selbstverständliche Gewohnheit ist, den weiblichen Namen zu verwenden. Wir kommen schnell ins Gespräch. Catherine ist Ende fünfzig, aus Nordfrankreich, auf dem Weg vom Mann zur Frau, arbeitet in der Unternehmensberatung und pilgert per Rad.

Beim Pilgermenü am Abend sitze ich mit Catherine und Richard, einem älteren Amerikaner, der schon zum dritten Mal den Camino geht, sowie der winzigen Brasilianerin Maria José zusammen. Richard und Maria José sprechen nur ihre jeweilige Muttersprache. Von einem längeren Brasilienaufenthalt vor Jahren sind mir noch Restbestände Portugiesisch geblieben, so dass ich zwischen meinen Tischnachbarn ein bisschen hin- und herübersetzen kann.

Maria José ist 77, mit dem Pilgerweg nach Santiago erfüllt sie sich ihren Lebenstraum. Trotz der Wärme trägt sie dicke Kleidung. Heute Nachmittag saß sie im dicken Anorak draußen in der Sonne. Sie isst wie ein Spätzchen, das spanische Essen schmeckt ihr nicht. Ein paarmal wiederholt sie strahlend, dass sie morgen mit dem Bus nach Burgos fahren wird, die Hüfte macht Probleme. Boa sorte - viel Glück, Maria José!

Zum Tagesausklang sprechen Bert und ich noch ein paar Minuten über Theologisches: über Maria Magdalena (»Als erste Zeugin der Auferstehung sehr respektiert im Predigerorden, definitiv keine Prostituierte«), über die Rolle der Dominikaner in der Inquisition (»Ihr Anteil an den Scheußlichkeiten der Inquisition wird in der offiziellen Geschichtsschreibung stark übertrieben«).

Zeit für die Nachtruhe, meine Zimmergenossen und ich machen uns bettfertig. Beim Umziehen drücke ich mich, eingedenk der OP vor einigen Jahren, etwas verschämt in die Ecke. Der Pater ziert sich nicht, ein großes grün-rotes Tattoo auf dem Oberschenkel freizulegen. Catherine zieht ohne übertriebene Eile und gar nicht verhuscht den BH aus, der unübersehbar eine Daseinsberechtigung hat.

Tag 105, Sonntag, 10.5., Belorado – Agés

Der Tag beginnt mit einem echten Sonntagsfrühstück in der Herberge: Toast, hausgemachte Marmelade, Ei, Joghurt, Saft, Kaffee – qué rico/sehr lecker!

Abschied von Catherine. Als Radpilgerin ist sie natürlich viel schneller, wir werden uns nicht wiedertreffen. Buen Camino, alles Gute für deinen Weg auf dem Camino und im Leben!

Heute geht es hinauf in die Montes de Oca, die Gänseberge. Zu Beginn ist der Anstieg moderat. Ich sehe viele bekannte Gesichter, meistens wechseln ein paar Sätze hin und her. Nach einer Pause in Villafranca Montes de Oca wird es steil. Puh, ist das anstrengend! Richtig atmen, nicht zu schnell gehen, so hatte der Herbergswirt aus St-Jean-Pied-de-Port geraten. Mit diesen Tipps schaffe ich es gut bis auf die Höhe. An das Elend im vergangenen Jahr mag ich gar nicht denken! Ein paarmal treffe ich Maria aus Barcelona. Mit ihrem Smartphone fotografiere ich sie vor einem Denkmal, das an die Republikaner erinnert, die an diesem Ort im Spanischen Bürgerkrieg erschossen wurden.

In San Juan de Ortega drängeln sich viele Pilger vor einer Bar. Das Getümmel und der Lärm schrecken mich ab. Von der

Herberge im Ort hat mir jemand abgeraten, so laufe ich trotz der Nachmittagshitze von mehr als dreißig Grad noch drei Kilometer weiter bis Agés.

Der Ort ist winzig, vor der Herberge stehen einige Tische, auch hier buntes lautes Pilgertreiben. Unterwegs sprach jemand von »Pilgerkirmes«.

Beim Abendessen sitze ich in einer Runde mit dem Ostseeanrainer Mathias, der zum zweiten Mal den Camino pilgert, gern auch vierzig Kilometer am Stück geht, mit der jungen Birte aus Franken und ihren beiden Weggefährten, einem Briten und einem Holländer. Wir sprechen über die Problematik von Volksabstimmungen (Direkte Demokratie oder populistische Manipulation?), über die Unabhängigkeitsbewegungen in Schottland und Nordirland (noch dreißig Jahre bis zum vereinten Irland, so der Brite), über die kulturellen Folgen der wachsenden Migration aus anderen Kulturkreisen (Hauptmotiv für die wahrscheinliche Pro-Brexit-Entscheidung im nächsten Jahr, schätzt der Brite).

Tag 106, Montag, 11.5., Agés - Rabé de las Calzadas

Ich schlafe tief und fest, bis um 4.44 Uhr die ersten Handywecker klingeln. Drei Deutsche meinen, um diese Zeit mit Stirnlampe im Stockdunkel starten zu müssen. Weltmeisterschaft der Geher oder Pilgerpfad? Doch: Jeder Jeck ist anders und jeder Pilger auch.

Um halb sieben treffe ich Maria aus Barcelona beim Frühstück in der Bar nebenan. Dann mache ich mich in der frischen kühlen Morgenluft auf den Weg. Kurz vor dem Nachbardorf Atapuerca beginnt mein linkes Knie zu schmerzen. Gleichzeitig durchblitzt mich die Einsicht: Die Stöcke sind in der Herberge! Vergessen! Also zurück, ein Weg von einer guten halben Stunde über Teer, entgegen dem Pilgerstrom. In Agés sitzt Pater Bert im weißen Ordensgewand mit seinen zahlreichen Lederarmbändern vor einer Bar beim Frühstück. Er hat in San

Juan übernachtet und gibt mir ein herzliches »Buen camino« mit auf den Weg.

Die kommende Tageshitze macht sich schon jetzt um halb neun bemerkbar. Mehr als eine Stunde ist verloren, mein Knie ärgert mich.

Am Ortsausgang parkt ein Kleintransporter, ein Mann und ein Kind sitzen darin. Ich frage beherzt und ohne Umschweife: »Fahren Sie bis Atapuerca? Kann ich mitfahren?« Zweimal ja! Ein Schulbus kommt, das Kind wird verabschiedet, ich steige ein und los geht es.

Der Mann ist Camino-erfahren, in zwei Etappen ist er bis Santiago gepilgert. Wir verständigen uns in einer Mixtur aus Portugiesisch und Spanisch. Er fährt zur Arbeit nach Burgos. Ein freundlicher Wink des Schicksals zugunsten meines Knies! Diese Gelegenheit lasse ich nicht sausen, steige im Industriegebiet von Burgos an einer Bushaltestelle aus und bin um halb zehn im Zentrum.

Nach dem ersten Besuch im letzten September besichtige ich noch einmal die Kathedrale. So viel Pracht, Herrlichkeit, Goldglanz! Kunst der Schnitzer, Maler, Vergolder, Steinmetze in höchster Vollendung. Bei allem Respekt vor dem meisterlichen Schaffen, bei aller Bewunderung erlebe ich wenig Wärme, viel »Außen«. Mein Inneres wird nicht berührt.

Vor der Kathedrale treffe ich die beiden Krankenschwestern aus Lille, mit denen ich einen geruhsamen Nachmittag auf dem Dorfplatz von Navarrete verbracht habe. Sie raten zu einem elastischen Knieverband, den ich in einer Apotheke besorge.

Ein letzter Blick auf das schöne Stadtbild mit Kathedrale, dem »Triumphbogen« Santa Maria und der El Cid-Statue – adiós!

Stimmt die Regel von Maria aus Barcelona? War es bisher ein Weg der Freude? Diese Formulierung ist mir etwas zu hoch gegriffen. Aber freudige Momente und Erfahrungen gab es täglich: meine heilen Füße und die wiedergewonnene Lust am

Laufen, Rosen am Weg und die leuchtenden Farben des frühen Sommers, ein müßiger, sonniger Nachmittag am Brunnen von Navarrete, die Begegnung mit Radpilgerin Catherine und Pater Bert, die Freude an den unterschiedlichen Sprachklängen ringsumher, eine knieschonende Mitfahrgelegenheit und ein Caminogespräch im Kleintransporter.

Am Ende dieses Wegabschnitts gönne ich mir und meinem Knie die Freude, die nächsten zehn Kilometer mit dem Bus zu fahren, der Pilgerführer warnt vor einer Umleitung und viel LKW-Verkehr. In Tardajos steige ich aus und laufe eine halbe Stunde bis Rabé de las Calzadas. In der Herberge treffe ich auf Bettina aus dem Sauerland und zwei ältere Ehepaare, Gerd und Annegret aus Deutschland und Nancy und Frank aus Arizona. Frank war als Offizier einige Zeit in Hessen stationiert und hat eine sehr positive Einstellung zu Deutschland.

Siesta in einem verschlafenen spanischen Dorf: Wir verbringen den Nachmittag im Schatten, neben dem Brunnen auf dem Dorfplatz schlummert ein Hund, tiefe Ruhe allüberall. Abends nehmen wir gemeinsam an der Vesper im kleinen Kloster teil. Wir bekommen den Pilgersegen und einen silberfarbenen Anhänger.

BURGOS BIS GALIZIEN: ›WEG DES GEISTES‹

Lebenslinien mit Knoten und Fransen, Licht und Weite der Meseta,
Paella mit Tiefgang, ein Raum dem ewigen Licht

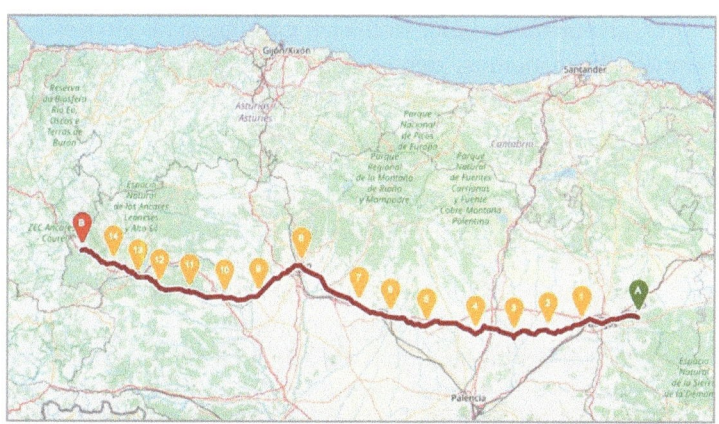

Tag 107, Dienstag, 12.5., Rabé de las Calzadas – Hontanas

Heute komme ich in die Meseta. Wegen ihrer einsamen Weiten ist die Hochebene zwischen Burgos und León bei manchen Pilgern wenig beliebt. Zu Beginn ist sie noch recht wellig. Zwischen endlosen grünen Weizenfeldern leuchtet gelber Stechginster und verströmt zarten Duft. Vereinzelt mischen Mohnblüten rote Tupfer ins Grün. Der Weg, mal weißsandig, mal kieselig, läuft sich gut.

Im Schatten der Kirche von Hornillos del Camino treffe ich Bettina, die Sauerländerin vom Vorabend. Wir gehen ein ganzes Stück gemeinsam, erzählen von unseren Lebensgeschichten, von roten Fäden, von Verknotungen und Ausfransungen.

Ganz konkret hadert Bettina mit Blasen an den Füßen. Ich habe gute Erfahrungen mit den zwei Strumpfschichten gemacht und vererbe ihr ein Paar dünne Söckchen. Dann trennen wir uns, sie ist fünfzehn Jahre jünger und schneller als ich.

203

Noch bin ich in Gedanken bei den gerade besprochenen Lebensthemen, da unterbricht plötzlich eine Wahrnehmung mein Sinnieren: Hinter dem nächsten Wellenkamm verschwindet langsam ein silbernes Halbrund. Was kann das sein? Eine Fata Morgana in der flirrenden Mittagshitze? Ein UFO im Sinkflug? Ganz unspektakulär stellt sich das Objekt als ein riesiger Sonnenschirm heraus, der ein Paar, beide mindestens vollschlank und ohne Gepäck unterwegs, vor UV-Strahlung schützt.

Tag 112, Mittwoch, 13.5., Hontanas – Itero de la Vega

Um viertel nach sechs weckt mich das Handy, alle Zimmernachbarn sind schon auf und davon. Also los!

Der Weg führt mitten durch die Klosterruine San Antón, einem mittelalterlichen Pilgerhospital. Heute gibt es dort wieder eine sehr einfache Pilgerherberge ohne Elektrizität. Hier hat Bettina, die ich kurz darauf treffe, übernachtet. Sie erzählt begeistert von der Atmosphäre beim gemeinsamen Abendessen. Jetzt steht sie bei einer Frau, die mit ihrem Pudel pilgert. Er trägt Babyschuhe an den Vorderpfoten, im Moment mag oder kann er wohl nicht weiterlaufen.

Von der flachen Meseta ist noch keine Rede: Hinter Castrojeriz, einem nicht endenden Straßendorf, geht es noch einmal tüchtig bergauf. Doch nach dem Abstieg wird es wirklich eben.

In der Herberge von Itero de la Vega bekomme ich ein winziges Einzelzimmer. Die nette Wirtin, die auch den kleinen Dorfladen betreibt, serviert eine Tortilla. Eine sehr erschöpfte neuseeländische Pilgerin kommt an, sie spricht kein Wort Spanisch. Ich kann ein bisschen dolmetschen.

Kommt ein Wetterwechsel? Der Himmel hat sich weißgrau gefärbt. Ich ruhe mich aus, lege die Beine hoch, genieße das träge Fließen der Zeit. Vögel zwitschern, Hähne krähen, ein Hund bellt in der Ferne. Auf dem Kirchturm thront ein Storch.

Beim Abendessen sind wir zu viert: Außer der erholungsbedürftigen Neuseeländerin Alice und mir sind inzwischen auch

Nancy und Frank eingetroffen. Die beiden habe ich vorgestern an dem Nachmittag mit Siesta und Vesper kennengelernt. Alice erzählt, dass sie heute ihren dreißigjährigen Sohn, mit dem zusammen sie den Weg begonnen hat, »losgelassen« hat, er wird jetzt in seinem Tempo seinen eigenen Weg gehen. Unbekannterweise ein »Buen Camino«!

Tag 109, Donnerstag, 14.5., Itero de la Vega – Villarmentero de Campos

Der Tag heute, Christi Himmelfahrt, ist in Spanien kein Feiertag, Mariä Himmelfahrt dagegen wohl. Im Wind und in wunderbarem Licht laufe ich heute 24 Kilometer durch die Meseta. In Boadilla del Camino mache ich Pause in einer Bar mit Garten. Bei Café con leche und Mandelkuchen ergibt sich ein kleines Gespräch mit einem jungen Mann aus dem Ort, der in Frankfurt/M. studiert und Deutsch spricht. Er blickt erwartungsvoll auf das Champions League Endspiel zwischen Barca und Juve im nächsten Monat in Berlin, ein Thema, zu dem ich herzlich wenig beizutragen habe.

Am Ortsausgang kommt mir eine zierliche Pilgerin ganz in Lila entgegen. Für einen Moment bin ich unsicher: Stimmt meine Orientierung? Ja, alles gut. Sie geht den Weg von Santiago in umgekehrter Richtung und empfiehlt mir, am Ende des Caminos unbedingt Muxía an der Atlantikküste zu besuchen.

In Fromista treffe ich Frank und Nancy wieder, das nette Ehepaar aus Arizona. Gemeinsam schauen wir die lichte romanische Kirche San Martín an. Frank hat Knieprobleme. Es ist noch nicht klar, ob die beiden den Weg zu Ende gehen können. Er gibt sich optimistisch, als alter Militär verkündet er ein Motto der US-Marine: »Pain is weakness leaving the body«[1]. Alles Gute, Frank!

Die Herberge im klitzekleinen Ort Villarmentero de Campos, meinem heutigen Ziel, erweist sich als ein hippiemäßig

---

[1] Schmerz ist Schwäche, die den Körper verlässt.

buntes Gebäude. Schon beim Näherkommen höre ich laute Musik, zwischen Bäumen im Garten sind Hängematten als Schlafplätze aufgespannt. Am meisten nervt die Beschallung. Ich krame ein Herbergsverzeichnis hervor. Gibt es nicht auch ein kleines Hotel im Dorf? Richtig, da ist es schon. Ich bekomme ein Doppelzimmer, es gibt sogar einen Haartrockner, um 18.30 Uhr ist Abendessen.

Zwei französische Pilgerinnen möchten offensichtlich unter sich bleiben, so setze ich mich an einen Einzeltisch und radebreche mit der Wirtin. Ganze elf Einwohner hat der Ort.

Tag 110, Freitag, 15.5., Villarmentero de Campos – Calzadilla de la Cueza

Brrr, Eiseskälte morgens um sieben. Schade, dass ich keine Handschuhe dabeihabe – und gut, dass ich nicht in einer Hängematte zum Eisklumpen erstarrt bin. Die »Kalte Sophie«[1] macht ihrem Namen alle Ehre.

Nach einer Stunde erreiche ich das nächste Dorf, wo just die Rollläden der Bar hochgezogen werden.

Von dem jungen Mann, der gerade seine Arbeit an der Theke beginnt, höre ich: Null Grad hat das Thermometer im Auto angezeigt. Zwei Cafés con leche und ein Boccadillo bringen den Organismus auf Betriebstemperatur – ultreia, immer weiter.

In Carrión de los Condes begegne ich Gerd und Annegret, die ich zusammen mit Bettina, Nancy und Frank bei Siesta, Vesper und Übernachtung in Rabé de las Calzadas kennengelernt habe. Sie warten auf den einzigen Bus des Tages, der in zwei Stunden fährt. Nach einer ruhelosen Nacht in einem großen Schlafsaal sind sie geschafft und ersparen sich die siebzehn Kilometer lange Strecke ohne menschliche Behausung, die heute vor uns liegt. Auch Bettina ist da, mal wieder fröhlich im Gespräch, diesmal mit einem Jan aus Deutschland.

---

[1] Die letzte der Eisheiligen, ihr Tag ist der 15. Mai

Ich verabschiede mich. Vor der »Hammerstrecke«, die jetzt beginnt, habe ich Respekt. Der Pilgerführer benutzt für die menschenleere, fast baumlose Etappe ohne Schatten und Wasser dreimal das Wort »endlos«. Inzwischen brennt die Sonne wieder, aber bei einer leichten Brise läuft es sich gut.

Ein wunderbares Licht bringt die Farbenvielfalt zum Leuchten – weizengrün, kornblumenblau, distellila, rapsgelb. Die Meseta mit ihrer grandiosen Weite erobert mein Herz.

»Pilgerkirmes« findet hier nicht statt. Die Landschaft und ich, sonst nichts. Die Zeit tritt in den Hintergrund.

Szenenwechsel. An einem Rastplatz treffe ich die Frau mit dem Pudel. Wie geht es? Sie müssen viele Pausen machen. Es ist schwierig, in den winzigen Dörfern geeignetes Hundefutter zu bekommen. Der Hund trägt nur noch einen Babyschuh.

Am frühen Nachmittag bin ich am Ziel, die Herberge ist gleich am Ortseingang. Ich habe Glück und bekomme das letzte untere Bett im großen Schlafsaal. Im Garten gibt es Sitzecken, Jeanne aus dem Elsass, die ich bereits in einer früheren Herberge kennengelernt habe, hat schon ein Ruheplätzchen gefunden. Ich brauche Wassernachschub, in der Meseta soll man das Brunnenwasser nicht trinken. In der Tienda[1] treffe ich Bettina, sie hat einen Platz in der Herberge nebenan bekommen. Wir verabreden uns zum Abendessen.

Im Garten unterhalten sich drei junge deutsche Frauen über Gewichtskontrolle, eine hat eine »Vogue« dabei. In der Meseta erstanden? Kaum. Im Rucksack mitgeschleppt? Eher nicht. Ich tippe auf Gepäcktransport. Verschiedene Modemarken werden diskutiert. Eine andere Generation, uns trennen Jahrzehnte. Oder mal wieder: der Camino als Disneyland?

Im Restaurant neben der Herberge trifft man sich abends zum Pilgeressen. Meine Tischnachbarn sind Bettina und Rebekka aus Montreal, letztere hat sich nach mehrmaligem Anschauen des Films »The Way« auf den Weg nach Europa gemacht. Außerdem ein koreanischer Arzt, der nach einer

---

[1] Laden

Krebserkrankung Maler geworden ist und leider nur wenig Englisch spricht sowie ein britischer Tierarzt mit seinem zwanzigjährigen Sohn.

Was hält der Tierarzt vom Pilgern mit Hund? »Wenn man den Hund fragen könnte, wäre die Antwort ein entschiedenes Nein!« Auch zum Thema Bettwanzen nimmt er aufgrund eigener Erlebnisse Stellung: »You get obsessed by it!«[1] Das kann ich aufgrund meiner Erfahrungen mit den Blutsaugern nur bestätigen.

Tag 111, Samstag, 16.5., Calzadilla de la Cueza – Sahagún

Wie gewohnt lasse ich die Rushhour verstreichen, Jan aus Deutschland macht es genauso. Um kurz nach sieben verlassen wir als letzte die Herberge. Jan ist jünger und sportlicher als ich, also: »Bis später!« Ein klarer und kalter Morgen, auch heute bekomme ich Eisfinger.

Am Wegesrand erblicke ich den Pudel mit Frauchen und Bettina. Nach einem kurzen Schwatz zu dritt steuern Bettina und ich eine Bar an, Jan sitzt schon vor einem Kaffee. Bettina möchte eine längere Pause machen. Jan und ich brechen bald auf, wählen eine alternative Feldwegvariante zum Hauptweg entlang der Autobahn und verfranzen uns. Abrupt endet der Pfad in einem Feld. Wir stapfen durch junges Getreide, durch einen ausgetrockneten Graben, Jan zieht mich eine steile Böschung hoch. Gerade als wir oben auftauchen, kommt Bettina des Weges und ist sichtlich beeindruckt von unserem plötzlichen Erscheinen aus dem Nichts.

Die Tür der Ermita de la Virgen del Puente ist leider verschlossen. Jan zieht weiter, Bettina und ich machen die nächste Pause – heute ist Pausentag – und fahren mit unseren Lebensgeschichten fort. Wir sprechen über Beziehungserfahrungen, Brüche und Neuanfänge, Familienaufstellungen, Gelöstes und Ungelöstes.

---

[1] Man wird davon besessen!

Gemeinsam wandern wir nach Sahagún, treffen noch einmal Vater Tierarzt mit Sohn und verabschieden uns: Sie werden morgen zurück nach England fahren.

Unsere heutige Bleibe ist ein langgestrecktes Gebäude mit vergitterten Fenstern, das Benediktinerinnenkloster. Mit einem langbeinigen Amerikaner, der täglich vierzig Kilometer läuft, teilen wir ein Vierbettzimmer. Später kommt noch Rebekka dazu, das Bett über meinem ist noch frei. Ich hoffe inständig, dass es stabil genug ist, denn Rebekka ist stark übergewichtig.

Ich bin ziemlich hungrig, bis halb acht heißt es noch zu warten. Dann gibt es im kalten Speisesaal ein vitaminfreies Abendessen: Pasta mit viel Öl und wenig Dosenthunfisch, dann Pommes und zwei Scheiben Schweinebraten.

Der Amerikaner ist Veganer und versorgt sich selbst aus einer großen Tragetasche. Den Nachmittag und Abend verbringt er mit seinem Laptop im Bett. Er wirkt sympathisch, hat aber offenbar kein großes Kontaktbedürfnis.

Den Ordensschwestern begegnen wir nicht. Die schlecht gelaunte Frau, die für den Speisesaal zuständig ist, fordert uns unmissverständlich zum Gehen auf, sie hat wohl Feierabend.

Auch im Schlafraum ist es kühl. Immerhin gibt es eine Zusatzdecke.

Tag 112, Sonntag, 17.5., Sahagún – El Burgo Ranero

Um fünf in der Frühe ist der Amerikaner höchst rücksichtsvoll gestartet. Das klösterliche Frühstück ist bescheiden: ein Milchkaffee und zwei Madeleines. Zum Glück habe ich noch eine Banane.

Rebekka nimmt ein Taxi nach León. In der Morgenkälte beginnen Bettina und ich die Etappe gemeinsam. Wir sprechen über Sterben und Tod. Vor einiger Zeit hat sie ihre Mutter verloren.

Das Mitteilen der eigenen Geschichte, gerade der schwierigen Phasen und der nicht gelösten Konflikte, das Zuhören und das Mitfühlen: Der Weg als »Therapeut« ist für mich eine neue

Erfahrung, diese Seite des Pilgerns habe ich unterwegs in Frankreich noch nicht kennengelernt. Als ich aus der Puste komme, trennen wir uns.

Ein Pilger holt mich ein, er spricht Italienisch, ich Französisch, es klappt gut. So entspinnt sich eine muntere Unterhaltung über Italien nach Berlusconi, mögliche Verbindungen von Vatikan, der P2-Loge und der Mafia. Über Papst Franziskus höre ich: »Er streicht an dem stark renovierungsbedürftigen Haus die Außenwände neu.« Jetzt bin ich es, die ein schnelleres Tempo braucht. Ciao – Buen Camino!

Zwei Stunden bin ich unterwegs, sie sind wie im Flug vergangen. Jetzt ist es Zeit für eine Pause, eine Bar liegt gleich am Weg, Bettina und auch Jan sind bereits da. Café con leche und ein Boccadillo ergänzen das karge klösterliche Frühmahl.

Um kurz nach halb eins komme ich im unspektakulären, landwirtschaftlich geprägten El Burgo Ranero an. Schon wartet vor der Herberge eine kleine Schlange. Mir wird ein oberes Bett zugeteilt, doch ein netter Spanier, der statt mit Rucksack mit einem Wägelchen unterwegs ist, bietet mir einen Tausch an. Gracias! Kurz darauf landen auch Bettina, Jan und Jeanne aus dem Elsass im selben Schlafraum.

Erst draußen und dann, als es zu heiß wird, drinnen verbringe ich einen geruhsamen Sonntagnachmittag. Jeanne erzählt von den wirtschaftlichen Problemen Frankreichs, den sozialen Folgen der Migration, vor allem der Stärkung der Rechtspopulisten unter Marine Le Pen.

Abends gehen wir Paella essen. Eine große Runde versammelt sich um den langen Tisch im Garten eines kleinen Restaurants: Bettina, Jan, Jeanne, Mutter und Tochter aus Korea, zwei Litauerinnen und einige Radpilger aus den USA und aus Katalonien. Gespräche auf Deutsch, Englisch, Französisch. Der Wirt, Manolo aus Katalonien, erzählt anrührend von der Begegnung mit seiner bulgarischen Lebensgefährtin. Er war Hospitalero, sie unterwegs auf dem Camino. Auf ihrem Rückweg legte sie Etappen von vierzig Kilometern zurück, um einen Tag eher bei ihm sein zu können. Sie berührte ihn unerwartet an der Schulter, als er gerade Paella zubereitete.

Dann erzählt er über die Geschichte des »Sternenwegs«.[1]

Seit langem beschäftigt er sich mit dem Thema. Ein vorchristlicher, sogar vorkeltischer Einweihungsweg sei der Camino. Warum pilgern Menschen seit urferner Vergangenheit aus allen Winkeln Europas in den äußersten Westen Spaniens?

Das griechische Wort »hespera« bedeutet Abend oder Westen. In der Mythologie sind die Hesperiden vier Jungfrauen. Sie hüten in einem Garten im äußersten Westen der Welt Äpfel, die den Göttern ewige Jugend und Unsterblichkeit verleihen. Der Weg westwärts – auf der Suche nach der Unsterblichkeit?

Die Ägypter blickten anders auf die Region des Sonnenuntergangs. Ihnen galt der Westen als die Region des Todes, ihre Grabstätten lagen westlich des Nils. Der Weg nach Westen – ein Weg in die Region von Untergang und Tod?

Die Druiden, die keltischen Priester, Heilkundigen und Ratgeber, so berichtet unser Wirt, hatten nach zwanzigjähriger Ausbildung die abschließende Aufgabe, den »Sternenweg« bis zum Ende der Welt, bis Finisterre, zu gehen. Dort erlebten sie in einem Einweihungsritual die Unsterblichkeit des ICH BIN.[2] Die Suche nach dem, der diese Worte spricht, sei das Ziel christlicher Pilgerschaft.

Ich denke an den besonderen Abend im Sommer 2013 in Sorges, als es auch um dieses Thema ging.

Dass seit dem Mittelalter Pilger nach dem Besuch des Apostelgrabs in Santiago noch drei oder vier Tage weiter bis Finisterre wanderten, um am Atlantik ihre Kleider als Symbole des »alten« Menschen zu verbrennen, sei eine Weiterführung der druidischen Tradition.

---

[1] Synonym für den Camino Frances mit Bezug zur Milchstraße

[2] 2. Mose 3,14: »Ich bin, der ich bin!«

Im Zeitalter der Microfaser aus ökologischer Sicht wohl keine gute Idee. – Ein interessanter Abend.

In der Nacht wache ich auf. Ein kurzsichtiger Blick, ohne Brille, durchs Fenster. Wo bin ich? Die verschwommenen Konturen der beschnittenen Platanen, der flachen Häuser erscheinen im fahlen Licht wie aus einer anderen Wirklichkeit.

Tag 113, Montag, 18.5., El Burgo Ranero – León

Bettina und ich wandern gemeinsam los. Wir setzen unsere »Biographiearbeit« fort, heute geht es um Männer und Kinder. Im Austausch schärft sich der Blick für die eigenen Erfahrungen und die überindividuellen Muster weiblicher Lebenswege. Wie gut, dass sich die starren Rollenzuschreibungen früherer Epochen inzwischen zu einem Gutteil gelöst haben und wir Europäerinnen – und hoffentlich Frauen aus allen Weltteilen – eigene Wege gehen, auf dem Camino und im Leben.

Die Strecke durch die Meseta nähert sich ihrem Ende. In der Ferne werden Berge sichtbar, die Montes de León treten immer größer und deutlicher ins Blickfeld. Nach einer Kaffeepause in Reliegos mache ich mich auf, Bettina bleibt noch.

In Gedanken wandere ich noch einmal zum gestrigen Abend, zum Weg nach Westen. Der englische Ausdruck für »jenseits von Eden« kommt mir in den Sinn: »east of Eden«. Auch ein Hinweis darauf, dass der Garten Eden, das verlorene Paradies im Westen gesucht wurde?

Gibt es Dokumente und Beweise für das, was Manolo gestern über den Camino gesagt hat? Die Kelten haben keine schriftlichen Zeugnisse hinterlassen. Spielt das eine Rolle? Nein, denke ich. Millionen von Menschen haben im Laufe vieler Jahrhunderte nach ihrem ureigenen Weg gesucht, nach Heilung, nach Vergebung, nach Frieden, nach Sinn, nach Gott. Sie haben dem Weg nicht nur ihre Fußspuren eingeprägt, sondern auch ihre Gedanken und Gebete, Fragen und Zweifel, Sorgen und Nöte, ihre Sehnsucht und Hoffnung. Die Fußspuren sind schnell durch Wind und Regen getilgt. Die geistigen Spuren bleiben, im Geistigen gibt es keine Zeit. Und diese unsichtbaren Spuren erzeugen die heilsame Atmosphäre und die belebende Energie des Caminos, die für mich besonders in der Meseta spürbar sind, jenseits aller Kommerzialisierung und Vulgarisierung des Pilgerns.

Vor Mansilla werden bereits Ausläufer der Industrieregion rund um León sichtbar. Beim Paellaessen gestern gab es den Tipp, ab hier den Bus in die Stadt zu nehmen. In einer Stunde ist Abfahrt. Im etwas abgelegenen Busbahnhof wartet Jeanne bereits an einem Schattenplätzchen. Die Bedienung im Kiosk spendiert uns Pilgerinnen je ein kleines Stück Kuchen, aus dem Radio ertönt John Lennons ›Imagine‹: »Imagine all the people, sharing all the world ...«

Gerd und Annegret finden sich ein, etwas traurig, weil es ihr letzter Tag ist. Ob Nancy und Frank trotz Knieschmerzen den Weg fortsetzen können? Das wissen die beiden leider auch nicht.

In León möchte ich einen Stadttag einlegen und brauche ein Zimmer für zwei Übernachtungen. Also steuere ich zuerst die Touristeninformation direkt gegenüber der Kathedrale an. Beides ist während der Siesta geschlossen. Zum Glück gibt es Bänke im Schatten. Zwei Pilgerinnen warten genau wie ich. Ich höre deutsche Laute und spreche sie an. Astrid und Hilde aus dem Rheinland sind gerade angekommen und werden in León starten. Hilde ist pilgererfahren, Astrid noch nicht.

Geräuschvoll gehen um Punkt sechzehn Uhr überall die Rollläden hoch. Die Siesta ist beendet, das Leben beginnt wieder. Ich bekomme ein Zimmer in der Altstadt und mache mich frisch und ohne Rucksack auf einen Stadtspaziergang.

Die Kathedrale ist ein Wunderwerk aus farbigem Glas und Licht. Die kühnen Erbauer haben den Anteil der Steinflächen im Verhältnis zu den Glasflächen bis zur äußersten Grenze der statischen Stabilität reduziert: ein Raum dem ewigen Licht![1] Für mich ein »spirituelles Kraftwerk« wie auch die Kathedrale

---

[1] vgl. »Ein Fenster dem ewigen Licht« – Gedicht von Marie Luise Kaschnitz

in Metz. Auch zum Staunen: León zählte zur Zeit der Errichtung im 13. Jahrhundert gerade mal fünftausend Seelen.

Wie fast alle Kirchen in den Dörfern und Städten am Camino Francés, wie die Kathedralen in Pamplona, Santo Domingo de la Calzada, Burgos, Astorga ist auch die in León der Maria geweiht. Warum ist Maria die allgegenwärtige Namensgeberin und nicht Jakobus/Santiago? Die Antwort kenne ich nicht, so wenig wie die Lösung des Rätsels, dass Stephanus/Etienne Namenspatron etlicher Kathedralen auf dem Jakobsweg über Vézelay ist.

Tag 114, Dienstag, 19.5. León

Am Vormittag laufen mir Bettina und Jan gemeinsam mit Elisabeth, einer bayrischen Pilgerin mit oberschlesischem Akzent, über den Weg. Sie sind gerade mit dem Bus angekommen. Wir alle frieren, die Temperatur ist von 30 Grad auf 15 Grad gefallen. Der richtige Zeitpunkt für ein kleines Verwöhnprogramm. Ich kaufe ein rein wollenes T-Shirt und gehe zum Friseur.

Unterwegs hat jemand vom ehemaligen Konvent San Marco geschwärmt: ein Muss! Also auf zum weitläufigen Renaissancebau aus dem 16. Jahrhundert. Großflächige Steinpflasterung, in der Nähe der Grünpflanzen in den Anlagen riecht es faulig-giftig. Keine einzige Blüte ist zu sehen. Kirche und Kreuzgang wirken pflegebedürftig. Dann lese ich auf einer Tafel: Unter Franco war hier ein Konzentrationslager, in dem viele Oppositionelle ermordet wurden. An diesem Ort sind es Spuren des Ungeistes, die eine schädliche Energie und eine unheilvolle Atmosphäre erzeugen, so nehme ich es wahr.

Zur Erholung besuche ich noch einmal die Kathedrale. Die wunderbare Westrose leuchtet im Abendlicht.

Tag 115, Mittwoch, 20.5., León – Villavante

Den Weg durch ausgedehnte Industriegebiete aus der Stadt hinaus erspare ich mir und nehme den Bus bis Virgen del Camino. Auf einen angenehmen Weg durch eine Heidelandschaft mit Ginster und Lavendel folgt ein Härtetest im wahrsten Sinne des Wortes. Eineinhalb Stunden marschiere ich schnurgerade über eine asphaltierte Landstraße. Der kieselige oder grasige Seitenstreifen ist so schmal, dass er kaum begehbar ist. Rechts melden sich das Knie, das ich vorsichtshalber bandagiert habe, und der Fuß mit der Botschaft: Vergiss nicht das letzte Jahr! Die Botschaft kommt an. Wenn die Verkehrslage es erlaubt, laufe ich mitten auf der Straße, um die Gelenke zu schonen. Wie damals in den Pyrenäen zähle ich die Schritte von 1 bis 20, dann wieder von vorn. Erst nach einer gefühlten Ewigkeit mündet die Asphaltstrecke in einen steinigen Feldweg. Drei sportliche junge Leute überholen mich. Geht es schon wieder los, das Gerenne um die letzten Schlafplätze?

Das Dörfchen Villavante ist bereits zu sehen. Noch die letzten Meter, dann erreiche ich die schöne neue Herberge. Im großen Schlafsaal mit Balken und Spitzdach haben sich schon einige Bekannte eingerichtet, unter anderem Richard, der Camino-erfahrene Amerikaner aus Belorado, und eine Gruppe aus den USA: zehn Studenten mit ihrem Hochschullehrer. Wir sind uns auf dem Weg schon kurz begegnet.

Tag 116, Donnerstag, 21.5., Villavante – Astorga

Nach einer Wegstunde frühstücke ich in einer Bar. Ein prächtiger Strauß Rosen und Pfingstrosen steht auf dem Tisch, Bücher über den Camino liegen aus. Hier regiert nicht allein die Betriebswirtschaft: gracias!

Die Ebene, letzte Erinnerung an die weiten Flächen der Meseta, geht über in eine wellige Heidelandschaft. Auf dem weißgrauen oder auch ockerfarbenen Sandweg lauern bisweilen Kippelsteine und ärgern die Fußgelenke. Oft bin ich ganz allein auf dem Weg, weit und breit ist kein Rucksack zu sehen. Bin ich noch richtig? Ja – dort steht ein Paar am Wegesrand, es wird im Rucksack gekramt. Ihr einjähriges Kind pilgert im Tragesitz mit. Buen Camino!

Vor Astorga wartet noch ein Anstieg, dann bin ich schon an der Herberge. Sie ist eine der größten am Camino, das Gebäude ist ein ehemaliges Kloster. Ich bin die erste in einem Viererzimmer. Als Nächste kommt eine Slowenierin, früher Unternehmerin, jetzt Astrologin. Sie klärt mich ohne Umschweife über die Zuordnung der Planeten zu den Chakren auf, ich hatte gar nicht danach gefragt. Zwei Pilgerinnen aus Holland und aus Deutschland gesellen sich noch dazu.

In die alte Römerstadt Astorga verliebe ich mich auf den ersten Blick. Ein überschaubares und einladendes Zentrum, kleine Lädchen, eine mächtige Kathedrale. Gleich nebenan ein vom Architekten Gaudi konzipiertes Gebäude, ursprünglich als Bischofspalast geplant, heute Museum. Mit seinen spitzbehelmten Türmen wäre es die passende Kulisse für die Prinzenhochzeit in einem Märchenfilm. In dieser Stadt möchte ich mehr als nur ein paar Stunden verbringen! Wie wird man Hospitalera in der Herberge? Am besten gleich den Hospitalero an der Rezeption fragen! Er kommt aus dem Ruhrgebiet und gibt mir ein Kärtchen mit den nötigen Kontaktdaten. [1]

Tag 117, Freitag, 22.5., Astorga – Rabanal del Camino

Elisabeth, die bayrische Pilgerin mit dem oberschlesischen Akzent, möchte aus Sicherheitsgründen nicht allein gehen. Überall in der Stadt hängen Plakate, eine amerikanische Pilgerin wird seit Ostern vermisst. Ob wir uns uns zusammentun könnten? Ich bringe es nicht übers Herz, »nein« zu sagen. Schnatterkalt ist es, als wir uns um sieben in der Frühe auf den Weg machen, Astorga liegt auf einer Höhe von rund 900 Metern. An

---

[1] Im Herbst 2015 und im Sommer 2016 bin ich für etliche Wochen Hospitalera in Astorga.

der Kathedrale vorbei geht es hinaus auf einen fußfreundlichen Sandweg. Die Sonne kommt heraus, Ginster und Heidekraut leuchten. Elisabeth und ich finden keine gemeinsamen Themen. Wir sprechen über Banales oder, besser noch, schweigen einfach. Der Weg beginnt zu steigen, anfänglich noch sachte. Um eins sind wir in der Herberge. Wieder bekannte Gesichter: Astrid und Hilde, die ich vor der Kathedrale von León kennengelernt habe, sind schon da.

Am Abend besuchen wir das lateinisch gesungene Stundengebet. Die von Templern erbaute Kirche ist heute eine Niederlassung von wenigen spanischen und deutschen Benediktinern. Es fehlt jede barocke Pracht. Die Schlichtheit in Verbindung mit dem gregorianischen Gesang ist beeindruckend.

Tag 118, Samstag, 23.5., Rabanal del Camino – El Acebo

Die katholische Kirche und die Frauen, Reinkarnation und Christentum: Beim Frühstück kommen Astrid, eine engagierte und kritische Katholikin, und ich, die Nichtkatholikin, in ein interessantes Gespräch. Leider findet es schnell ein Ende, die strenge Hilde drängt zum Aufbruch. Wie lange kann es gut gehen mit den beiden und ihrem asymmetrischen Verhältnis? Elisabeth hat eine neue Begleitung gefunden und ich bin froh, allein gehen zu können.

Zwischen hohen Ginsterbüschen führt der Pfad bergan. Ein jüngerer Mann nähert sich aus der Gegenrichtung. Er kommt aus Santiago zurück und ist unterwegs nach Jerusalem. Per Schiff nach Italien, über Rom weiter nach Griechenland und in die Türkei, über Land weiter nach Syrien und Israel. Syrien? Ja, kein Problem, der IS sei längst nicht in allen Landesteilen präsent! Ich wünsche ihm von Herzen Good luck und Buen Camino.

Die Barterrasse in Foncebadon mit Blick in die fantastische Berglandschaft mit gelbem und weißem Ginster, mit rosafarbener Erika ist voller Pilger, ich finde gerade noch einen Platz. In dem seinerzeit gänzlich verlassenen Ort aus Coelhos

»Jakobsweg« sind jetzt wieder einige Häuser bewohnt, dafür sind die wilden Hunde verschwunden.

Dann heißt es weiter steigen. Viele überholen mich. Macht nichts, ich bleibe bei meinem Tempo.

An der höchsten Stelle des Camino Francés, auf 1500 Metern, steht das Cruz de Ferro, ein Eisenkreuz auf einem hohen Eichenpfahl. Hier legen seit alter Zeit Pilger einen Stein nieder, Zeichen für eine persönliche Last oder ein inneres Anliegen. Wird dadurch der tiefe Brunnen im Innern leichter zugänglich?[1]

Jetzt gerade ist ein knappes Dutzend Pilger um den aufgetürmten Haufen versammelt. Gern wäre ich hier einen Moment allein. Aber auch so findet mein Stein seinen Platz zwischen den vielen anderen.

Noch eine Weile setzt sich der Anstieg fort, dann geht es über eine steile steinige Strecke hinunter nach El Acebo. Immer wieder knicke ich um, das tut den Fußgelenken gar nicht gut.

Am frühen Nachmittag erreiche ich den winzigen Ort, der ganz vom Pilgergeschäft bestimmt ist. Schon auf dem Weg bergab priesen zwei große Reklametafeln auf Englisch Herbergen an. Ich komme im richtigen Moment für das letzte Bett unten an. Nach dem üblichen Programm (Dusche und Wäsche) trinke ich am Steintisch im Garten eine Schokolade und schwatze mit Marly aus Holland und drei Franzosen. Wo sind Bettina, Astrid, Jan?

Tag 119, Pfingstsonntag, 24.5., El Acebo – Ponferrada

Das Pfingstfest scheint auf dem Pilgerweg, vielleicht auch generell in Spanien, keine große Bedeutung zu haben. Den Gruß »Frohe Pfingsten« auf Spanisch oder Englisch höre ich am Morgen in der Herberge nicht.

---

[1] siehe Tag 80, Etty Hillesum

Immer wieder bin ich allein auf dem Weg. Die Violinistin aus Chartres kommt mir in den Sinn, die die Variationen eines musikalischen Themas mit dem Heiligen Geist verglich. »Er verändert unerwartet, voller Überraschungen das Leben.« Das Unerwartete, die Überraschungen: geradezu Normalität auf dem Pilgerweg! Die Verständigung über die vielen Sprachgrenzen hinweg – der individuelle Weg eines jeden Pilgers und das gemeinsame Ziel – die BeGEISTerung über landschaftliche Schönheit, kulturelle Meisterwerke, über Begegnungen und Austausch auf dem Weg: Hat der Camino nicht etwas Pfingstliches? Nach der Regel von Maria aus Barcelona bin ich ja immer noch auf dem »Weg des Geistes«!

Dann bin ich wieder ganz irdisch mit meinen Fußgelenken befasst, die wie gestern schon durch Wackelsteine malträtiert werden. Der Abstieg ist stellenweise grenzwertig steil, ich bin heilfroh, bei trockener Witterung unterwegs zu sein. In der Herberge gab es kein Frühstück. Meine Hoffnung auf einen Kaffee im nächsten Dorf platzt. Am Sonntagmorgen ist keine Bar geöffnet. Also nur eine Banane als Festtagsfrühstück. Dafür gibt die Vogelwelt ein Feiertagskonzert, ein Kuckuck trägt sein Teil bei.

Und dann taucht an einem Campingplatz tatsächlich eine Bar auf! Die Wirtin erzählt, dass sie leider den Camino nicht laufen kann, ein unverschuldeter Autounfall hat ihren Rücken ruiniert. Sie bringt mir ein riesiges Bocadillo mit Tortilla und Kaffee und ich genieße das Pfingstfrühstück in der Sonne. Die zweite Bocadillohälfte wandert in den Rucksack. Ultreia, auf, weiter! Etliche Pilger überholen mich. Kein Wunder, sie laufen ohne Rucksack. Camino light.

Schon seit einiger Zeit ist Ponferrada gut sichtbar. Bis ich tatsächlich dort bin, dauert es deutlich länger als erhofft. Mittagshitze und Asphalt lassen meine Motivation in den Sinkflug wechseln.

Der Weg zur Herberge gehört nicht zur Schokoladenseite der Stadt.

Bei meiner Ankunft in der Herberge »San Nicolás de Flüe« sind die Strapazen schnell vergessen. Zum Empfang gibt es Tee und Keks, ich bin die Erste in einem Vierbettzimmer. Eine Frau aus Rostock kommt dazu. Sie muss abbrechen – aus dem gleichen Grund wie ich im letzten Jahr. Ich fühle mit ihr! Eine Pariserin mit einem Haarschmuck aus weißem Ginster und Erika und eine junge, ganz stumme Asiatin komplettieren das Quartett.

Von der weinüberrankten Terrasse geht der Blick auf die Montes de León und auf ein Schild: Santiago 202,5 km. Eine überschaubare Entfernung, gemessen an der Strecke, die schon hinter mir liegt.

Viele Menschen sind am Sonntagnachmittag in der Stadt unterwegs, alle Stühle vor den Bars im Zentrum sind besetzt. Doch eine Eisdiele hat einen freien Platz für mich.

Leider ist die mächtige Templerburg sonntags und montags geschlossen, also habe ich auch morgen früh keine Chance, schade.

Zurück in der Herberge finde ich es im Gemeinschaftsraum wuselig und laut. Die letzte Nacht war wegen vieler Schnarcher wenig erquicklich. Ich spüre leichtes Halsweh, die Beine sind schwer, der rechte Fuß ist nach dem strapaziösen Abstieg geschwollen. Ich sehne mich nach Ruhe. Im Zimmer schläft die sprachlose Asiatin bereits. Noch nicht neun, ich schreibe noch eine Weile.

Tag 120, Montag, 25.5., Ponferrada – Pieros

Definitiv nicht mein Tag heute. Alles ist oder fällt schwer: die Beine, das Laufen, der Weg. Früh verabschiede ich mich von Anke aus Rostock, sie wird über Santiago nach Deutschland zurückkreisen, ohne den Weg zu Ende gegangen zu sein. Sie trägt ihr Geschick mit Fassung, aber ich spüre auch die Traurigkeit dahinter.

Vorbei an der grandiosen Templerburg verlasse ich durch Geschäftsstraßen die Stadt. In einer Apotheke besorge ich ein

Schmerzgel und Arnika. Die Begegnung mit Anke hat mich daran erinnert, rechtzeitig und gut auf die Signale meiner Füße, meines Körpers zu achten.

Mehr oder weniger lustlos wandere ich in sommerlicher Hitze durch langgezogene Dörfer. Üppige Rosen ranken an den Häusern. Die letzten drei Kilometer scheinen gar nicht weniger zu werden. Heute läuft es einfach nicht rund. Vielleicht trinke ich nicht genug. Ich habe Leitungswasser dabei, den Chlorgeschmack mag ich aber nicht.

Nach einem letzten Aufstieg über Asphalt weist ein Schild zur Herberge. Sie wirkt bunt und alternativ angehaucht. Die junge Frau am Empfang kommt aus São Paulo. Ich strecke mich auf dem Bett aus und komme nicht mehr hoch, meinen Beinen tut es gut.

Im Obergeschoss gibt es einen Meditationsraum, für achtzehn Uhr sind alle zu einer kleinen Veranstaltung eingeladen. Mit mir hocken vier deutsche und drei italienische Pilger auf dem Boden. Pablo aus Peru, Typ: Althippie, improvisiert auf einer Panflöte, dann soll jeder spontan ein Stichwort nennen. Ich nenne »Camino«. Er: »Ich wusste, dass du das nennen würdest!« Er liest einen Text vor, ich erinnere nur Bruchstücke: Ich bin auf dem Weg – ohne einen Lehrer oder Guru – der Tempel ist in mir ...

»Ich habe begriffen, dass es darauf ankommt, sich selbst zu lieben – dann kannst du die anderen lieben«, hat er in seiner kurzen Einleitung gesagt. Genau darum ging es heute Morgen in einem Gespräch zwischen zwei Pilgern in der Herberge von Ponferrada, das ich unfreiwillig mithörte. Keine wirklich neue Botschaft. In biblischer Formulierung: Du sollst deinen Nächsten lieben wie dich selbst.[1]

Ich denke an meine Reha 2011, das zentrale Motto hieß: Sich selbst eine gute Mutter sein. Vielleicht kann man es gar nicht oft genug hören.

---

[1] 3. Mose 19, 18/Mt 22, 39/Mk 12, 31/Lk 10, 27

Tag 121, Dienstag, 26.5., Pieros – Ambasmestas

Der Weg führt gleich in die Weinberge, schon am Morgen ist es ordentlich heiß. Wo ist Bettina?

An einem Feldweg liegt hinter einem Gittertor eine Bildhauerwerkstatt. Überlebensgroße Torsi, Mosaikintarsien an Bäumen, an einer Mauer ein Spruch:»Wo meine Träume Wurzeln schlagen und Freiheit eine Wand aus Licht und reiner Luft ist, da wird mein Land sein.« Poesie oder Wortgeklingel? Ich kann mich nicht entscheiden.

Gegen zehn bin ich im Zentrum von Villafranca del Bierzo. Vor einer Bar sind fast alle Stühle besetzt, geschätzt jeder zweite Pilger ist mit dem Smartphone beschäftigt. Neulich stand in einer Bar ein Schild auf der Theke:»Hier gibt es kein WLAN – bitte sprecht miteinander!« Gute Idee.

Ich lasse meinen Blick schweifen – da ruft mich Bettina! Sie ist heute mit einer Holländerin unterwegs und gerade im Aufbruch. Sie hat Jan seit León nicht mehr gesehen, sein ständiges Kleben am Smartphone hat sie zunehmend genervt. Er meldete seiner Lebensgefährtin daheim stets in Echtzeit seine Befindlichkeit, seine Eindrücke und Erlebnisse. Ich hatte mir unterwegs schon einen Spitznamen für ihn ausgedacht:»Jan, der ›Ich bin gar nicht weg‹«. Bettina und ich tauschen endlich unsere Handynummern aus.

Während dieser Caminojahre habe ich kein Smartphone, nur ein Mobiltelefon für Anrufe und SMS.

Und tschüss! Wenig später muss ich mich entscheiden: Camino duro – kräftezehrend, sagt der Pilgerführer – oder die einfache, aber unschöne Variante entlang der Straße, durch eine hüfthohe Betonmauer von der Fahrbahn getrennt. Auf Kräfteschwund habe ich keine Lust und wähle die Straße, die immer wieder die Autobahn unterquert. Positiv: Fast ständig hört man Wasser rauschen, der Fluss Valcarce fließt parallel zur Route, streckenweise spendet üppiges Laub Schatten. Ein Stück weit gehe ich mit einer Australierin, sie hat sich anlässlich ihres 50. Geburtstags auf die weite Reise gemacht. Auch sie klagt über das allgemeine Gerenne der Jungen und Schnellen auf der Jagd nach Herbergsplätzen.

Zwei Uhr nachmittags, die Sonne brennt erbarmungslos, das Sprechen ermüdet mich. Als das Hinweisschild »Albergue« auftaucht, biege ich direkt ab, Ambasmestas heißt das Dorf. Gleich am Ortseingang liegt eine Bar, der Wirt führt mich durch einen Nebeneingang in einen dunklen kühlen Raum, der mich an eine Garage denken lässt. Es ist die Herberge. Außer fünf Stockbetten gibt es nicht viel Einrichtung. Ein Pilger liegt im Schlafsack auf dem Bett, offenbar im Tiefschlaf. Das Routineprogramm: duschen und waschen. Eine Wäscheleine gibt es nicht, dafür ein Schild: »Decke 2 €«. Decken, die fröstelnde Pilger über den Schlafsack breiten können, werden in Herbergen generell gratis angeboten.

Ich breite meine frisch gewaschenen Habseligkeiten auf Stühlen aus, in der Affenhitze ist alles im Nu trocken. Den Nachmittag verbringe ich damit, die restlichen Etappen grob zu planen. Die nächste Woche wird schon die letzte sein.

Nach achtzehn Uhr kommt Rainer heraus, er hat bis jetzt geschlafen. Wegen seiner Fußprobleme läuft er kurze Etappen, schon um elf war er hier. Erst seit León ist er unterwegs und schon oft mit Bus oder Taxi gefahren. Abbrechen will er nicht, doch die morgige Strecke nach O Cebreiro traut er sich nicht zu und wird ein Taxi nehmen. Beim Abendessen in der Bar sind wir allein. Ich habe schon nettere Unterkünfte erlebt.

Galizien bis Santiago:
› Weg des Herzens ‹

Beziehungsunwucht und Glückwunsch zur Trennung, zwei polare
Akteurinnen im Seelenraum, ein Donnerwetter als Einschlafhilfe,
ein australischer Unsympath, gerne mehr Heidi und weniger Ben,
Tränen in der Kathedrale, Willkommen und Abschied am Ziel des
Weges

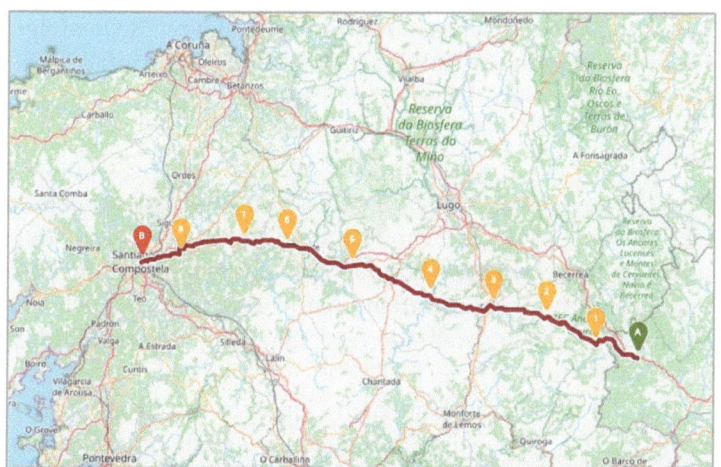

Tag 122, Mittwoch, 27.5., Ambasmestas – O Cebreiro

Beim morgendlichen Aufbruch bemerke ich, dass erst ein paar Häuser weiter der eigentliche Ort beginnt. Dort gibt es auch weitere Herbergen, in einer hat Bettina übernachtet, wie sich später herausstellt. Bald fängt die Steigung an. Heute geht es hinauf auf 1300 Meter, 682 Höhenmeter sind zu überwinden. Da kommt Rebekka, sie legt trotz ihrer Körperfülle ein beachtliches Tempo vor. Respekt! Ich laufe in meinem Tempo. In La Faba treffe ich Bettina mit Lisbeth aus Holland. In einer alternativ angehauchten Bar in einem uralten Haus erfrischen wir uns mit Gurken-Ingwersaft und Käsetostada. Die Toilette verfügt über eine Eimerspülung. Weiter! Zu dritt setzen wir den Anstieg fort. Manchmal kippele ich auf dem steinigen Untergrund, prompt kommt eine deutliche Rückmeldung von den Fußgelenken. Wie immer ist die letzte Stunde die schwerste. Eine Entschädigung bieten fantastische Blicke in die Bergwelt. Ein Gedenkstein markiert die Grenze zwischen Kastilien/León und Galizien.

Nach der Regel der Maria aus Barcelona – wo mag sie geblieben sein? – beginnt hier der Weg des Herzens. Vor zwei Tagen in Pieros sprach jemand von einer anderen Reihenfolge: Demnach beginnt in Galizien der »Camino espiritual«. Vielleicht braucht es gar keine strenge Sortierung?

Geschafft! Um eins sind wir in O Cebreiro. Touristenbusse und PKW parken vor dem Ort, mittelalterliche Steinhäuser und einige Pallozas bestimmen das Bild des Dorfes. Pallozas sind runde fensterlose Steinbauten mit Strohdach, die seit uralten Zeiten bis vor etwa hundert Jahren von Mensch und Vieh gemeinsam bewohnt wurden. Astrid und Hilde laufen uns über den Weg, wir verabreden uns für später. Bettina und Lisbeth wollen noch weiter.

Vor der großen kommunalen Herberge wartet schon eine Schlange. Ich habe Glück und bekomme noch ein Bett, wenn auch ein oberes, im großen Schlafsaal. Rebekka schneit herein und gleich darauf die Holländerin Marly, die ich aus El Acebo kenne.

Die Dorfkirche, vor fast 1200 Jahren gestiftet, ist wohl die älteste Kirche auf dem Weg. Mich berührt, dass Franz von Assisi auf seinem Pilgerweg auch hier war – oder gewesen sein soll. Leider wird auch hier die Unsitte der Beschallung mit geistlicher Musik aus der Konserve gepflegt, das verdirbt mir die Einkehr in Stille.

Marly begleitet mich zum Treffen mit Astrid und Hilde. Hilde nehme ich als besserwisserisch und humorlos wahr.

Hilde geht in die Abendmesse, wir bleiben zu dritt vor einer Bar sitzen und sprechen über unsere Perspektiven nach dem Beruf. Astrid arbeitet noch in Altersteilzeit in einer

Beratungsstelle, sie wird bald in den Ruhestand gehen und engagiert sich in einem ökologischen Projekt. Marly und ich sind bereits »freischaffende Biographiegestalterinnen«. Vielleicht wird die Tätigkeit als Hospitalera ein neues Projekt? Hilde kommt begeistert aus der Messe und hat uns allen eine Karte mit einem Pilgergebet mitgebracht. Eine freundliche Geste – danke!

In der Herberge bereitet man sich auf die Nacht vor. Am oberen Bett gibt es keine Ablage für Brille, Handy/Wecker, Ohrstöpseldöschen usw. Als Behälter für die Utensilien binde ich mir meine Freizeitschuhe ans Bettgitter.

Im Bett unter mir liegt Ben aus Australien. Er fragt nach meinem Alter. Distanzlos? Er ist Ende sechzig, groß und schwergewichtig, hat sich wohl schon auf der Pyrenäenetappe übernommen. Ich solle für ihn beten. Bloß distanzlos oder schon übergriffig? Ein seltsamer Zeitgenosse.

Der Hochbettnachbar hinter mir schaut ein Video auf einem Tablet, recht diskret, nur einmal bekomme ich mit: »Don't shoot!« Pilgern im dritten Jahrtausend. Nachts wache ich ein paarmal auf, der prozentuale Sauerstoffanteil der Raumluft bewegt sich gefühlt im unteren einstelligen Bereich.

Tag 123, Donnerstag, 28.5., O Cebreiro – Triacastela

Um zwanzig vor sechs beginnt das hektische Stirnlampen- und Smartphonegeflimmer, um sechs stehe auch ich auf und packe im Dunklen. Die Waschbecken im Waschraum sind direkt unter einer großen Panoramaverglasung angebracht, beim Zähneputzen hat man eine spektakuläre Aussicht auf das Wolkenmeer zwischen den dunklen Gipfeln.

Es wird hell und schnell warm, der Weg geht auf und ab. Gegen elf bin ich auf dem Alto do Poio, dem letzten Gipfel des Caminos, 1342 Meter hoch. Nach dem anstrengenden Aufstieg ist die Bar dort oben hochwillkommen. Reihenweise kommen Pilger an, darunter Rebekka. Zwei oder drei ältere Männer scheinen, schwer atmend, am Rande ihrer Kräfte zu sein. Vor der Bar hält ein Taxi mit der Aufschrift: »Camino comodo«, bequemer Weg.

Der Abstieg ist scheinbar leicht, geht aber in die Knie. Ein paarmal knicke ich um, autsch, aber die Bänder halten. Hinreißend schöne Ausblicke in die Bergwelt unter einem wolkenlosen Himmel.

In der Herberge in Triacastela sind mal wieder nur obere Betten frei. Marly und Ben sind auch hier untergekommen.

Nach einem Abendessen mit Marly bleibe ich noch eine Zeit draußen sitzen. Die Hitze klingt ab, die Abendluft tut gut. Eine Woche noch bis Santiago: gemischte Gefühle. Vorfreude auf das Ziel und leise Wehmut, weil das beWEGte Leben auf dem Weg zu Ende geht.

Tag 124, Freitag, 29.5., Triacastela – Sarria

Unter strahlend blauem Himmel durch das ländlich grüne Galizien zu wandern, ist reines Vergnügen. In einer Bar treffe ich Rebekka. Sie hat Magenprobleme und wartet auf ein Taxi zum Arzt. Unter Tränen erzählt sie von einem chronischen Gesundheitsproblem, das seit einer Fernreise immer wieder neu aufflammt. Der Wirt bringt ihr einen Tee. Hoffentlich kann sie nach der ärztlichen Behandlung ihren Weg fortsetzen! Aber auch im schlimmsten Fall, wenn sie den Camino abbrechen müsste, wäre ein Neuanfang möglich. Ich erzähle ihr vom Labyrinth und von meiner eigenen Erfahrung. Inzwischen mag ich Rebekka und schäme mich für die frühere abschätzige Beurteilung ihrer Körperformen. Von Herzen alles Gute, Rebekka! Wir verabschieden uns.

Zwei Stunden später bin ich in Sarria. In einem Lädchen kaufe ich Obst – und wer kommt herein? Es ist tatsächlich Astrid in Begleitung von Cathy aus den USA. Von Hilde hat sie sich getrennt, es wundert mich nicht. Vielmehr bin ich erstaunt, dass sie so lange durchgehalten hat.

In die Altstadt kommt man über eine steile, schier unendliche Treppe, in der Mittagshitze alles andere als ein Wohlfühlprogramm.

Aber dann führt eine geschnitzte Tür in ein altes Stadthaus, im üppigen Rosengarten plätschert ein Brunnen: meine heutige Bleibe. Das Viererzimmer teile ich mit Betty und John, einem älteren Ehepaar aus Neuengland, und einer jungen Frau aus Teneriffa. Die Amerikaner sind erfahrene Langstreckenwanderer. Betty wurde vor drei Tagen von Bettwanzen heimgesucht, man sieht deutliche Spuren im Gesicht und an den Armen. Mein Mitgefühl! Den französischen Weg von Le Puy bis zu den Pyrenäen ist sie bereits gelaufen, doch vom Camino Francés ist sie wegen des Trubels enttäuscht. Sie würde ihn nicht wieder gehen.

Später sitze ich auf einer Bank im Zentrum und bin dabei, Marlys Handynummer zu suchen. Ehe ich fündig werde, kommt sie auf mich zu. Wollen wir gemeinsam zu Abend essen? Gute Idee! In der Hauptstraße sitzt an einem Außentisch Birte aus Franken mit den zwei Gefährten aus Holland und England und dem Australier Ben. Kein Platz mehr frei. Wir ziehen weiter. In einem großen Restaurant bekommen wir einen Zweiertisch neben zwei holländischen Radpilgern. Während Marly niederländisch kommuniziert, lasse ich den Blick schweifen. Da ist Astrid! Wir winken ihr zu, der Wirt schiebt einen Tisch heran. Zentrales Gesprächsthema ist die Trennung von Hilde. Wir beglückwünschen Astrid zu ihrer Entscheidung. Da naht schon Hilde und spricht mich an, Marly wendet sich weiter Astrid zu. Wir machen es kurz, Aufbruch.

In der Herberge sind die Pilger bei Gitarrenmusik um ein Kaminfeuer versammelt. Ich gehe bald ins Bett, träume unruhig. Astrid mit ihrem wachsenden Selbstbewusstsein, ihrer Entschlusskraft, ihrem Mut zur Autonomie und Hilde mit ihrer Kontrollsucht, ihrem Machtgehabe, ihrer abwertenden Kommunikation wabern als Akteurinnen meines Seelenlebens durch die Träume. In welchen Zusammenhängen bin ich die eine, bin ich die andere? Alles ist auch in mir.

Tag 125, Samstag, 30.5., Sarria – Portomarín

Ich werde früh wach, die Amerikaner sind schon weg. Meine Bettnachbarin aus Teneriffa hört über ihren MP3-Player ein Motivationsprogramm. Ein dynamischer Sprecher verkündet, soweit ich es verstehe, das ultimative Rezept zum Thema: Wie werde ich garantiert erfolgreich und glücklich? Dazwischen poppige Klänge. Ich bitte sie auf Englisch, die Lautstärke zu senken. Englisch versteht sie nicht. Zweiter Versuch auf Spanisch: Sie versteht, sie solle die Lautstärke steigern, was sie auch prompt tut. Wehmütig denke ich an die stillen Wege in Frankreich.

Der Weg heute ist besonders schön. Das grüne Galizien mit seinen Hügeln, Senken, Weiden, Hecken, den uralten Steinhäusern, Gehöften und Ansiedlungen erinnert mich an eine Irlandreise vor Jahren. Nur hin und wieder sehe ich Menschen. In bäuerlicher Arbeitskleidung treiben sie eine Herde Kühe auf die Weide, reden mit den Nachbarn, fahren mit dem Traktor aufs Feld.

Nach drei Stunden Weg brauche ich eine Pause, ich hoffe auf eine Bar. Ein Weiler nach dem andern ohne Einkehrmöglichkeit. Viele Menschen sind unterwegs, ein Trupp Brasilianer, alle mit der Nationalflagge auf den T-Shirts, singt laut und fröhlich und verbreitet ein bisschen Volksfestatmosphäre. Ein Kilometerstein am Weg zeigt: 100 km bis Santiago. Diese Distanz reicht, um als Fußpilger die »Compostela«, die offizielle Pilgerurkunde zu bekommen. Aus diesem Grund beginnen viele erst in Sarria.

In Morgade finde ich sie endlich, die ersehnte Bar. Draußen sitzen Birte, ihre beiden Begleiter und Ben. Für mich ist noch ein Tisch frei. Astrid und Cathy kommen später dazu, wir tauschen uns kurz aus, ich möchte weiter und breche auf.

Portomarín ist schon seit geraumer Zeit sichtbar, doch zuerst geht es lange bergab. Ich gehe mit gebeugten Knien. Ein Italiener läuft in Serpentinen und empfiehlt seine Technik weiter: knieschonend, aber vermutlich mit einer Verdopplung der Schrittzahl verbunden.

Die heutige Stadt liegt an einem Stausee aus den sechziger Jahren, in dem das historische Portomarín, ein ehemaliger Templerort, versank. Die mittelalterliche Kirche wurde Stein für Stein ab- und in der Neustadt wieder aufgebaut.

Über die Staumauer wird der See überquert. Zum Schluss der schon bekannte Härtetest: In den Ort kommt man, indem man sich eine lange steile Treppe hinaufquält. Die Mühe lohnt sich, ich bekomme das letzte Bett in der Herberge.

In der Stadt sitzen Astrid und Cathy vor einem Restaurant. Beide sprechen kein Wort spanisch und bitten mich, telefonisch eine Unterkunft in Santiago zu reservieren. Ich rufe an und organisiere auch meine restlichen Nachtquartiere, nur in Taberna Vella geht niemand ans Telefon. Astrid hat ein Problem mit ihrer Bankkarte. Zwar klappt die Kartenzahlung, aber die Bargeldauszahlung am Geldautomaten funktioniert nicht. Könnte ich vielleicht beim erneuten Versuch assistieren? Natürlich, eine Bankfiliale ist ganz in der Nähe. Leider führen auch unsere vereinten Kräfte nicht zum Erfolg.

Hilde läuft uns über den Weg. Ob ich mit ihr essen gehe? Ich sage zu, wenn auch ohne große Begeisterung. Astrid und die »Ungerechtigkeit«, dass die Weggefährtin sich unabhängig macht, das ist erwartungsgemäß ihr Thema. Ich blocke ab und lenke das Gespräch ganz allgemein auf Pilgererfahrungen. Sie steigt ein, alles gut. Sie geht in die Abendmesse, ich zur Herberge, bekomme einen Sessel vor die Tür gestellt und schreibe.

Tag 126, Sonntag, 31.5., Portomarín – Palas de Rei

Nach einem Café con leche in der Stadt steige ich die steile Treppe hinab. Morgennebel beginnt sich zu lösen und gibt den Blick auf den See frei. Fügt er sich wirklich harmonisch in die Landschaft? Für mich kann er seine Künstlichkeit nicht ganz verleugnen. Viele Bekannte sind unterwegs, auch wieder Birte mit Begleitung. In einer Bar sitzen die Studenten aus Boston mit ihrem Professor. Er findet die Idee, als Hospitalera in Astorga zu arbeiten, gut: »I'll join you!«[1]

Weiter. Es bleibt diesig und angenehm kühl.

Ein Franzose holt mich ein, er erinnert sich an einen despektierlichen Satz von Luther, den ich neulich bei einem kurzen Gespräch unterwegs erwähnte: »Lauft nicht hin, man weiß nicht, ob der heilige Jakob oder ein toter Hund dort liegt.«

Er kommt auf das ägyptische Totenbuch zu sprechen, das den Weg des Verstorbenen nach Westen, ins Jenseits, beschreibt. Auf diesem Weg durchlebt er seine irdischen Taten noch einmal. Von seinen bösen Taten soll er sich trennen und ganz neu werden. Das erinnert mich an den Einweihungsweg der Druiden, von dem Manolo in El Burgo Ranero gesprochen hat. Der Franzose ist schneller als ich, Buen Camino!

Allein wegen der spontanen Gespräche mit völlig unbekannten Mitmenschen über nicht alltägliche Themen ist der Camino alle Mühen wert!

In einem winzigen Weiler fahren Kinder Rad und wünschen fröhlich »Buen Camino«, spaziert der Großvater zwischen den drei Häusern auf und ab, telefoniert die Großmutter in Kittelschürze und Hausschuhen auf dem Dorfplatz mit dem Handy. Wie lange noch wird man solche Bilder in Europa sehen können?

Ginster, Kiefern, efeuüberwucherte Steinmauern säumen den Weg, der Sandboden ist freundlich zu den Füßen. Zwei Frauen aus Litauen kommen singend daher. In der Paella-Runde in El Burgo sind wir uns schon begegnet. In Litauen haben sie schon eine Revolution[2] herbeigesungen, erzählen sie. See you later!

Palas de Rei präsentiert sich, anders als es der Name »Königspalast« verheißt, als trister Ort mit vielen verlassenen

---

[1] Ich mache mit!

[2] Das Singen von traditionellen, aber verbotenen Volksliedern in ihrer eigenen Sprache vereinte die Litauer in einer Massenbewegung, die 1990 die Loslösung von der Sowjetunion erreichte.

Häusern. In der Herberge bekomme ich wieder ein Bett oben, nur die jungen schnellen Sprinter haben eine Chance auf die begehrten unteren Lagerstätten.

Astrid läuft mir über den Weg, wir essen gemeinsam zu Abend. Ihre Begleiterin Cathy verabredet sich öfters mit amerikanischen Bekannten. Wir sprechen über unsere Söhne und ihre Wege ins Leben, über dies und das und streifen das »Hildethema« nur am Rande. Das Problem mit der Bankkarte ist weiter ungelöst. Wie schon vor acht Tagen in Rabanal kommen wir auch auf das Thema Religion. Astrid: »Wo wir in unserem Leben Gott gebären, da ist Religion.« Uff. Ein gewaltiger Satz: gebären – ein Kraftakt. Gott gebären – reicht unsere Kraft? Ich steuere einen Lieblingssatz bei, ein Zitat von Dorothee Sölle: »Religion ist Aufstand gegen die Banalität.«

Tag 127, Montag, 1.6., Palas de Rei – Boente

Gestern Abend, es war schon fast elf, schlüpfte ich im Schlafsaal kurz entschlossen in die Rolle der giftigen Alten. Bei ein paar deutschen und dänischen Jungmännern machte sich zunehmend alkoholbedingter Kontrollverlust bemerkbar, sie lachten und lärmten und nahmen auch noch mal den einen oder anderen Schluck zu sich. Gegen den Lärm versagten auch die Ohrstöpsel. Die Furie in mir erwachte und tönte mit überraschend gewaltiger Stimme: »SEID IHR EIGENTLICH KOMPLETT BESCHEUERT? WIR SIND NICHT AUF DEM KINDERGEBURTSTAG!«

Zugegeben: nicht sehr freundlich, aber wirksam. Prompt kehrte himmlische Ruhe ein, ich schlief bestens – und meine lieben Nachbarn hoffentlich auch.

Beim Frühstück treffe ich Astrid. Auch mit Cathys Assistenz hat das Geldabheben gestern Abend nicht geklappt. Astrid wartet auf Cathy, ich laufe los und lasse Palas de Rei hinter mir. Wie üblich ist zwei oder drei Stunden später eine Kaffeepause in einer Bar fällig. Astrid und Cathy kommen dazu, dann Hilde. Sie hat Astrid angeboten, ihr Geld zu leihen – Respekt!

Hilde gesellt sich zu mir und beklagt wieder das »Unrecht«, dass Astrid sie »verlassen« hat. Sie ist nicht bereit oder noch nicht bereit, ihren Anteil zu reflektieren. Ich habe selbst einige Situationen mitbekommen, in denen Astrid vor Publikum von Hilde als orientierungs- und hilflos hingestellt wurde. Ich möchte mich aber nicht in das Thema verwickeln lassen und meine Grenzen schützen.

Aus dem Gedächtnis zitiere ich aus dem Pilgergebet, das Hilde in O Cebreiro aus der Messe mitgebracht hat: »Wenn ich meinen Rucksack von Anfang bis Ende getragen habe, aber meinem Nachbarn nicht verzeihen kann, bin ich nirgends angekommen.« Ich möchte nicht die Moralkeule schwingen, mich aber auch nicht in Hildes Seelendrama hineinziehen lassen: »It's only people's games that you got to dodge!« [1]

Mittagspause mache ich in Mélide. Dort begegnet mir Ben, der mich mit einem Händedruck und einem »God bless you« begrüßt. Er wird mir immer unsympathischer. In Portomarin haben Marly und ich miterlebt, wie er mit seiner Frau in Australien telefonierte: »Neben mir eine Lady aus Deutschland und eine aus Holland – nein, Quatsch, lauter Compañeros!« Wenig später schlich er Arm in Arm mit einer Dame in die Abendmesse. Nicht die Banalität der Situation hat mich gestört, sondern das Unechte, Verschleiernde, Unwahrhaftige waren mir widerlich.

Die Herberge liegt am Ortsende von Boente, ich komme als erste Pilgerin an. Später treffen die singenden Ladies aus Litauen ein, sie haben schon zu Abend gegessen. So setze ich mich allein in die Bar und bekomme eine Nudelsuppe und einen großen Salat. Der Wirt textet mich in schnellem Spanisch zu, ich habe große Mühe zu folgen. Er bemerkt doch meine bescheidenen Spanischkenntnisse! Aber er scheint nicht willens,

---

[1] Man muss den Spielchen der Leute nur aus dem Weg gehen! (siehe auch Tage 59, 92)

mit seinem Sprechtempo etwas Rücksicht darauf zu nehmen. Dazu läuft der Fernseher die ganze Zeit, wird erst auf meine Bitte hin leiser gestellt. Ich verstehe, dass er aus Madrid ist, schon 'zigmal auf dem Camino war, etwa zwanzig Pilgerurkunden aus Santiago hängen an den Wänden. Im Übrigen ist der Kapitalismus an allem schuld. Und wie denken die Deutschen über Spanien? Selbst wenn ich es wüsste, könnte ich es nicht verständlich vermitteln. Das Sprachverständnis klappt einigermaßen, aber sprechen kann ich nur rudimentär.

Tag 128, Dienstag, 2.6., Boente – Taberna Vella

Schon vor sechs sind die Litauerinnen ganz leise aufgebrochen, ich lasse mir Zeit. Um acht treffe ich vor dem Haus eine Pilgerin aus Lübeck, wir kennen uns aus dem Schlafsaal von O Cebreiro. Ihr Pilgerführer, sagt sie, empfiehlt diese Herberge nicht, weil der Wirt dem Autor keinen Zugang gewährt hat. Sie selbst hat gestern in der Bar etwas gegessen und fand den Wirt unangenehm. In seinen Augen sei etwas Ungutes, meint sie.

Ich tauche wieder ein in die grünen Wellen Galiziens. Hilde spukt mir durch den Sinn. Ich merke, wie heftig ich zurzeit emotional auf Menschen und Situationen reagiere, besonders im Negativen. Der Weg des Herzens? Um welche eigenen Anteile geht es? »Nichts ist drinnen, nichts ist draußen; denn was innen, das ist außen.«[1]

Hilde in mir? Ihre Kontrollsucht, Humorlosigkeit, Unfähigkeit zur Selbstkritik? Oje!

Diese Gedanken beschäftigen mich, als ich auf Ben in Begleitung zweier Damen treffe. Er macht irgendeine blöde Bemerkung über meine Langsamkeit. Ich entgegne unwirsch: »The last will be first!«[2]

Er küsst mich aus Haar. Leider fehlen mir im Moment die englischen Vokabeln für: »Mir wird speiübel!« Ein fieser

---

[1] Goethe, Epirrhema

[2] Die letzten werden die ersten sein.

frömmelnder Grenzverletzer, jetzt gerade habe ich gar keine Distanz zu meiner Antipathie und stehe dazu. Nächstenliebe? Momentan leider gar nicht. Später überhole ich das Trio noch einmal.

Ein Schild am Weg mit einer Aufschrift in Englisch und Spanisch: »Ignorance and arrogance often go together«. Das nächste Haus muss Heidis Herberge sein! Und so ist es.

Ja, ich kann bleiben, obwohl Heidi, eine warmherzige Südtirolerin, eigentlich nur reservierte Plätze vergibt. Eine junge Asiatin verabschiedet sich und äußert sich begeistert über diese Unterkunft. Und Recht hat sie: Ich komme in ein kleines Paradies! Alles ist ästhetisch und liebevoll gestaltet und ausgestattet: Zimmer, Sanitärräume, der Garten. Für vorbeiziehende Pilger steht an einem schattigen Platz am Weg ein Tisch mit Wasser, Kaffee, Obst und Joghurt bereit. Heidi steckt meine gesamte Wäsche in die Maschine und ermuntert mich, auszuruhen. Ich setze mich mit einem Büchlein[1] aus dem Pilgerzimmer in den Garten und notiere einen Satz daraus:

»Der Weg gibt dir nicht das, was du suchst, sondern das, was du brauchst.« Was brauche ich? Vorläufige Antwort: Mehr Heidi, weniger Ben.

In Heidis schönem Garten verbringe ich einen müßigen Sommernachmittag. Sie massiert meine Füße, erzählt aus ihrem interessanten Leben. Zwei Finninnen, zwei Pilgerinnen und ein Pilger aus Deutschland, eine Tessinerin stellen sich nach und nach ein. In dieser Runde versammeln wir uns zum Abendessen im Garten.

Wie sagte Maria aus Barcelona? Durch Galizien bis Compostela geht der Weg des Herzens. Mein Herzensweg verlief heute recht gradlinig vom Pol der Antipathie zu dem der Sympathie, vom Herbergswirt über die Hilde im Außen und im Innen, über Ben zu Heidi.

---

[1] Raimund Joos, Pilgergeschichten von den Jakobswegen

Tag 129, Mittwoch, 3.6., Taberna Vella – Lavacolla

Heute sind es noch ein letztes Mal mehr als zwanzig Kilometer, morgen werden es weniger als zwölf sein. Man könnte beide Strecken in einem Rutsch schaffen, der Weg bietet keine besonderen Herausforderungen mehr. Mit Astrid und Cathy habe ich aber verabredet, noch eine Nacht in Lavacolla einzuschalten, damit wir morgen schon vormittags in Santiago ankommen und nicht erst erschöpft gegen Abend.

Ich verlasse Heidis Paradies. Ein Kuckuck ruft, Rosen und Holunder duften, seit gestern sind in manchen Gärten Palmen zu sehen. Auf dem Weg entlang der Steinmauern durch kleine Ansiedlungen, durch Eukalyptuswald sind erstaunlicherweise kaum andere Pilger in Sichtweite. Vermutlich ist der große Strom ein paar Stunden früher durchgelaufen, um noch heute Santiago zu erreichen. Wie schön, dass ich zum Schluss den Weg noch einmal so ruhig erleben kann! Ich danke meinem Schicksal für die Wege, Orte, Menschen, Gespräche, Erfahrungen in all diesen Jahren.

Am frühen Nachmittag komme ich an. Wir haben ein Dreierzimmer in einer Pension reserviert, eine Herberge gibt es so kurz vor Santiago nicht mehr. Die Zimmertür ist geschlossen, Astrid und Cathy sind mit dem Schlüssel unterwegs. Gerade suche ich einen guten Platz zum Warten, da sehe ich Hilde mit zwei Begleiterinnen näherkommen. Es deprimiert mich ein bisschen, dass mir fast am Ende des Weges wieder die Hilde-Thematik begegnet.

In diesem Moment ruft der Wirt: Astrid und Cathy sind da. Im Zimmer teilen wir die Schlafplätze auf. Cathy als bekennende Schnarcherin bekommt ein Einzelbett, ein recht schmales Doppelbett soll für Astrid und mich reichen. Astrid berichtet ein Erfolgserlebnis: Sie ist wieder liquide. Wie das? Sie hat die Bankkarte kräftig an ihrem HighTech-T-Shirt gerieben und auf diese Weise die ausgefallene Funktion reaktiviert. Glückwunsch!

Abends essen wir Paella in einem kleinen Restaurant. Ich entscheide mich für die Sorte mit Meeresfrüchten. Wir vermuten, dass es sich um Tiefkühlware handelt. Mir schmeckt es nicht, die Hälfte lasse ich liegen.

Es folgt eine gruselige Nacht. Ein Felsbrocken liegt mir im Magen. Dieser versucht wiederholt, aber ohne Erfolg, den Wackerstein durch Krämpfe loszuwerden. Mir ist hundeelend. Die Liegefläche in dem schmalen Bett neigt sich zur Mitte. Ich rolle immerzu Richtung Astrid, so dass die Arme auch kaum schlafen kann. Erst in der Morgendämmerung schlummere ich kurz ein.

Tag 130, Donnerstag, 4.6., Lavacolla – Santiago de Compostela

Ich fühle mich wie gerädert. Weil ich noch nicht einschätzen kann, wie viele Pausen ich brauche und ob ich den Weg überhaupt schaffe, werde ich allein laufen. Es geht wider Erwarten ganz gut. Bald schon beginnen die Vororte von Santiago. Auf dem Monte Gozo, dem »Berg der Freude«, habe ich nicht die Energie, die 230 Meter bis zum Aussichtspunkt für einen ersten Blick auf die Kathedrale zu laufen. Hin und zurück wäre das fast ein halber zusätzlicher Kilometer, heute zählt jeder Schritt. Lang zieht sich der Weg ins Zentrum. Um zehn vor zehn entdecke ich zum ersten Mal einen Turm, um Glockenschlag zehn stehe ich vor der Kathedrale. Den Rucksack bringe ich zur Gepäckaufbewahrung und stelle mich vor dem Pilgerbüro an. In der Warteschlange entdecke ich den Philosophieprofessor aus den USA mit seinen Studenten. Wir versichern uns gegenseitig der Freude über unsere punktuellen Begegnungen und Gespräche. Bereits heute fliegt die Gruppe zurück.

Nach einer halben Stunde Wartezeit bekomme ich mit einem Glückwunsch für den besonders langen Weg die in Latein ausgefertigte Compostela.

Um zwölf beginnt die Pilgermesse. Eine Viertelstunde eher betrete ich die schon restlos gefüllte Kathedrale. »Laudate dominum«: Eine Nonne mit einer glockenreinen Stimme übt mit den vielen hundert Pilgern Lieder ein. Ich habe Tränen in den Augen. Angekommen!

Ein Jahrzehnt, neun Pilgeretappen, 130 Tage, rund 2700 Kilometer – ich habe es geschafft!! Anspannung löst sich.

In der Menge entdecke ich Birte mit dem britischen Begleiter und Lars aus Heidis Paradiesgarten. Mangels eines Sitzplatzes lehne ich an einer Säule, Hilde stellt sich zu mir. Auch ihr gebührt ein stummes »Danke«, sie war mir ein Spiegel und Wachmacher für unschöne Qualitäten aus meiner eigenen Seelenlandschaft. In meinem Zustand brauche ich dringend einen bequemeren Platz und hocke mich auf die samtbedeckte Stufe eines Beichtstuhls neben einen Spanier.

Trotz mehrsprachiger ausdrücklicher Bitten nimmt das Geflimmere der Smartphones kein Ende. Die Messe beginnt, ich schlafe ein, kein Wunder nach dieser Nacht. Mein spanischer Nachbar weckt mich beim Friedensgruß und reicht mir die Hand.

Nach der Messe verlasse ich die Kirche durchs Nordportal, suche nach bekannten Gesichtern. Und da ist Bettina! Wir fallen uns um den Hals, sie ist schon seit gestern hier. Astrid und Cathy kommen dazu. Astrid trägt mir mein nächtliches Gewese nicht nach, tausend Dank! Und die eindrucksvolle Gestalt im strahlend weißen Ordensgewand dort auf den Stufen? Wie schön: Auch Pater Bert sehe ich heute noch einmal. Wir begrüßen und verabschieden uns gleichzeitig sehr herzlich. Alle guten Wünsche für das Sabbatjahr in Spanien!

So wie es mir unterwegs jemand prophezeit hat, treffe ich an diesem Ankunftstag insgesamt zehn Menschen wieder, mit denen ich unterschiedliche wichtige Begegnungen hatte. Ben ist nicht dabei.

Nach der schrecklichen Nacht, den zwölf Kilometern am Morgen, der inneren Bewegung beim Ankommen meldet sich allmählich das Bedürfnis nach physischer Stärkung. Seit den unbekömmlichen Meeresfrüchten gestern habe ich noch nichts zu mir genommen. Bettina und ich setzen uns in ein

Straßencafé. Ein »Caldo Gallo«, eine Suppe aus Gemüse und Kartoffeln, vertrage ich zum Glück gut.

Wir lassen die vergangenen Wochen Revue passieren. Wen haben wir getroffen, wen aus den Augen verloren? Unsere »biographisch-therapeutischen« Gespräche, unsere Begegnungen, unsere Erfahrungen mit Freundlichkeit und Hilfe, mit Konflikten und Grenzüberschreitungen …

Was hat sich für uns verändert, was wird bleiben?

Unser Fazit: Nach dem Camino ist vor dem Camino. Was hat die lila gewandete Frau in Boadilla del Camino mir ans Herz gelegt? Muxía wartet – noch weiter im Westen. Ultreia, immer weiter!

**So komm! Dass wir das Offene schauen,
dass ein Eigenes wir suchen, so weit es auch ist.**
(Hölderlin, Elegie: Brot und Wein)

PILGERURKUNDE

Capitulum huius Almae Apostolicae et Metropolitanae Ecclesiae Compostellanae, sigilli Altaris Beati Iacobi Apostoli custos, ut omnibus Fidelibus et Peregrinis ex toto terrarum Orbe, devotionis affectu vel voti causa, ad limina SANCTI IACOBI, Apostoli Nostri, Hispaniarum Patroni et Tutelaris convenientibus, authenticas visitationis litteras expediat, omnibus et singulis praesentes inspecturis, notum facit: DNAM

CHRISTINAM NEUMANN

hoc sacratissimum templum, perfecto Itinere sive pedibus sive equitando post postrema centum milia metrorum, birota vero post ducenta, pietatis causa, devote visitasse. In quorum fidem praesentes litteras, sigillo eiusdem Sanctae Ecclesiae munitas, ei confert.

Datum Compostellae die 4 mensis IUNII anno Dni 2015

Segundo L. Pérez López
Decanus S.A.M.E. Cathedralis Compostellanae

241

ULTREIA – IMMER WEITER

Es erwies sich als glückliche Fügung, dass ich wegen äußerer Bedingungen den Weg nur in Etappen gehen konnte. So verband sich die lange Wegstrecke durch Westeuropa mit dem Gang durch ein biografisches Jahrzehnt. Das Geflecht von Weg- und Alltagserfahrungen bewährte sich zunehmend als Rückhalt: bei Erfahrungen mit Krankheit und Schicksalsprüfungen, beim Übergang ins Alter.

Dass die räumliche Orientierung nicht zu meinen größten Stärken zählt, habe ich unterwegs oft feststellen müssen. Aber ohne meine Irr- und Umwege hätte ich nicht die vielen erstaunlichen und ermutigenden Erfahrungen mit hilfreichen Geistern, mit Großzügigkeit und Nächstenliebe gemacht.

Quintessenz meines Pilgerweges: ein Wachstumsprogramm für Mut und Vertrauen.

Mein Mut nimmt zu, wenn ich mich immer aufs Neue in unbekannte Situationen und Erfahrungen begebe. Zugleich wächst dadurch das Vertrauen in meine eigenen Ressourcen, in stets zugängliche Hilfe, in den Weg und in das Leben.

Nach dem Camino ist vor dem Camino! In Schüben flammt das »chronische Fieber« auf. Zwischen 2015 und 2019 ging ich verschiedene Wege:

- ➤ von Porto nach Santiago (Portugiesischer Weg)
- ➤ von Görlitz nach Eisenach (Ökumenischer Pilgerweg)
- ➤ von Le Puy nach Figeac (Via Podiensis)
- ➤ von Labouheyre/Les Landes nach St-Jean-Pied-de-Port (Via Turonensis)
- ➤ von Arles nach Toulouse (Via Tolosana)
- ➤ von Koblenz nach Trier (Moselcamino).

Mehrmals war ich in spanischen und französischen Herbergen als Hospitalera/Hospitalière tätig, in Pamplona, Astorga und Sorde-l'Abbaye. Dann begann das Coronazeitalter.

Und so wartet Muxía noch immer!

DANK

Den **Inhalt** des Buches verdanke ich den Begegnungen mit den vielen Menschen auf dem Weg – den im Text genannten und den ungenannten.

Bei der **Buchgestaltung** haben einige besondere Menschen mitgewirkt:

Heike Auel, meine Lektorin, hat mich mit großem Sachverstand und guten Ideen, mit Engagement, Zugewandtheit und immer konstruktiver und freilassender Kritik bei der Textüberarbeitung beraten. Ihre Fachkompetenz und ihre praktische Erfahrung auch bei der Erstellung des Buchsatzes haben die Veröffentlichung überhaupt möglich gemacht.

Marion Wieczorek, Grafikdesignerin, hat den Bucheinband gestaltet. Meine anfänglichen Vorschläge hat sie einfallsreich und professionell weiterentwickelt und ins Bild gesetzt und bei zusätzlichen Änderungswünschen nie die Geduld verloren.

Jasper Neumann hat die Übersichtskarten der Wegstrecken mit Hilfe von OpenStreetMap erstellt (https://www.open streetmap.de).

Und ganz zu Beginn hat Anke Dahlhaus mir durch ihre positiven Kommentare zu einzelnen Tagebuchnotizen und ihren Zuspruch den Impuls gegeben, mich überhaupt an dieses Buchprojekt zu wagen.

Allen danke ich von Herzen!

Christel Neumann, August 2021

ÜBERSICHT ÜBER DIE TAGESETAPPEN